緑の交通政策と市民参加

新たな交通価値の実現に向けて

大久保 規子 編著

大阪大学出版会

は　し　が　き

　人間は，移動する生き物である。より遠くまで，より速く移動するために，馬やロバ，船，鉄道，自動車，飛行機等，さまざまな手段を使用・開発して買い物に出かけ，人と交流し，物資を輸送するなど，日常生活を営み，多様な社会活動に参加し，経済活動を発展させてきた。しかし，移動への欲望は，時として環境を軽視したインフラ整備へと人間を駆り立て，大気汚染，騒音等による深刻な健康・生活被害や自然破壊を引き起こしてきた。また，東日本大震災の被災地や中山間地では，移動が困難となったことにより生活不活発病に陥り，量的にも質的にも生活機能が低下している人たちが数多く存在する。たとえバスや鉄道があっても，停留所が家から遠かったり，数段の階段があったりするだけで利用できない人たちは少なくない。モビリティ，アクセシビリティの格差は広がっているのである。

　環境への負荷をできる限り低減しつつ，誰もがいつでもどこへでも移動できるような持続可能な交通を確立するためには，単にインフラを整備するだけでは不十分である。交通，環境，福祉等，関連分野の政策を統合し，空間を再配分する構想力とともに，公害被害者，被災者，障がい者等，さまざまな立場の人々の生活に寄り添って感じ，考えることのできる想像力が不可欠である。本書では，行政，事業者のみならず，NPO，地域住民等，幅広い関係者の参加と協働により，人間一人ひとりにとっての交通価値を考慮し，環境，福祉の観点を適切に反映して形成・実施する持続可能な交通政策を「緑の交通政策」と呼ぶ。

　2013年には交通政策基本法が制定され，交通政策は大きく変化しつつある。高速化一辺倒の政策は見直され，利用者・住民である市民やNPOの参加のもと，低速交通網の形成や歩けるまちづくりのために総合的な交通計画を作成し，公共交通の維持を図る動きが進んでいる。まさに，緑の

交通政策の時代が訪れようとしているのである。

　しかし，人間を基礎にした新たな交通価値の具体化は緒についたばかりであり，今大切なのは，「気づき」を「根づき」へとつなげていくことである。そこで，本書では，新たな交通価値とは何かを論じ（第1部「転換期の交通政策」），今まで各地域で培われてきた参加と協働の到達点と限界を踏まえ，緑の交通政策の具体的な姿と実現手法を描き出す（第2部「市民参加型交通政策の展開」）ことを目指した。本書は，内閣府総合科学技術会議による最先端・次世代研究開発支援プログラム研究「持続可能な社会づくりのための協働イノベーション」（2011～2014年）の研究成果の一部をもとに，その後の展開を踏まえてとりまとめたものであり，法学，交通工学，経済学等，多角的な観点から，自らの実践経験も取り入れつつ検討を加えている。

　第1章では，環境と参加の観点から，これまでの交通法体系の変遷をたどるとともに，関連する他の基本法も参照しつつ，交通政策基本法の意義を論じている。それを踏まえ，新たな価値の実現の鍵を握る自治体の交通政策について条例の動向を分析し，オランダにおける統合的なインフラ整備の実例をも参照しつつ，今後の交通政策を展望する。

　第2章では，モータリゼーションの進展に伴い人々の移動距離は上昇したものの，モビリティ格差が生じていることを明らかにするとともに，自動車が運転できるか，自力歩行が可能かなど，個人的要因に応じて生活機能を高める移動・交通のあり方や最低限保障すべき交通レベルの決定要素と手続を示している。そのうえで，「すべての人たちの機能の増進に資する」ことを新たな交通価値として掲げ，個人間格差の是正の観点から公共交通の重要性，低速交通の意義と構築方法を論じている。

　第3章では，持続可能なモビリティシステムを構築するために，都市間を高速に結ぶ「ファストモビリティ」と都市内での回遊や交流を中低速に支える「スローモビリティ」との階層的なネットワークの形成について論じている。この変革を実行するためには，公共空間における優先順位を明確にして速度と空間のマネジメントを行うことが不可欠であるとし，ユー

ザビリティ重視のアプローチを提唱し，変革の出発点としてゾーン30を取り上げて，本格的な速度マネジメントの導入とその社会経済便益を示している．

　第4章では，市民参加の先駆的事例である各地の道路連絡会について，関係者へのインタビュー調査，議事録の分析をもとに，従来の成果と今後の課題について論じている．道路連絡会は，道路公害訴訟の原告である公害被害者と道路管理者等が，道路公害の改善方策について直接協議するために設置されたものであり，訴訟の経緯，構成員，協議事項等，各連絡会の比較検討を通じて，被害者の粘り強い努力，弁護団・専門家の関与等，連絡会が有効に機能するための要因を明らかにしている．

　第5章では，持続可能な交通を実現するうえで鍵となる自治体の総合交通計画について，人口30万人以上の自治体の策定状況を調査し，自治体特性による分析を行うとともに，計画策定に当たり，どのような参加手法が有効であるのかを示している．また，金沢市のバストリガー協定等を取り上げて，計画作成が住民主体の交通施策にどのようにつながり得るのかについて論じている．

　第6章では，バリアフリーの分野に焦点を当てて，「まちをかえる」「私たちとまちのかかわりをかえる」という二つの観点から，先進事例である高槻市の例を取り上げつつ，市民参加の意義を考察している．市民参加を進めるうえで，いかにシティズンシップ教育が重要であるかを論じ，共感でつながる信頼関係に基づく参加の姿を展望している．

　第7章では，住民が主体となり，地域の移動の足を確保，維持しようとする住民運営型地域交通のあり方を論じている．西宮市生瀬地区をケーススタディの対象とし，運営のどこに難しさがあるのかを分析し，負担，実施規模等を拡大しつつ，複数回の社会実験を組み込んで，熟議によりスパイラルアップする手法について，行政の支援のあり方も含め，具体的に検討・提案している．

　第8章では，歩行者，自転車，公共交通のために，自動車中心の道路空間を再編・再配分することを目指し，市民がどのようにかかわることがで

きるのかを考察している．その際，5km未満の移動の2割を占める自転車に焦点を当てて，大阪市で，御堂筋サイクルピクニックを開催し，自転車レーン整備案を提案してきた市民活動の経験を踏まえつつ，合意形成のための実質的な協議プロセスの必要性について論じている．

第9章では，LRTや鉄道に焦点を当てて，市民参加の日仏比較を行っている．参加制度が不十分である日本に対し，フランスでは，事前協議（コンセルタシオン）と公的審査という二つの仕組みが法制化されていることを示し，LRTに関する具体例を挙げて，情報共有の実務を紹介している．そのうえで，日本の先駆的事例では，NGOが重要な役割を果たしていることに着目し，NGOを活かす法制度の必要性について論じている．

第10章では，財政の観点から，赤字地域鉄道を税金で支える社会的な価値について論じている．従来の独立採算制に対し，三陸鉄道を例として，まちづくり，環境，観光等の社会的便益を考慮する必要性を指摘し，地域鉄道の廃止とバス転換が地域にどのような影響を与えるのかを検討したうえで，今後の鉄道の役割を展望している．

第11章では，災害復興期こそ，流動するニーズを交通政策に反映し，住民が交通サービスを活用し，地域の問題解決力を高めるために参加が重要であるとの認識に立って，被災地における生活交通のあり方を検討している．東日本大震災で甚大な被害を受けた岩手県陸前高田市をケーススタディの対象として，デマンド交通やNPOによる輸送サービスに光を当てて，参加型の運用により，どのようなサービス改善が可能かを論じている．

本書が，新たな交通価値を地域に根ざした形で実現していくために広く活用されるならば，これ以上のよろこびはない．

本書の刊行に当たっては，大阪大学出版会の栗原佐智子さんに多大のご尽力をいただいた．栗原さんの協力と督励なくしては，本書は完成しなかったであろう．ここに心から感謝の意を表する次第である．

2016年2月

編者　大久保規子

目　次

はしがき

第 1 部　転換期の交通政策

第 1 章　交通政策基本法と緑の交通政策 ………………… 大久保　規子　3
1. 交通政策の理念転換　3
2. 交通政策基本法の特徴　12
3. 理念の実現に向けた政策と課題　21
4. 今後の展望　39

第 2 章　道路交通関連の社会資本整備の理念転換 ……… 新田　保次　43
1. 多様な道路交通問題と対応　43
2. モビリティ格差と公共交通の役割　48
3. 生活機能の格差と交通の役割　50
4. 低速交通重視のまちづくり
　　──サイクル＆バリアフリータウン　55
5. まとめと今後の展開　61

第 3 章　都市交通変革のシナリオづくり ………………… 土井　健司　63
1. 都市化のダイナミクスと交通の役割　63
2. モビリティをとりまく社会の動向　65
3. 都市交通変革のプロセス　71
4. 変革プロセスの出発点
　　──速度マネジメントの本格導入へ　78
5. おわりに
　　──緑の交通政策と市民参加に向けて　86

第2部　市民参加型交通政策の展開

第4章　道路公害訴訟に係る道路連絡会の意義と課題
　　　　　　　　　　　　　　　　　　　　　　　谷内　久美子・藤江　徹　91
　1．はじめに　91
　2．日本の道路政策における市民・住民参加　93
　3．各地域の道路連絡会の動き　95
　4．おわりに　115

第5章　総合交通計画と市民参加　………………　谷内　久美子　121
　1．はじめに　121
　2．交通計画における市民参加　122
　3．日本の総合交通計画の現状　127
　4．総合交通計画の先進事例　134
　5．おわりに　139

第6章　バリアフリーと市民参加　………………………　松村　暢彦　143
　1．まちづくりの二つの方向性　143
　2．バリアフリーにおける市民参加　144
　3．住民参加と学習　153
　4．おわりに　158

第7章　公共交通と市民参加
　　　　──コミュニティバスなど　………………　猪井　博登　159
　1．問題意識　159
　2．公共交通における市民参加　159
　3．住民運営型地域交通を検討する過程　163
　4．ケーススタディ　168
　5．まとめ　179

第 8 章　市民からの提案「道路の使い方を変えたい！」…… 藤江　徹　181
　　1．はじめに　181
　　2．道路の使い方を決めるのは誰なのか？　182
　　3．身近な乗り物・自転車を取り巻く現状　184
　　4．御堂筋サイクルピクニックの取組みを通じて　192
　　5．おわりに　203

第 9 章　自治体公共交通政策における市民参加の日仏比較
　　　　――鉄軌道の再生・導入を例に ……………… 南　聡一郎　205
　　1．はじめに　205
　　2．日本における公共交通政策の市民参加の現状　206
　　3．フランスにおける公共交通政策の市民参加制度とその実態　216
　　4．日仏比較それぞれの市民参加の特徴　228

第 10 章　赤字地域鉄道を財政で支える価値とは何か
　　　　――持続可能な地域発展という観点から …… 南　聡一郎　231
　　1．問題意識と背景　231
　　2．三陸鉄道を支える地域の取組み　234
　　3．日本における地域鉄道廃止とバス転換の経緯と影響の変遷　240
　　4．交通政策基本法が示す今後の日本の公共交通のあり方　246
　　5．おわりに　247

第 11 章　被災地における公共交通の確保 ……………… 谷内　久美子　251
　　1．はじめに　251
　　2．復興期の交通政策への住民参加の意義　253
　　3．陸前高田市の状況　255
　　4．陸前高田市の震災後の公共交通の状況　257
　　5．おわりに　264

編者・執筆者　一覧　270
索引　272

第1部

転換期の交通政策

第1章
交通政策基本法と緑の交通政策

大久保 規子

1. 交通政策の理念転換

1-1 交通政策と参加原則

　持続可能な交通の確立に向け，交通政策は大きく変化している。高速化一辺倒の政策は見直され，環境，福祉の観点から，低速交通網の形成や歩けるまちづくりをめざし，市民の参加のもと，統合的・総合的な交通計画を作成する動きが広がっている。歴史的に，高速道路，新幹線等，高速交通網の形成は，しばしば大気汚染，騒音・振動，自然破壊等，さまざまな環境問題を引き起こしてきた。これに対し，交通のバリアフリー化や歩けるまちづくりのように生活の豊かさに着目した交通政策は，環境負荷の低減，良好な景観の保全・形成につながることも多く，環境政策との親和性が高い。長年にわたり道路公害被害者が要望してきた交通対策は，障がい者や高齢者のニーズと共通点が多く，移動制約者や交通施設により影響を受ける近隣住民の意見を反映し，環境と福祉を統合した交通まちづくりを行うことが求められている。

　行政，交通事業者のみならず，市民，NGO・NPOも含む幅広い関係者の参加と協働により，環境，福祉の観点を交通政策に適切に反映するという「緑の交通政策」の考え方は，2013年の交通政策基本法（以下「基本法」という）にも反映され，交通政策の理念転換が法的にも明確になった。い

くつかの地域における先駆例をどのように全国的に普及・発展させていくのかが問われる時代になったのである。そこで，本章では，基本法の意義と到達点を踏まえ，緑の交通政策の具体化に向けた法的課題を検討する。

　幅広い関係者の参加と協働は，交通分野にとどまらず，持続可能な社会づくりのための不可欠の要素とされている。参加原則は，すでに20年以上前の「環境と開発に関するリオ宣言」(1992年) のなかに第10原則（以下「第10原則」という）として盛り込まれており，①情報公開，②行政決定への参加，③司法へのアクセス (Access to Justice) という3つの柱から構成される。1998年には，この3つを手続的権利として具体化して一体的に保障するために「環境問題における情報へのアクセス，意思決定への市民参加及び司法へのアクセスに関する条約」（以下「オーフス条約」という）が採択された。条約の現在の加盟国は47か国（EU構成国等）にとどまるが，2010年には，国連環境計画 (UNEP) の管理理事会 (Governing Council) において，「環境問題における情報アクセス，市民参加及び司法アクセスに関する国内立法の発展のためのバリガイドライン」（以下「バリガイドライン」という）[1] が採択された。バリガイドラインは参加の最低基準を示したものであり，法的拘束力を有するものではないが，当時の管理理事会のメンバーである日本には，環境に関連する法整備に当たり，バリガイドラインへの適合を図ることが求められる。そこで，本章においても，これら国際的な参加の基準に照らして交通法の現状を検討するとともに，環境，福祉の観点から基本法の意義と今後の展望について論じることとする。

1-2　交通法の理念転換

　交通に関連する法律（以下「交通法」という）は，伝統的に，インフラ整備，交通事業，交通安全，交通公害対策等，さまざまな縦割りの法律群から構成され，また，その所管省も複数にわたっている[2]。交通のハード

---

1) バリガイドラインについては，大久保 (2015a) 41頁以下参照。

部門である社会資本整備に関しては，国土形成計画法と社会資本整備重点計画法という横断的な法律があるものの，それぞれのインフラの整備・維持管理に関しては，道路整備特別措置法，道路法，全国新幹線鉄道整備法，軌道法等の個別法により規律されてきた。また，交通事業や交通安全等のソフト部門のうち，交通安全については，車両，船舶および航空機を総合的に対象とする交通安全対策基本法が存在するものの，バス，鉄道等の各事業は，道路運送法，鉄道事業法，航空法等により分野別に規制されている。さらに，環境対策に関しては，大気汚染防止法，騒音規制法，振動規制法といった公害の種類ごとの対策法に加え，「自動車から排出される窒素酸化物及び粒子状物質の特定地域における総量の削減等に関する特別措置法」（自動車 NOx/PM 法）等，特定の交通公害を対象とした法律が存在する。

しかし，交通インフラ整備法においては，もともと環境配慮規定や市民参加規定は皆無に近く，交通は，歴史的にさまざまな環境被害をもたらしてきた。それゆえ，被害者は，道路公害訴訟（西淀川，尼崎，名古屋南部，川崎等）や空港訴訟（大阪空港等）を提起して，事後的救済を求めるほかなかった。被害者の声を交通政策に反映する法的仕組みがないなか，1990 年代末に，各地の道路公害訴訟の和解を通じ，加害者である関係行政機関と被害者が同じテーブルについて対策を議論する道路連絡会が設置されたことは画期的なことであった。もっとも，個別の訴訟に由来する道路連絡会には，被告以外の関係行政機関（警察等）は参加しておらず，また，既存の道路を前提にした対策には限界があるため，インフラ整備の段階から参加できる仕組みが不可欠であるのは明らかであった。

交通法において，環境，福祉の要素を組み込み，住民・利用者の視点を反映しようという法改正が相次いで行われるようになったのは，ちょうどこの時期である。まず，環境の観点から重要なのは，インフラ整備法の改

---

2) それゆえ，交通法制に関する総合的な研究書は，山口（2005），園部他著（1984）等，ごくわずかである。

革である[3]。1950年に制定された当初の国土総合開発法には，国土の自然的条件の考慮，国土の保全（1条）以外に環境配慮に関する明文規定はなく，市民参加に関する規定もなかった[4]。国土づくりのコンセプトにおいて多様な主体の参加を重視するようになったのは，1998年に作成された第5次総合開発計画「21世紀の国土のグランドデザイン」以降である。また，2005年には，国土総合開発法の法律名が「国土形成計画法」に改められ，環境配慮が明確に位置づけられるようになる。計画の対象事項には，環境保全および良好な景観形成等が付け加えられ（2条1項8号），計画の基本理念に「地球環境の保全にも寄与する豊かな環境の基盤となる国土を実現」することが盛り込まれたことに加え（3条1項），環境基本計画との調和（6条3項），環境大臣との協議（6条5項）が義務付けられた。また，全国計画についても，広域地方計画についても，国民の意見を反映させるために必要な措置を講じることが義務付けられた（6条5項・9条3項）。

　総合開発計画を具体化するための整備計画については，もともと，港湾，下水道等いくつかの分野で，港湾整備緊急措置法（1961年制定，2003年廃止）等に基づく5カ年計画が策定されていたが，これらは事業量に重点を置いた計画であり，法律のなかにも環境配慮規定はごくわずかしか設けられていなかった[5]。これに対し，不必要な公共事業や縦割りの事業執行に対する批判が高まるようになり，2003年3月に，「社会資本整備重点計画法」が制定され，従来の9事業分野別（道路，空港，港湾等）の長期計画は，社会資本整備重点計画に一本化された。同法の目的には「生活環境

---

[3] インフラ整備法改革の詳細については，大久保（2006）251頁以下参照。
[4] 当初は，計画の公表規定すらなく，1952年の改正により，全国総合開発計画の要旨の公表規定が設けられた（旧7条3項）。
[5] 従来の緊急措置法の中にも「生活環境の保全」（旧港湾整備緊急措置法）や「都市環境の改善」（旧下水道整備緊急措置法，旧都市公園等整備緊急措置法）を掲げるものがなかったわけではない。しかし，たとえば，旧道路整備緊急措置法には何らの定めもなかった。

の保全」と「都市環境の改善」が明記され（1条），重点計画の基本理念の1つとして環境の保全が定められ（3条），重点計画と環境基本計画との調和（6条），環境大臣との協議が義務付けられた（4条5項）。また，重点計画に定めるべき事項の中には，「地域住民等の理解と協力の確保」という項目が盛り込まれ（4条3項3号），国民の意見を反映させるために必要な措置を講ずることが義務付けられた（4条4項）。

　このように，上位の計画レベルでは，環境配慮，参加規定が設けられるようになったのに対し，高速自動車国道法，港湾法等，具体的なインフラ整備事業の根拠法の改革は，なかなか進まなかった。そもそも個別法では，事業の要件や手続が明記されていない場合も多く，通常，環境配慮や市民参加に関する明文規定は置かれていない。ようやく1997年になって懸案の環境影響評価法（以下「アセス法」という）が成立し，方法書段階と準備書段階において誰でもが環境保全の見地から意見をいえる仕組みが法定された。しかし，事業アセスメント（以下「アセス」という）の段階では，多くの場合，立地の変更は事実上困難であり，戦略的環境アセスメント（以下「SEA」という）の導入を含め，より早い段階からの環境配慮と参加が次の課題となった。そこで，「市民参画型道路計画プロセスのガイドライン」（2002年）が公表され（2005年に「構想段階における市民参画型道路計画プロセスのガイドライン」へと改訂），「港湾の公共事業の構想段階における住民参加手続きガイドライン」（2003年）といった事業分野別のガイドラインに加え，2003年には「国土交通省所管の公共事業の構想段階における住民参加手続きガイドライン」という横断的な参加ガイドラインも策定された。

　2007年には，環境省も「戦略的環境アセスメント導入ガイドライン」（SEAガイドライン）を定め，2011年には，アセス法の改正[6]により「計画段階環境配慮書」制度が導入された（3条の2以下）。この仕組みは，個別事業の計画・実施段階前における位置・規模等の検討段階を対象とし

6）アセス法の2011年改正については，たとえば，大久保（2011a）30頁以下参照。

て環境配慮を義務付けたものであり，従来ほとんど行われてこなかった代替案の検討の促進・実質化を図ろうとするものであるが，配慮書に係る市民意見の聴取は，事業者の努力義務にとどまっている（3条の7）。

　また，高齢化の進展に対応して，高齢者，障がい者等の移動を確保することが重要な課題となり，2000年に，「高齢者，身体障害者等の公共交通機関を利用した移動の円滑化の促進に関する法律」（交通バリアフリー法）が制定された。バリアフリーに関しては，すでに1994年に「高齢者，身体障害者等が円滑に利用できる特定建築物の建築の促進に関する法律」（ハートビル法）が制定されており，2006年に，2つの法律を統合する形で「高齢者，障害者等の移動等の円滑化の促進に関する法律」（バリアフリー新法）が制定された。同法では，高齢者，障がい者等が基本構想段階から「協議会」に参加することが予定されており（26条），利用者の視点を反映するという考え方が，法制度においても浸透していく。

　さらに，交通事業法においても，2006年道路運送法の改正によりNPOのボランティア有償運送が導入された（78条2号）。この事業では，市町村長が組織する運営協議会に，既存の事業者団体に加え，住民・旅客も参加することが予定されている（道路運送法施行規則51条の8）。もっとも，この仕組みでは，協議会における協議が整い（同規則51条の7），地域の合意があることが必要であり，協議が整わない場合の措置については明示されていない。そのため，既存の事業者が協議に応じなければ，事実上，新規参入を阻むことが可能であるという弱点がある。

　そして，2007年には，高齢化，過疎化等により経営状況の厳しい地域公共交通を支援するため，「地域公共交通の活性化及び再生に関する法律」（以下「地域公共交通活性化・再生法」という）が制定された。同法は，地域住民の自立した日常・社会生活の確保，活力ある都市活動，地域間の交流促進並びに環境負荷の低減を図る観点から地域公共交通の活性化・再生を推進することが重要であるとしており（1条），基本法の理念規定につながるいくつかの重要な考え方が盛り込まれている。同法においても，バリアフリー法と同様に協議型のプロセスが導入され，自治体，交通事業

者，利用者，学識経験者等の関係者による協議会（地域公共交通協議会）を組織して「地域公共交通総合連携計画」（総合連携計画）を策定すること等が定められ，利用者等による総合連携計画の提案制度も設けられた（2014年改正前の5条以下）。同法の基本方針については，環境大臣協議も義務付けられ（3条），多様な関係者の参加のもとに環境・社会・経済の統合的アプローチが目指されるようになった。

そのほか，この数年の動きとして注目されるのは，環境・まちづくり・交通の統合的アプローチである。たとえば，2012年には，「都市の低炭素化の促進に関する法律」が制定された。同法は，国土交通大臣，環境大臣および経済産業大臣が，地球温暖化防止計画と調和した基本方針を作成し（3条），総合的に都市の低炭素化に取り組もうとするものである。同法の柱となるのは低炭素まちづくり計画であり，その対象項目は，拠点施設，公共交通，緑地，建築物等，多岐にわたっている（7条）。同計画の策定，実施に当たっても，バリアフリー法等と同様に，協議会方式が予定されており（8条），交通政策およびその関連政策における合意形成の手法として協議会方式の活用が進んだ。

以上のように，1990年代末以降，市民の参加を通じて環境，福祉の観点を交通政策に反映させるという緑の交通政策の考え方は，次第に政策および法律に取り入れられてきた。基本法の成立も，これら一連の流れのなかで捉えられるべきものである。もっとも，交通法において参加の権利が保障されているかといえば，そうではない。協議会を組織するかどうかは任意であり，協議を促進し，その実効性を担保する措置がないため，協議会が形骸化することも少なくない。参加原則では，参加権を保障することが求められているのに対し，合意形成が基本的に関係者の自主的な努力に委ねられてきたことが，国際的にみると，1990年代以降の日本の制度改革の特徴であったといえる。

1-3　基本法と市民の権利

交通政策基本法の制定過程において，大きな論点となったのは，移動

権・交通権を法定するか否かであった。交通に関する権利は，1982年に，フランスの旧国内交通基本法のなかに盛り込まれたことにより，日本でも大きな注目を集めるようになった。同法は，国内交通の役割は，安全・環境問題を尊重しつつ，①移動制約者を含めたすべての利用者が移動する権利，②交通機関を選択する自由，③財貨の輸送を自ら行うのか，または委託するのかに関する権利を通じて満たされると定めた（1条）。同法は，移動権保障の具体的水準について定めているわけではないが，交通権の推進により，利用者は，アクセス，サービスの質，運賃等に係る合理的な条件で移動することが可能になるとされ，交通権は交通手段・利用方法に関する情報アクセス権を含むこと等が定められていた（2条）。このような交通権は実体的な権利を柱とするが，そのなかには，情報アクセス権も含まれており，参加の権利とも密接な関係を有している。国内交通基本法は2010年の交通法典に統合されたが，交通権の規定は同法の第1部総則に引き継がれている（L.1111-1条以下）[7]。

日本では，移動権・交通権の考え方は，1980年代から提唱されてきた[8]。移動権と交通権の異同については必ずしも明らかではないが，誰でも，どこからでも，どこへでも交通機関を利用して移動できる権利を核とする点では，ほぼ一致している[9]。上記のように，フランスの交通権には，移動権のほか，交通手段の選択の自由等も含まれる。交通には生活交通，文化的交通等さまざまな役割があることから，日本においても，交通権を憲法上の生存権および幸福追求権を根拠とする権利として，移動権よりも広い

---

[7] 交通法典の交通権規定については，たとえば，西田（2012）38頁以下参照。また，交通法典については，南聡一郎による邦訳がある（http://france-kotsuhoten.eurotram.com/）。

[8] 1980年代には，国鉄民営化問題を機に交通権をめぐる議論が活発化し，1986年に交通権学会が設立され，1998年には，同学会により「交通権憲章」が採択されている。同学会が提唱する交通権の内容については，交通権学会編（1999）参照。

[9] 交通権に関する論文は数多く公表されているが，最近のものとして，たとえば，岡崎（2011）32頁以下，可児（2013）35頁以下，田邊（2015）76頁以下参照。

概念と捉える傾向が認められる[10]。

　2002年と2006年には、少子高齢社会や環境問題を背景に、民主党および社会民主党により、議員立法として、移動権の法定を柱とする交通基本法案（以下、これらを併せて「議員提出法案」という）が共同提案されたが、いずれも成立しなかった[11]。交通分野では、1970年に交通安全対策基本法が制定されたが、交通安全以外の基本法は存在していなかった。いずれの法案においても目的規定に「移動に関する権利」の明確化が盛り込まれ、「すべて国民は、健康で文化的な最低限度の生活を営むために必要な移動を保障される権利を有する」との規定が置かれていた。また、交通条件に恵まれない地域の住民や移動制約者が安全、円滑、快適に移動することができるようにする旨の規定も含まれていたが[12]、財政的措置に関する規定は欠けており、この点が批判を受けることになった。

　基本法制定の契機となったのは、2009年の民主党政権の成立である。同年11月に国土交通省内に「交通基本法検討会」が設置され、2010年6月には「交通基本法の制定と関連施策の充実に向けた基本的な考え方」（基本的な考え方）が取りまとめられた。この段階では、議員提出法案と同様に、移動権の保障が法案の柱の1つに位置づけられていた。2010年11月には、交通政策審議会と社会資本整備審議会に「交通基本法案検討小委員会」が設置され、2011年2月に「交通基本法案の立案における基本的な論点について」（基本的な論点）がとりまとめられた。基本的な考え方との大きな変更点は、移動権の法定化を見送ったことである[13]。基本的な論点では、移動権の保障に関する賛否両論を紹介し、その問題点として、移動に関するニーズは千差万別であり内容が不明確であること、移動権の保障には財源の裏打ちが必要となり、また、各地で争訟の発生するおそれが

---

[10] 交通権学会が提唱する交通権も、「外出権」、「歩行権」、「移動権」を含むより広い概念である（交通権学会編・前掲書（1999）参照）。
[11] 両法案と移動権については、たとえば、交通権学会編（2011）参照。
[12] さらに、2006年法案には、運賃・料金の負担の軽減も盛り込まれていた。
[13] この点に対する批判として、たとえば、土居（2015）19頁以下参照。

あることなどを挙げ，移動権の法定は「時期尚早である」とされた。ただし，移動権が求められる背景には差し迫った問題があるとの認識のもと，地域の生活交通やユニバーサルデザイン化の重要性を基本理念および基本的施策に規定すべき旨は盛り込まれた。

このような経緯を経て，2011年3月8日に「交通基本法案」が閣議決定され[14]，国会に提出された。ところが，その直後に東日本大震災が発生し，2012年11月の衆議院解散により，「交通基本法案」は廃案となった。同年12月には再び政権交代が行われたが，過疎化が進む地域における生活交通の確保，国際競争の激化に対応した国際的な人流・物流のネットワークの充実，巨大災害への備えといった課題が顕在化するなか，基本法制定の方針が変わることはなかった。大規模災害への対応，施設の老朽化への配慮等の規定を追加するなどしたうえで，2013年11月1日に，再度「交通政策基本法案」が閣議決定された。その後は迅速に審議が進み，11月15日に衆議院本会議，11月27日に参議院本会議で可決・成立し，12月4日に公布，即日施行された[15]。

2. 交通政策基本法の特徴

2-1 基本法の目的と理念

基本法は全32ヶ条の法律であり，「総則」と「交通に関する基本的施策」という2つの章から成る（図1-1）。

同法の目的は，交通に関する施策を総合的かつ計画的に推進し，国民生活の安定向上と国民経済の健全な発展を図ることである（1条）。立法論としては，交通安全対策基本法を廃止し，基本法に統合するという方法も

---

14) 2011年交通基本法案の内容と経緯については，たとえば，山越（2011）36頁以下参照。
15) 基本法の制定経緯については，たとえば，島田（2014）51頁以下，澤田（2014）18頁以下，兒山・松澤（2015）2頁以下参照。

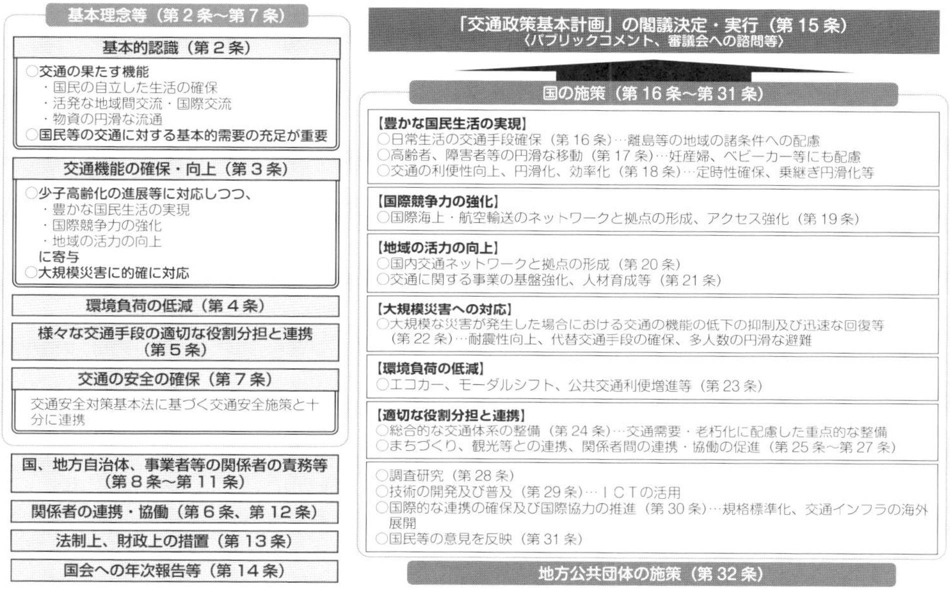

第1章　交通政策基本法と緑の交通政策

基本理念等（第2条～第7条）

- **基本的認識（第2条）**
  - ○交通の果たす機能
    - ・国民の自立した生活の確保
    - ・活発な地域間交流・国際交流
    - ・物資の円滑な流通
  - ○国民等の交通に対する基本的需要の充足が重要

- **交通機能の確保・向上（第3条）**
  - ○少子高齢化の進展等に対応しつつ，
    - ・豊かな国民生活の実現
    - ・国際競争力の強化
    - ・地域の活力の向上
  - に寄与
  - ○大規模災害に的確に対応

- **環境負荷の低減（第4条）**

- **様々な交通手段の適切な役割分担と連携（第5条）**

- **交通の安全の確保（第7条）**
  - 交通安全対策基本法に基づく交通安全施策と十分に連携

- **国，地方自治体，事業者等の関係者の責務等（第8条～第11条）**

- **関係者の連携・協働（第6条，第12条）**

- **法制上，財政上の措置（第13条）**

- **国会への年次報告等（第14条）**

「交通政策基本計画」の閣議決定・実行（第15条）
〈パブリックコメント，審議会への諮問等〉

国の施策（第16条～第31条）

- 【豊かな国民生活の実現】
  - ○日常生活の交通手段確保（第16条）…離島等の地域の諸条件への配慮
  - ○高齢者，障害者等の円滑な移動（第17条）…妊産婦，ベビーカー等にも配慮
  - ○交通の利便性向上，円滑化，効率化（第18条）…定時性確保，乗継ぎ円滑化等

- 【国際競争力の強化】
  - ○国際海上・航空輸送のネットワークと拠点の形成，アクセス強化（第19条）

- 【地域の活力の向上】
  - ○国内交通ネットワークと拠点の形成（第20条）
  - ○交通に関する事業の基盤強化，人材育成等（第21条）

- 【大規模災害への対応】
  - ○大規模災害が発生した場合における交通の機能の低下の抑制及び迅速な回復等（第22条）…耐震性向上，代替交通手段の確保，多人数の円滑な避難

- 【環境負荷の低減】
  - ○エコカー，モーダルシフト，公共交通利便増進等（第23条）

- 【適切な役割分担と連携】
  - ○総合的な交通体系の整備（第24条）…交通需要・老朽化に配慮した重点的整備
  - ○まちづくり，観光等との連携，関係者間の連携・協働の促進（第25条～第27条）

- ○調査研究（第28条）
- ○技術の開発及び普及（第29条）…ＩＣＴの活用
- ○国際的な連携の確保及び国際協力の推進（第30条）…規格標準化，交通インフラの海外展開
- ○国民等の意見を反映（第31条）

地方公共団体の施策（第32条）

図1-1　交通政策基本法の概要

［出典：国土交通省資料］

あり得るところであるが，交通安全の確保については交通安全対策基本法その他の関係法律によるとされ（7条1項），交通に関する2つの基本法を併存させたうえで，両施策の十分な連携を確保することとされた（7条2項）。自動車公害対策，自転車や徒歩を含めたモーダルシフトには交通安全分野の取組みが重要であるが，従来，交通安全基本法ではそのような観点が希薄であり[16]，必ずしも十分な連携がなされてこなかったことを考

---

[16] 交通安全対策基本法のなかにも，たとえば，住宅地，商店街等における歩行者の保護（29条）等，歩けるまちづくりに関連する規定がないわけではない。また，道路交通法にも，高齢者や身体障がい者等の保護（14条）の規定が置かれている。さらに，「自転車の安全利用の促進及び自転車等の駐車対策の総合的推進に関する法律」が駐車・駐輪場整備について定めるなど，個別の交通安全関連法規にも若干の関連規定が置かれているものの，その手がかりはごくわずかである。

えると、その実効性の確保は重要な課題である。

　基本法の総則には、交通政策の基本理念等が定められており、交通政策のなかに、環境、福祉の観点を組み込むという考え方が明確に表れている。もっとも、既存の3割以上の基本法において持続可能性の概念が盛り込まれているのに対し[17]、本法では、持続可能性という用語は用いられていない。2014年5月に改正された地域公共交通活性化・再生法では、「持続可能な地域公共交通網の形成」が前面に掲げられているが、法改正の議論の過程において主として念頭に置かれていたのは、経営の維持という意味での経済的な持続可能性である[18]。基本法においては、環境、経済、社会という持続可能性の3つの要素が基本理念に明記されており、そのことを踏まえ、以下のような統合的なアプローチを徹底することが重要である。

　第1に、目的規定に続く2条は、交通機能の筆頭に「国民の自立した日常生活及び社会生活の確保」を掲げ、交通施策の推進は、国民等の「交通に対する基本的な需要が適切に充足されることが重要である」という基本的認識のもとに行われるべき旨を定めている。前述のように、移動権・交通権の法定化は見送られたが、誰でも、どこからでも、どこへでも移動できるように確保するという移動権・交通権の理念は、この規定の中に盛り込まれたといえる。

　また、交通サービスは役務サービスの一つであるが、実は、消費者基本法の理念規定においては、基本的な需要の充足、健全な生活環境の確保、消費者の安全確保、商品・役務についての自主的かつ合理的な選択の機会の確保、情報の提供、教育の機会の提供、消費者政策への意見の反映、適切かつ迅速な救済が消費者の権利であるとされ（2条）、消費者の実体的権利と参加に係る3つの手続的権利（情報アクセス権、参加権、司法アクセス権）が法定されている。移動権・交通権は、交通分野における消費者

---

[17] ただし、その用語法は、必ずしも環境、経済、社会という3つの要素を統合したものとはなっていない。この点について、大久保（2015b）140頁以下参照。
[18] 交通政策審議会交通体系分科会地域公共交通部会（2014）参照。

の権利としての側面も有しており[19]，基本的な需要の充足という表現は，消費者基本法と平仄を合わせたものとなっている。

さらに，公共サービス基本法においては[20]，①安全かつ良質な公共サービスの確実，効率的かつ適正な実施，②国民の需要への的確な対応，③自主的かつ合理的な選択の機会の確保，④必要な情報と学習の機会の提供，⑤国民の意見反映，⑥苦情・紛争の適切かつ迅速な処理・解決が公共サービスに関する国民の権利であるとされている（3条）。これらの権利の中には，移動権・交通権と重なる内容も少なからずあり，自治体が運営する交通事業等，同法にいう公共サービスについては，基本法の規定にかかわらず，すでに一定の権利保障が法定されているといえる。

第2に，交通の機能の確保・向上について定める基本法3条は，交通が，国民の日常・社会生活の基盤であること，社会経済活動への積極的な参加に重要な役割を担っていることを明記し，①豊かな国民生活の実現，②国際競争力の強化，③地域活力の向上に寄与するものとなるように，交通施策を推進すべき旨を定めている（1項）。2条に加え，日常・社会生活，社会参加における交通の重要性が重ねて明記されたことは注目すべき点であり，ここにも移動権・交通権の理念が表れている。

第3に，交通の有機的・効率的な連携を定めた5条では，交通手段として，自動車，鉄道車両，船舶，航空機に加え，徒歩と自転車が掲げられ，国民等の自由な選好を踏まえるべきこと，それぞれの特性に応じて適切に役割を分担することが盛り込まれた。「自由な選好」という文言は，交通手段を選択できるという移動権・交通権の考え方を踏まえたものであるとみることができ，歩けるまちづくり等，スローモビリティ（低速度の移動。

---

19) 桜井（2012）19頁以下参照。
20) 同法にいう公共サービスとは，国，独立行政法人，自治体，地方独立行政法人が行う①物の給付または役務の提供，②規制，監督，助成，広報，公共施設の整備その他の公共の利益の増進に資する行為であって，国民が日常生活，社会生活を円滑に営むために必要な基本的な需要を満たすものをいうとされている（公共サービス基本法2条）。

第2章第2節参照）の理念的・法的基礎として重要である。さらに，交通の有機的・効率的な連携は，交通施策と関連施策の連携を定めた6条の規定とともに，交通手段ごとの縦割りの法制度の弊害の是正と統合的な施策を要請するものである。

　第4に，環境に関しては，交通施策の推進は「環境を健全で恵み豊かなものとして維持することが人間の健康で文化的な生活に欠くことのできないものであること及び交通が環境に与える影響に鑑み，将来にわたって，国民が健全で恵み豊かな環境の恵沢を享受することができるよう，交通による環境への負荷の低減が図られることを旨として行われなければならない」という独立の条文が設けられた（4条）。議員提出法案では，「交通が環境に多大な影響を及ぼすおそれがある」とされていたことと比較するとかなり控えめの表現になっているが，既存の交通関連法規には必ずしも環境配慮規定が設けられていないため，交通政策に関する横断的な規定が設けられたことは一歩前進である。

　ここにいう環境への負荷とは，「人の活動により環境に加えられる影響であって，環境の保全上の支障の原因となるおそれのあるもの」をいうと解される（環境基本法2条1項参照）。また，健全で恵み豊かな環境の恵沢の享受は環境基本法の基本理念の1つであり（3条），環境権という言葉は用いられていないものの，その理念を示すものである。環境基本法4条が環境への負荷を「できる限り」低減すると定めているのに対し，交通政策基本法では「できる限り」という文言が抜け落ちているが，交通政策基本計画（以下「基本計画」という）は環境基本計画との調和（15条3項）を図ることとされており，あらゆる交通政策において，できる限り環境負荷を低減することが求められる。基本法の環境規定は，環境面から交通政策を制約するという消極的な機能を有すると同時に[21]，低炭素社会の構築に資する公共交通の維持，歩けるまちづくり等，積極的な交通政策の根拠となりうるものである。

21）二村（2015）82頁参照。

第5に，参加の観点では，関係者の「連携と協働」が強調されている。多くの基本法では，理念規定の後に各主体の責務規定を置くのが通例であるが，本基本法では，各主体の責務規定（8-11条）の前に，関連施策との統合的なアプローチの必要性と併せ，関係者の連携・協働が基本理念として定められている（6条）。しかも，関係者として，行政，交通関連事業者，交通施設管理者と並んで住民が掲げられ，交通政策における住民の位置づけが明確化されたことは重要である。

　「協働」[22] という言葉は，自治基本条例，参加・協働条例等，条例では幅広く使用されているが，法律では，2003年の「環境の保全のための意欲の増進及び環境教育の推進に関する法律」で用いられたのが初めてである[23]。この法律は，2011年に「環境教育等による環境保全の取組の促進に関する法律」（環境教育・環境保全取組促進法）に法律名が改められ，協働に関する規定が大幅に強化された。同法の目的規定では，「協働取組」の重要性がうたわれており（1条），そこでいう協働取組とは，「国民，民間団体等，国又は地方公共団体がそれぞれ適切に役割を分担しつつ対等の立場において相互に協力して行う」環境の保全に関する取組である（2条4項）。基本法においては協働の定義がなされていないものの，関係者が適切に役割を分担しつつ対等の立場において相互に協力することを指すと考えられる。環境教育・環境保全取組促進法と異なり，基本法6条では，民間団体は関係者として明記されていないものの，当然「その他の関係者」に含まれるものと解される。

　また，各主体の役割をみると，国（8条）および自治体（9条）の役割としては，国民等への情報提供等が掲げられ，情報アクセスが盛り込まれている。また，事業者等（10条）の役割としても，業務に係る正確かつ適切な情報の提供が定められている。適切な情報がなければ意味のある参

---

22) 日本の協働概念の特徴については，大久保（2011b）223頁以下参照。
23) その後，生物多様性基本法，地域再生法等においても，協働という言葉が，用いられるようになっている。

加を行うこともできないから，国民（11条）の役割として，自ら取り組むことができる活動に主体的に取り組む旨が盛り込まれたことと情報提供の責務規定は密接な関係を有するものとして理解すべきである。

さらに，12条では，関係者が「基本理念の実現に向けて，相互に連携を図りながら協力する」旨が定められた。6条の連携・協働という言葉に代えて，12条では連携・協力という用語が用いられている理由や，6条の規定に加え，12条を設けた趣旨は必ずしも明らかではないが，6条は，統合的な施策の推進に重点がある。また，2条等において移動権・交通権の理念が盛り込まれだけで交通に関する基本的な需要の内容・水準が一義的に決まるものではなく，その実現には財源の確保も必要である。基本法制定時の「基本的論点」においては，権利内容の給付を裏打ちする財源が整わなければ行政は不作為を問われること，交通は関係者が協働してより良いものに作り上げていくべきものであり，「権利」として定めることは当事者間に対立意識を生じさせる可能性があることが問題点として記述されていた。13条が財政上の措置等について定め，14条が施策の進展状況を点検するための年次報告等に関する規定であることと併せて考えると，12条の規定は，「基本的論点」に示された当該認識を背景に，基本法の理念を実現し，施策の実効性を担保するために基本となる協働の重要性について定めたものと解することができよう。

2-2　基本的施策

基本法2章の基本的施策については，次の4つの事項が重要である。

第1に，施策の全体像を示すのは，交通政策基本計画（以下「基本計画」という）に関する規定である（15条）。基本計画は，①基本的な方針，②施策目標，③政府の総合的・計画的施策，④その他必要な事項について定めるものである（2項）。計画案を作成するのは内閣総理大臣，経済産業大臣および国土交通大臣であるが（4項），その内容については，国土形成計画，環境基本計画との調和が求められ（3項），環境大臣との協議も義務付けられている（7項）。これに対し，「障害者基本計画」との調整規

定は設けられていないが，障害者基本計画の作成に当たっては関係行政機関の長との協議が義務付けられている（障害者基本法 11 条 4 項）。

基本計画段階での参加に関しては，パブリックコメント，審議会への諮問および計画の公表規定が置かれている。すなわち，計画案の作成に際しては，あらかじめ広く国民等の意見を求め（5 項），交通政策審議会および社会資本整備審議会の意見を聴かなければならない（6 項）。パブリックコメントの規定は，2011 年の交通基本法案にはなかった規定であるが，国民の視点を踏まえ，さまざまな専門分野からの見識・知見を取り入れるために追加されたものであり[24]，近年の主要な計画については法定されることが多い。また，計画が閣議決定されたときは，遅滞なく，これを国会に報告するとともに，公表しなければならないとされている（8 項）。

第 2 に，個別の国の施策に関しては，基本理念に応じ，①日常生活等に必要不可欠な交通手段の確保，②高齢者，障がい者，妊産婦等の円滑な移動，③交通の利便性向上，円滑化，効率化，④国際競争力の強化，⑤地域の活力向上，⑥運輸事業等の健全な発展，⑦大規模な災害時の交通機能低下の抑制と迅速な回復，⑧環境負荷の低減，⑨総合的な交通体系の整備，⑩まちづくり施策，⑪観光立国施策，⑫協議の促進，⑬調査研究，⑭技術の開発・普及，⑮国際連携・国際協力，⑯国民等の立場に立った施策の実施が定められている（16〜31 条）。これらの規定は抽象的ではあるが，環境負荷の低減，移動困難者の円滑な移動を含め，基本理念の多様な要素をカバーする包括的な内容となっている。

交通困難者への配慮についてみると，離島における交通手段の確保（16 条），高齢者，障がい者，妊産婦等の移動確保のためのバリアフリー化（17 条）が明記されている。また，基本的な需要を満たすための考慮要素としては，定時性，速達性のほか，快適性等も盛り込まれている（18 条）。これらの規定は，基本法 2 条および 3 条に掲げられた基本的需要の充足と豊かな国民生活の実現という基本認識・理念に対応した施策規定である。

---

24) 澤田（2014）22 頁。

環境負荷の低減に関しては，温室効果ガスの排出抑制，大気汚染，海洋汚染および騒音防止が明示的に掲げられているが（23条），振動，生態系破壊のように明記されていない事項も，当然「その他交通による環境への負荷」のなかに含まれる。議員提出法案では，都市部における自動車交通量の抑制や交通規制についても明記されていたが，基本法では，エコカーの開発・普及等の個体対策，モーダルシフト，海洋への廃棄物の排出防止，航空機騒音防止等が例示されるにとどまっている。これらの施策自体に目新しい点はないが，対策はこれに限られるものではない。

関連施策の連携・統合という観点では，まず，徒歩，自転車を含め有機的かつ効率的な交通網が形成されるよう，交通機関相互の連携等，総合的な交通体系の整備が盛り込まれた（24条）。また，懸案のまちづくりとの統合的なアプローチに関しては，行政，事業者，住民等の連携・協力という推進方針が定められているものの，その具体的な手法は明示されていない（25条）。むしろこの規定の特徴は，連携・協力が住民等の需要に配慮したものとなるよう努める旨を定めていることである。従来，ボランティア有償運送のように，既存の事業者の協力が得られないためにサービスが提供できないことがあったことに鑑みれば，住民等への配慮が明記されたことは注目される。

第3に，参加に関しては，理念規定においても，複数の条文で連携・協働または協力について言及されているところであるが，基本的な施策としても，2つの重要な条文が設けられた。1つは協議の促進について定める27条であり，国が，仕組みの整備を含め，積極的な役割を果たすことを明示したものとして注目される。もう1つは，国民等の意見の反映に関する31条である。同条では，国民等の立場に立って，交通施策に国民等の意見を反映させるために必要な措置等を講ずるものとされている。もっとも，公共サービス基本法では，①施策の策定過程の透明性を確保し，公共サービスに国民意見を反映するために情報を適時かつ適切な方法で公表すること，②国民の意見を踏まえ，公共サービスについて不断の見直しを行うこと（9条），③公共サービスの実施が国民の立場に立ったものとなる

よう，配慮すること（10条）など，より具体的かつ詳細な規定が置かれており，少なくとも，同法の公共サービスに該当する交通事業については，公共サービス基本法の参加規定が適用される。

第4に，交通政策の推進に自治体の果たす役割はきわめて重要であるが，基本法では，自治体の施策に関する規定は1ヶ条しか置かれていない（32条）。しかも，その内容は，区域の自然的経済的社会的諸条件に応じた交通施策を総合的かつ計画的に実施するという抽象的かつ定型的な内容にとどまっているが，まちづくりの観点を踏まえながら関連施策との連携を図ることが盛り込まれたことは，政策統合の視点をとくに重視したものといえる。

2006年の議員提出法案では，都道府県交通計画，市町村交通計画の作成義務が盛り込まれており，もともとは，地域における総合交通計画の策定等について規定することが検討されていたが，実現しなかった。地方分権の観点から各自治体の自主性を尊重したということもできるが[25]，自治体の規模や状況により，交通サービスに看過しがたい地域格差が生じたり，地域交通網と広域交通網の連携に支障が生じる可能性があり，施策の着実な実施をいかに担保するかが重要となる。

3．理念の実現に向けた政策と課題

3-1　基本法制定後の国の施策
(1)　基本計画の概要と特徴

基本法は，日本の交通政策の理念的な到達点を示すものであり，環境，福祉や参加の観点を明記し，かつこれを重視していることが大きな特徴である。もっとも，基本法の具体化は個々の施策に委ねられており，理念の

---

25) これに対し，各自治体に計画の作成を義務付けて，そのための財源を措置すべきであり，それが盛り込まれていないことこそが中央集権的な制度であるとの批判がある（土居［2015］21頁参照）。

実現に向けた取組みが求められる新たな段階に入ったといえる。

前述のように,基本法の具体化のための①基本的な方針,②目標,③政府の総合的・計画的施策は,基本計画に定めることとされている。2014年4月に,交通政策審議会と社会資本整備審議会の計画部会のもとに「交通政策基本計画小委員会」が設置され,中間とりまとめ（同年8月）の公表とパブリックコメント（同年9月）[26]を経て,2015年2月13日に,2020年を目標年度とする最初の基本計画が閣議決定された[27]。

施策の基本的方針は,①豊かな国民生活に資する使いやすい交通の実現,②成長と繁栄のための基盤となる国際・地域間の旅客交通・物流ネットワークの構築,③持続可能で安心・安全な交通に向けた基盤づくりという3つの柱から構成される。また,基本方針ごとに,計画期間内の目標とその達成状況を評価するための56の数値指標が掲げられ,「これまでの取組を更に推進していくもの」と「取組内容を今後新たに検討するもの」に分けて,計121の施策が盛り込まれている（図1-2）。

基本計画では,第1に,豊かな生活に資する使いやすい交通の実現という方針が筆頭に掲げられた一方で,移動権・交通権という言葉は盛り込まれなかった。これは,文言だけが先行しても運用が困難と考えられる部分をあえて外したためであるとされており[28],移動権・交通権という概念を用いることなく,過疎地の買い物困難者,高齢者,障がい者等,移動困難者の移動の確保に係る施策を盛り込む内容になっている。コンパクトシティ化,多様な交通サービスの展開,バリアフリーの推進等,4つの目標と施策がまちづくりとの連携にも着目した構成になっている。たとえば,コンパクトシティ化の柱は改正地域公共交通活性化・再生法の活用支援であり,自治体の果たす役割が大きいと考えられるが,新たに,NPO法人や住民団体の活用・支援が明記されたことは注目される。交通サービスに

---

26) 計335件の意見が寄せられた。
27) 計画の特徴については,たとえば,澤田（2015）16頁以下参照。
28) 淺野他（2015）7頁（淺野発言部分）。

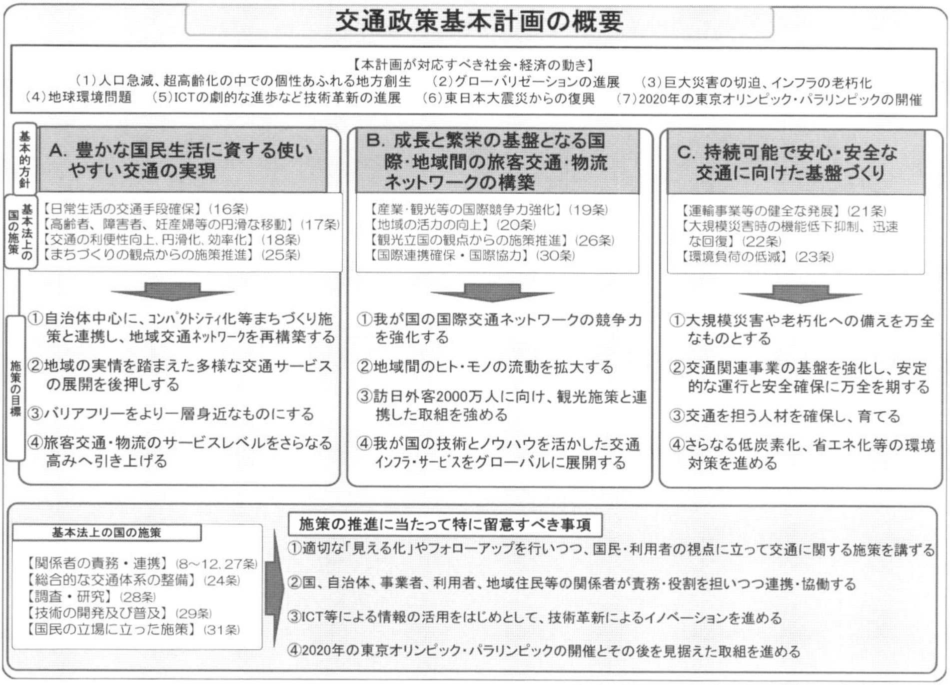

第1章　交通政策基本法と緑の交通政策

交通政策基本計画の概要

【本計画が対応すべき社会・経済の動き】
(1) 人口急減、超高齢化の中での個性あふれる地方創生　(2) グローバリゼーションの進展　(3) 巨大災害の切迫、インフラの老朽化
(4) 地球環境問題　(5) ICTの劇的な進歩など技術革新の進展　(6) 東日本大震災からの復興　(7) 2020年の東京オリンピック・パラリンピックの開催

基本的方針

A. 豊かな国民生活に資する使いやすい交通の実現	B. 成長と繁栄の基盤となる国際・地域間の旅客交通・物流ネットワークの構築	C. 持続可能で安心・安全な交通に向けた基盤づくり

基本法上の国の施策

A:
- 【日常生活の交通手段確保】(16条)
- 【高齢者、障害者、妊産婦等の円滑な移動】(17条)
- 【交通の利便性向上、円滑化、効率化】(18条)
- 【まちづくりの観点からの施策推進】(25条)

B:
- 【産業・観光等の国際競争力強化】(19条)
- 【地域の活力向上】(20条)
- 【観光立国の観点からの施策推進】(26条)
- 【国際連携確保・国際協力】(30条)

C:
- 【運輸事業等の健全な発展】(21条)
- 【大規模災害時の機能低下抑制、迅速な回復】(22条)
- 【環境負荷の低減】(23条)

施策の目標

A:
① 自治体中心に、コンパクトシティ化等まちづくり施策と連携し、地域交通ネットワークを再構築する
② 地域の実情を踏まえた多様な交通サービスの展開を後押しする
③ バリアフリーをより一層身近なものにする
④ 旅客交通・物流のサービスレベルをさらなる高みへ引き上げる

B:
① 我が国の国際交通ネットワークの競争力を強化する
② 地域間のヒト・モノの流動を拡大する
③ 訪日外客2000万人に向け、観光施策と連携した取組を強める
④ 我が国の技術とノウハウを活かした交通インフラ・サービスをグローバルに展開する

C:
① 大規模災害や老朽化への備えを万全なものとする
② 交通関連事業の基盤を強化し、安定的な運行と安全確保に万全を期する
③ 交通を担う人材を確保し、育てる
④ さらなる低炭素化、省エネ化等の環境対策を進める

基本法上の国の施策
- 【関係者の責務・連携】(8〜12,27条)
- 【総合的な交通体系の整備】(24条)
- 【調査・研究】(28条)
- 【技術の開発及び普及】(29条)
- 【国民の立場に立った施策】(31条)

施策の推進に当たって特に留意すべき事項
① 適切な「見える化」やフォローアップを行いつつ、国民・利用者の視点に立って交通に関する施策を講ずる
② 国、自治体、事業者、利用者、地域住民等の関係者が責務・役割を担いつつ連携・協働する
③ ICT等による情報の活用をはじめとして、技術革新によるイノベーションを進める
④ 2020年の東京オリンピック・パラリンピックの開催とその後を見据えた取組を進める

図1-2　交通政策基本計画の概要
[出典：国土交通省作成資料]

ついては，LRT（Light Rail Transit），BRT（Bus Rapid Transit），コミュニティバス，デマンド交通，自転車といった多様な手段の活用とベストミックスがめざされている。バリアフリー化に関しては，バリアフリー法の数値目標が掲げられているほか，東京オリンピック・パラリンピックを梃子に施策を推進するという姿勢が明確に表れている。

第2に，環境に関しては，安心・安全な交通に関する3つめの基本方針のなかに，「さらなる炭素化，省エネ化等の環境対策を進める」という目標が盛り込まれている。低炭素化，省エネ化は例示であり，長年の懸案課題である大気汚染や騒音対策，生態系への配慮など各種の環境対策を行うべきことも盛り込まれている。もっとも，具体的な対策をみると，自動車

の単体規制やエコカーの推進等が主たる施策であり，新たな取組みも，燃料電池車の本格的普及に向けた保安基準の見直し等にとどまっている。

　基本計画の「はじめに」においては，関連計画との連携・整合に関する記述があり，社会資本重点整備計画は基本計画と「車の両輪」であると位置づけられているのに対し，法律上，基本計画との調和が求められている環境基本計画についてはまったく言及がない。「まち・ひと・しごと創生総合戦略」のような非法定計画との連携についてすら明記されていることに鑑みると，環境政策と交通政策の連携の重要性が充分認識されているのか疑問である。基本計画には，リニア中央新幹線の整備等，インフラに係る施策も盛り込まれているが，社会資本重点整備計画と同様に，本格的なSEAの導入等，既存の交通インフラ整備に楔を打ち込むような革新的な環境面の施策は盛り込まれていない。

　第3に，参加・協働に関しては，基本法で重要な位置づけが与えられているものの，条文の内容は具体性に欠けており，基本計画における内容の充実が期待されるところであった。この点，基本計画では，「第3章　施策の推進に当たって特に留意すべき事項」のなかに，①国民・利用者の視点に立った施策の推進，②利用者，地元住民を含む関係者の連携・協働が盛り込まれている。

　もっとも，その内容をみると，①に関しては，利用者のニーズの把握が盛り込まれているほか，情報の収集，公開・提供，オープンデータ化，客観的基準による交通サービス水準の見える化が主たる内容となっている。事業者によっては，社内アンケート，住民アンケート，ダイヤ改定評価アンケート等の取組みを行っており，そのような例が念頭に置かれていると考えられる。情報の共有は参加の前提ではあるが，見える化については計画の進捗管理という目的に重点が置かれており，国民・利用者の意見を反映するという視点は希薄である。また，②に関しても，地域公共交通再編に係る地元協議会の実効性確保が盛り込まれてはいるものの，その具体化は自治体に委ねられており具体性に欠ける。その他の施策は，啓発（エコドライブ等），事業者間連携，事業者と行政の連携に関する施策にとどまっ

ており，新規性に欠ける。

(2) 関連法の改正

基本法では，自治体の独自性の尊重という観点から，自治体施策に関する詳細な規定を置くことは差し控えられた。地方分権が進むなか，インフラ整備，公共交通の維持はもちろん，統合的な施策を推進するうえで，基礎自治体および都道府県の果たすべき役割は，ますます重要となっている。自治体の施策を推進するため，2014 年には，地域公共交通活性化・再生法，都市再生特別措置法[29]および中心市街地の活性化に関する法律（以下「中心市街地活性化法」という）が改正された。これらの改正は，居住や医療・福祉，商業等の各種機能の立地について，都市全体の観点からコンパクト化され，各地域がネットワークで結ばれた「コンパクト＋ネットワーク」[30]を形成するという観点に立つものである。このなかでも，基本法制定後の交通政策の施策の柱を成すのは，改正地域公共交通活性化・再生法に基づく「地域公共交通網形成計画」である。これは，従前の地域公共交通総合連携計画に代わる計画であり，全市町村に策定を義務付けるべきという意見と，全国一斉に作っても実現困難な計画が増えるため，数は少なくてもしっかりした計画を増やす方が望ましいという意見があった[31]。国は，法改正に際し策定を義務付けることはせず，基本計画において，2020 年までに 100 件策定という数値指標を掲げている。同計画では，バス，鉄道等，地域の公共交通全体のマネージメントが求められており，統合的なアプローチの広がりが期待されている。

改正公共交通活性化・再生法では，第 1 に，持続可能性という概念が，目的規定をはじめ頻繁に用いられており，社会，環境，経済の 3 つの観点から地域公共交通網を形成するという考え方は，改正前より明確化されて

---

29) 都市再生特別措置法の改正については，たとえば，国土交通省都市局都市計画課（2015）24 頁以下参照。
30) コンパクト＋ネットワークという考え方は，2014 年 7 月の「国土のグランドデザイン 2050」において，基本的な考え方の 1 つとして位置づけられている。
31) 淺野他（2015）11 頁（淺野発言部分）。

いる（1条）。第2に，基本方針では，環境大臣，国家公安委員長との協議による環境政策，交通安全政策との調整（3条6項）に加え，交通機能と都市機能の統合（同3項）が新たに盛り込まれた。第3に，まちづくりとの連携については，都市計画法，中心市街地活性化法およびバリアフリー法の基本方針等と計画の調和という従前の規定に加え（5条5項），さらに踏み込んで，都市施設の立地適正化施策との連携策についても計画事項に盛り込む努力義務が定められた（同3項）。住民・利用者の意見の反映措置（同6項）や協議会等における協議（同7項）が必要であること，事業者や利用者は計画の作成・提案ができること（7条）等，基本的な策定手続は，従前の総合連携計画の場合と同様である。協議会については，形式的なものになりがちであり，実効性確保の必要性が指摘されていたところであるが，①自治体，事業者，利用者，学識経験者等から構成されること（6条2項），②正当な理由がある場合を除き，協議に応じる義務があること（同4項），③協議の尊重義務があること（同5項）等，基本的な仕組みに大きな変更はない。

　改正法で新たに導入されたのは，地域公共交通再編実施計画に基づく地域公共交通再編事業の規定である（27条の2以下）。同計画に定められた既存路線・ダイヤの見直し，新サービスの実施等については事業者が自治体の支援を受けて実施するため，計画には，すべての関係事業者（特定旅客運送事業者等）の同意が必要とされる（27条の2・3項）。国土交通大臣が同計画を認定することにより（27条の3），バス路線等に係る許認可の基準の緩和等，特例措置を受けることができるが（27条の4以下），これら一連の手続において，住民・利用者の参加規定は設けられていない。さらに，2015年の改正では，鉄道建設・運輸施設整備支援機構がネットワークの再構築事業に出資等を行う仕組みが導入され，財政的な支援措置が強化されている（29条の2）。

　都市機能と交通機能の統合に関しては，改正都市再生特別措置法の「立地適正化計画」との連携が目指されている。同計画は，都市全体の観点から各種都市機能，居住機能，公共交通を含めた全体像を示し，都市機能誘

導区域,居住誘導区域を設定し,金融上の支援措置等により,適正配置を誘導しようとするものである(81条以下)。計画の作成に当たっては,公聴会の開催その他の住民意見の反映に必要な措置と都市計画審議会への諮問が義務付けられてはいるものの(81条14項),通常の都市計画以上に丁寧な手続は設けられていない。合意形成に関し新たに設けられたのは,NPO法人等も参加する市町村都市再生協議会に関する規定である(117条)。当該協議会は,基本的には市町村と何らかの関連事業を行う者との協議会であり,利用者,学識経験者等,多様な主体が参加する公共交通活性化・再生法の協議会とは異なっているが,都市再生緊急整備協議会(19条)に比較すれば幅広い主体の参加が予定されている。地域公共交通網形成計画と立地適正化計画は相互に連携して作成・運用されることが多いと思われ,市町村都市再生協議会にまちづくり活動を行う者(117条2項)を広く積極的に加えたり,合同で会議を開催するなどして,両協議会が住民も含めた多様な主体の合意形成の場となるような運用上の工夫が求められる。

3-2 自治体施策の展開

交通政策の主要な担い手である自治体には,法律のスキームを活用するほか,交通政策に関する独自条例の制定等を通じ,地域の実情に応じた施策の展開が期待される。交通に関する独自条例には,地域交通に係る基本条例のほか,公共交通に関する条例,交通安全に関する条例等がある。

地域交通に関し基本条例という名前を冠した条例を制定しているのは,2015年7月現在,加賀市[32]と熊本市[33]のみである。2000年代後半から,いくつかの自治体で公共交通条例が制定されるようになっており[34],基本

---

32)「加賀市地域交通基本条例」(2011年) http://www1.g-reiki.net/kaga/reiki_honbun/r287RG00000733.html. なお,包括的な交通基本条例の提案として,可児(2011)242頁以下,可児(2013)41頁以下参照。
33)「熊本市公共交通基本条例」(2013年) http://www1.g-reiki.net/kumamoto-city/reiki_honbun/q402RG00001178.html.
34)各地域の公共交通条例の比較として,たとえば,南(2015)7頁以下参照。

法制定後に新たに採択された公共交通条例としては，長岡京市と岐阜市の条例がある[35]。そのほとんどは市条例であるが（金沢市[36]，福岡市[37]，高松市[38]，長岡京市，岐阜市），都道府県のなかでは唯一奈良県が，「奈良県公共交通条例」を制定している。また，公共交通のみならず，自転車利用や歩けるまちづくりについても定める条例（新潟市[39]），自転車まちづくりに特化した条例（堺市[40]），歩くことに特化した条例（金沢市[41]，豊岡市[42]，見附市[43]，加西市[44]等）もある。さらに，福祉に関する条例のなかで交通のバリアフリー等についても定める条例は数多く見受けられる。

交通安全に関する条例には都道府県条例が多く，古くは1960年代から存在する（長崎県，三重県等）[45]。自動車交通事故の数は減少傾向にある

---

35)「長岡京市公共交通に関する条例」(2013年)(http://www.city.nagaokakyo.lg.jp/html/reiki/reiki_honbun/b400RG00000682.html.),「岐阜市みんなで創り守り育てる地域公共交通条例」(2015年)(http://www1.g-reiki.net/gifu/reiki_honbun/i700RG00001665.html)。

36)「金沢市における公共交通の利用の促進に関する条例」(2007年) http://www.city.kanazawa.ishikawa.jp/reiki/reiki_honbun/a4001379001.html。

37)「公共交通空白地等及び移動制約者に係る生活交通の確保に関する条例」(2010年) http://www.city.fukuoka.lg.jp/d1w_reiki/reiki_honbun/q003RG00000702.html?id=j9_k3。

38)「高松市公共交通利用促進条例」(2013年) https://www.city.takamatsu.kagawa.jp/file/20006_L11_riyoushokusinjourei.pdf。

39)「新潟市公共交通及び自転車で移動しやすく快適に歩けるまちづくり条例」(2012年) http://www.city.niigata.lg.jp/kurashi/doro/kotsu/kotsu_jyourei.files/jyourei.pdf。

40)「堺市自転車のまちづくり推進条例」(2014年) http://www.city.sakai.lg.jp/shisei/gyosei/shishin/sangyo/bicycle/df_lna_7475ede.files/zyourei.pdf。

41)「金沢市における歩けるまちづくりの推進に関する条例」(2003年) http://www4.city.kanazawa.lg.jp/11310/conference/arukeru_shingikai/rules.html。

42)「豊岡市歩いて暮らすまちづくり条例」(2012年) http://www3.city.toyooka.lg.jp/reiki/reiki_honbun/r269RG00000782.html。

43)「見附市歩こう条例」(2012年) http://www.city.mitsuke.niigata.jp/secure/8412/arukoujyourei.pdf。

44)「加西市歩くまちづくり条例」(2015年) http://www.city.kasai.hyogo.jp/gyosei/gikai/pdf/gian/256/256_g008.pdf。

ものの，重大事故の発生等を契機として，最近でも新たに制定されている（京都府，愛知県等）。また，自転車に関する条例は，以前は放置自転車の対策条例（尼崎市，堺市等）が主であったが，自転車事故の増大に鑑みて，最近，自転車の安全利用に特化した条例が相次いで制定されており（兵庫県，愛媛県，池田市，寝屋川市，羽曳野市，箕面市等），上記の堺市条例も，自転車まちづくり施策と安全利用の両方について規定している。

　これらさまざまな条例のうち，交通安全を除く条例について，まず，環境，福祉を統合した総合的な交通政策という観点でみると，公共交通条例には，基本的に，公共交通の維持，交通困難地域対策等，移動の確保に関する条文が盛り込まれている。条例においても，移動権・交通権について明記しているのは，前文において移動権の理念の尊重を定めた熊本市条例のみであるが，福岡市条例は，生活交通確保への参画権を規定している（3条1項)[46]。また，歩けるまちづくり条例では，健康増進という機能が重視されている場合が少なくない（豊岡市条例等）。

　また，環境に関しては，目的規定のなかに「人と環境にやさしい都市交通の形成」（高松市条例1条）や「地球環境に優しい社会の実現」（見附市条例1条）を規定し，基本理念（新潟市条例3条，高松市条例3条3項等）に環境負荷の低減を盛り込み，基本方針に自然・文化等の地域資源を活用したまちづくりや「人にも自然にもやさしい環境への取組み」（豊岡市条例7条3号・4号）を掲げる自治体がある。その一方で，何ら明示的な規定を置いていない公共交通条例もあり，公共交通の維持・促進に力を入れている自治体ですら，環境政策との統合の重要性が充分認識されていない可能性がある。

　次に，参加・協働に関しては，何らかの規定を置いている自治体が多い。

---

45) 交通安全に関する条例については，たとえば，牧瀬（2011）177頁以下参照。
46) 福岡市条例については，地域科学研究会（2010）参照。福岡市条例の前文および1条は，「すべての市民に健康で文化的な最低限度の生活を営むために必要な移動を保障」する旨を盛り込んでおり，同書では，交通権・移動権を明確に位置づけたものとされている（寺島浩幸執筆部分31-32頁）。

また，交通関連条例に特別の規定を置いていなくても，自治基本条例，参加・協働条例等が存在する場合には，計画策定時のパブリックコメントの実施等，横断的な条例の規定が適用される[47]。現行条例の参加・協働規定を分類すると，次の6つに分けられる。

①参加・協働の権利と理念

　参加・協働の権利と理念に関しては，前述のように，生活交通確保への参画権を規定した福岡市条例が注目される。また，目的規定（新潟市条例1条，堺市条例1条）または基本理念（奈良県条例2条2項，金沢市公共交通条例3条4項，見附市条例2条5項等）に協働について定める条例も多い。

②市の責務規定

　市の責務規定については，市民，事業者等の意見を十分に反映させる努力義務を定めるものがある（新潟市条例4条2項，高松市条例4条2項等）。また，公共交通事業者の責務に関しては，利用者の意見を運営に反映させる努力義務を定めている新潟市条例（7条2項）が注目される。

③政策形成段階の参加

　政策形成段階の参加については，基本方針規定において協働による施策の推進（新潟市条例8条，高松市条例8条），基本計画作成に係る市民等の意見聴取（新潟市条例9条3項，高松市条例9条3項），審議会・協議会等への諮問（高松市条例9条3項，長岡京市条例7条2項）を規定するものがある。

④個別施策段階の参加

　個別の施策に関する住民・NPOの参加について，最も詳細な規定を置いているのは新潟市条例であり，個別計画の作成から施策の実施まで，継続的な参加の仕組みを設けている。具体的には，まち歩き，自転車利用等，

47）全国の参加・協働条例の制定状況については，グリーンアクセスプロジェクトのデータベース（http://greenaccess.law.osaka-u.ac.jp/law/jorei/list）で検索が可能である。

交通手段ごとに，住民・団体との協働手法について定め，関係する NPO に特別の位置づけを与えている。まち歩きについては，住民・団体と協働して市がまち歩き計画を策定し，協定の締結により必要な支援を行う（11条）。その際，まち歩き団体は，計画案を提案するなどして計画策定に参加することができ，市長は，当該計画案をまち歩き計画に反映させる（12条）。また，自転車利用や地域交通手段については，市が計画を策定するのではなく，自転車利用推進団体[48]や地域交通団体が自ら計画を作成・提案し，市と計画の実施協定を締結し，必要な支援を受けることができるとされている（14条，16条）。これらの仕組みは，金沢市の２つの先駆的条例（公共交通条例と歩けるまちづくり条例）で導入されていたものと基本的に同様であるが，金沢市の公共交通条例は，利用者と事業者の公共交通利用促進協定の認定制度も設けている（13条。バストリガー協定については，第５章4-2参照）。そのほか，新潟市条例は，住民・NPO のみならず，市と事業者との関係でも，パークアンドライド協定（17条），エコ通勤協定（19条）を盛り込み，協定の活用を柱としたものとなっている。

また，特定の施策に特化した規定のほかに，生活交通施策の提案と提案施策の共働推進（福岡市条例７条），公共交通に関する市民提案の総合的検討と適切な反映（熊本市条例10条），利用者の意向の把握（高松市条例11条），市民意見の聴取・反映（新潟市条例20条）等，より一般的な参加規定を置く例も見受けられる。そのほか，福祉有償運送事業者に対する支援措置（福岡市条例11条），住民団体や公共交通事業者との協働による移動手段の確保（熊本市条例９条）等について定める条例もある。

⑤自主的取組み

自主的取組みの促進に関しては，意識の啓発，自発的活動の推進に係る規定（金沢市公共交通条例14条，新潟市条例18条，長岡京市条例９条），

---

[48] たとえば，2015年には，デンカビッグスワンスタジアム付近の逆走自転車を無くすための推進計画が作成され，株式会社アルビレックス新潟，NPO 法人アライアンス2002，新潟市の３者による協定が締結されている。

表彰制度（金沢市公共交通条例17条，新潟市条例21条，長岡京市条例10条，堺市条例20条），推進委員の設置（堺市条例18条），市民等への技術的・財政的支援（長岡京市条例11条），情報の収集・発信・共有（堺市条例21条）等を置くのが通例である。そのほか，見附市条例は，「歩くを基本としたまちづくり月間」について定めている（見附市条例11条）。

⑥協議機関

協議機関としては，多様な主体から成る市民会議（金沢市公共交通条例18条），協議会（熊本市条例13条）等の設置について定めるのが一般的であるが，その実効性確保に関し特徴的な規定は見当たらない。

以上のように，自治体条例においても，移動権・交通権は基本的に盛り込まれていないものの，参加の仕組みについては，いくつかの条例に，基本法や基本計画よりも詳細な規定が盛り込まれている。基本法の制定，公共交通活性化・再生法等の改正が行われているものの，国の法律のスキームのみでは，歩けるまちづくりや自転車の活用等，総合的かつきめ細やかな交通施策を展開するには不十分であり，独自条例の重要性には変わりがない。基本法の制定後，独自条例を設ける例はなお限られており，それぞれの地域の特性を活かした活用が望まれる。

3-3　インフラ整備と参加
　　　　──マーストリヒトのA2プロジェクトを例に

緑の交通政策を実現するためには，交通事業のみならず，インフラ整備の仕組みを改革することが不可欠である。基本計画においても，社会資本整備重点計画と基本計画は両輪とされているが，第1節でみたように，インフラ整備法の参加規定と環境配慮規定は不十分であり，リニア新幹線，幹線道路等，交通インフラをめぐる紛争が少なからず存在する。環境，福祉の要素を適切に反映しつつインフラ整備とまちづくりを一体的に進めるためには，計画の早い段階から事業の実施段階にいたるまで多段階的参加の権利を保障するとともに，プロアクティブな参加の促進が重要であるが，日本では，かけ声倒れになりがちで，なかなか実践に結びついていない。

これに対し，オーフス条約に加盟している EU 諸国では，プロアクティブな参加のさまざまな取組みが認められる。ここでは，オランダ・マーストリヒトの A2 プロジェクトを例に，どのような参加プロセスでインフラ整備とまちづくりを一体的に進めているのかを探ることとする。

 マーストリヒトは，オランダ南東部のリンブルフ州にある人口約 12 万人の都市である（図1-3）。A2 は，マーストリヒトとオランダの主要都市を結ぶ EU 域内の基幹道路である。そのため，オランダで最も交通量が多い高速道路の 1 つとなっており，現在でも約 45,000 台／日もの交通量があり，さらに，2026 年には 75,000 台／日への増加が見込まれている。既存の A2 は，マーストリヒトのまち並みを二つに分断し，まちの両サイドの往来に支障を生じさせ，交通安全上の支障，大気汚染，騒音等を引き起こしてきた。そこで，交通アクセスや交通フローの向上，環境改善，交通

図1-3　マーストリヒトの風景

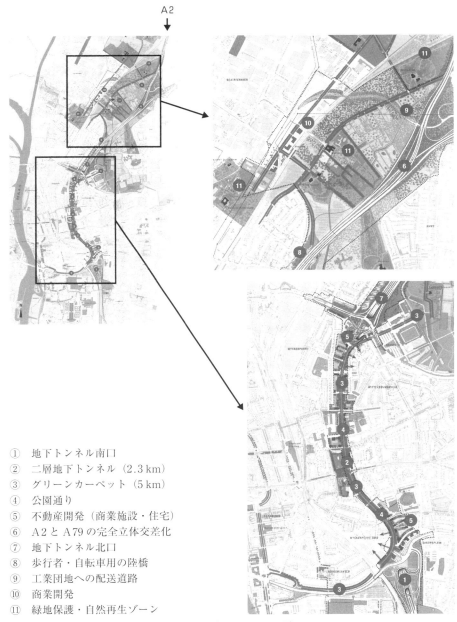

① 地下トンネル南口
② 二層地下トンネル（2.3 km）
③ グリーンカーペット（5 km）
④ 公園通り
⑤ 不動産開発（商業施設・住宅）
⑥ A2とA79の完全立体交差化
⑦ 地下トンネル北口
⑧ 歩行者・自転車用の陸橋
⑨ 工業団地への配送道路
⑩ 商業開発
⑪ 緑地保護・自然再生ゾーン

図1-4　A2プロジェクトの計画図

［出典：A2プロジェクトホームページ　http://www.a2maastricht.nl/data/files/alg/id762/General%20brochure%20the%20green%20carpet.pdf より作成］

安全，都市再生，居住性の向上といった問題を一挙に解決するため，交通と都市再生の統合的なアプローチが採用されることとなった。A2 プロジェクトは，現在地上を通る高速道路をトンネル化し，地上の土地を緑地，商業，住居用に有効活用しようとするものであり，「グリーンカーペット」計画と呼ばれている（図 1-4）。計画の主体は，交通・公共事業・水管理省（以下「交通省」という），住宅・空間計画・環境省（以下「環境省」という），マーストリヒト市，メールセン市およびリンブルフ州であり，欧州横断ネットワーク基金の資金も投入されている。

　計画策定は 2003 年に始まり，数十の代替案・複数案のなかから絞り込みが行われた結果，2006 年 6 月に，トンネル案を選択することが合意され，トンネルルートの中間決定が行われた。同時に，関係行政機関は，プロジェクトの基本的要素，権利・義務等を定めた協力協定を締結した。交通省と環境省が合計 6 億 8,100 ユーロ，マーストリヒト市が 9,300 万ユーロ，メールセン市が 100 万ユーロ，リンブルフ州が 5,400 万ユーロを拠出し，運営委員会が設置され，インフラを担当するチームと都市再生を担当する戦略チームが設置された（図 1-5）。

図 1-5　検討資料

第 1 部　転換期の交通政策

　これを受けて，2006年後半に，事業アセスと入札手続が開始された。A2プロジェクトの特徴の1つは，インフラ整備法，都市計画法および入札関連法の手続を組み合わせ，一定の条件を示してプロポーザル方式の競争入札を行ったことである。入札手続では，プロジェクトの基本要素，計画区域，予算の上限等の条件を示し，計画案の公募が行われた。入札参加事業者には，交通，都市計画という異なる分野の専門事業者で共同事業体を組んで，工事期間中の既存の公共交通サービスの維持も含め，一定の条件の範囲内で最善の解決策を示すことが求められた。2年をかけて，計画の選定が行われ，2009年後半に，グリーンカーペット案の採用が決まり，オランダの大規模事業者である Ballast Nedam と Strukton から成るコンソーシアムが落札した。2010年にインフラ整備法に基づいて高速道路に係る正式の事業決定がなされており，トンネル部分は2016年に開通予定である。都市再生に関しては，2004年から2011年までゾーニング手続が行われ，2017年から2026年まで関連工事が行われる。計画から完了まで20年以上の長期プロジェクトであり，行政関係者50名以上，事業者約500名が従事している。

　A2プロジェクトのプロアクティブな参加についてみると，まず注目されるのはリエゾン・オフィサー[49]の任命である。リエゾン・オフィサーは，市民，商業者その他の多様な地元関係者，行政およびプロジェクト事業者相互の調整を任務とし，計画の最初の段階から工事の実施にいたるまで，同一のオフィサーが一貫してその任に当たっている。一連のプロセスのなかで，最も代替案の余地が広かったのは，トンネルルートの中間決定が行われた2006年以前である。逆に，インフラ整備法等に基づいて正式の事業計画決定が行われた2010年段階は，すでに本体工事着工に向けた最終段階であり，さらに着工後の2011年以降は，選択の余地が著しく狭まる。

　そこで，2006年以前の段階から，トンネルルートの中間決定，入札参

---

[49] リエゾン・オフィサーのマース（Jeroen Maas）氏には，2014年2月のヒアリングおよび現地視察に際し，多大なご協力をいただいた。

加事業者の計画提案，事業計画の最終決定にいたるまで，節目ごとにメリハリをつけた参加プロセスが実施された．

第1に，情報公開に関しては，ホームページ，パンフレット，年次報告等を通じた情報の公表，市民への説明を担当する世話人（steward）の任命，インフォメーションセンターの開設等が行われた．また，工事開始後は，説明用の看板の設置，見学会の開催のほか，工事の状況を常時見学できるように，工事現場周辺に見学台が設置された（図1-6）．

第2に，市民との協議に際しては，その中核を担う組織として，トンネル案選択前の初期の段階から，近隣住民のためのプラットフォームが設けられ，独立・中立的な議長が任命された．また，課題，地域ごとに，より小さなグループでの協議も行われた．たとえば，住民の関心事と商業者の関心事は異なるため，細かな利益調整は，全体の議論と分けて行うことに

図1-6　見学台より撮影（マーストリヒト市内）

より，議論の効率化が図られた。そして，入札参加事業者のプロポーザル段階では，絞り込まれた3つの暫定提案について，約1年間の市民との意見交換が行われた。一定期間，同じ場所で事業者の展示会が行われ，多数の訪問者で賑わった。住民投票や人気投票の類は実施されなかったが，各事業者は，訪問者の声を自主的に反映して計画案を修正し，最終提案を行った。その結果採用されたのが，グリーンカーペット案である。この事業計画について，インフラ整備法に基づく参加手続を経て決定が行われ，事業計画が確定された。

2006年当時の行政の計画案では，一層式の横幅の広いトンネルの建設が予定されていたが，入札事業者の提案により，上下二層式のトンネル案に変更され，計画区域の土地活用のフレキシビリティが増加した。グリーンカーペット計画は，野生動物の移動路の確保も含め，21の個別事業から構成される。既存交通の80％を地下化し，自転車，歩行者のために既存のメインストリートにつながる約5キロの公園通りを設け，生態系・レクリエーションゾーンを形成し，自然再生が行われることとなった。二層式トンネルの上側は地域交通，下側は通過交通用であり，各層が上下各二車線から構成される。また，地上部分には，自転車用の橋やビジネスパークへの分岐路を設置し，アクセシビリティの改善が行われる。都市再生に関しては，A2の両側で，6,000 m^2 の商業施設，1,100戸以上の住宅を含め，約3万 m^2 の再開発事業が予定されている。

A2プロジェクトは，高速道路の新設ではなく，既存の施設の更新であり，もともとトンネル化自体による一定の改善が見込まれるところであるが，統合的アプローチと丁寧な参加手続を踏んだことにより，環境，社会，経済への影響を総合的に検討することが可能となり，予算の確保上も有利に働いた。オランダの法律上も，日本の都市計画事業認可と同様に，インフラ整備に係る正式の参加手続は計画の最終段階で行われるため，意見提出がなされたとしても，執りうる選択肢が限られている。これに対し，計画の初期段階からプロアクティブな参加を促進したことにより，部分的には，トンネルのルート・構造，騒音対策等について，実質的に市民意見の

反映がなされ，計画の改善につながった。建設工事の着手後も，市民からの問い合わせや意見は数多く寄せられているが，その主たる関心は工事車両の通行，作業方法，作業時間等へと移行している。オランダでは，比較的多くの環境訴訟が提起されており，大規模公共事業については，いくつもの訴訟が提起されることも珍しくない。本計画をめぐる訴訟も皆無ではないが，他の事業に比べるとその数はごくわずかであるという。司法アクセスの保障が参加の実効性を担保し，意味のある参加は紛争の予防効果を有することを示す例であるといえよう。

4．今後の展望

　基本法は，豊かな社会生活の確保という交通の役割を重視し，住民・利用者や NPO を含め，幅広い関係者の参加と協働により，環境，福祉を統合した交通政策を推進するという理念を法的に明確化した。

　日本では，1990 年代以降，環境や福祉の分野において，政策形成段階からの参加・協働の重要性が認識されるようになり，交通分野においても一定の改革がなされてきた。基本法は，そのような政策理念の転換を確固たるものとし，今後の方向性を示したものとして重要である。一連の法改革においては，協議会，協定の活用等，日本に特徴的な制度の展開が認められるものの，これらの仕組みを利用するかどうかは基本的に任意であり，自主的取組みの推進手法にとどまっている。実際，自治体の取組状況には大きなばらつきがあり，施策が必要な地域であるにもかかわらず，対策が不十分なままの自治体も少なからず存在する。また，交通分野では，地域内交通，広域交通といった交通ネットワークの違いに応じ，参加の時期，手法，関係者の範囲が異なることから，政策の対象地域と時期に応じメリハリをつけた参加手法の開発が不可欠であるが[50]，もっとも利害が対

50）地域において，市町村単位とコミュニティ単位の 2 層の住民参画構築を重視するものとして，辻本（2011）30 頁以下参照。

立しやすいインフラの立地選定段階での参加の仕組みは依然として脆弱である。

　今後の制度改革にあたり重要なのは，権利を基礎としたアプローチを取り込むことである。本章の冒頭で述べたように，本来，参加原則は，情報アクセス権，決定への参加権および司法アクセス権という，3つの手続的権利の保障を柱とする。最近では，各国の多様な参加の仕組みを共通の指標で比較し，第10原則の促進に活用しようという試みも始まっている。そのなかでも注目されるのは，バリガイドラインをもとに開発された環境民主主義指標（EDI：Environmental Democracy Index）[51]である。EDIは，アクセス・イニシアティブ（TAI：The Access Initiative）と世界資源研究所（WRI：World Resources Institute）という国際NGOが，各国政府や民間基金の支援を受けて開発したものであり，375個の法律指標と24の実践指標から構成されている。2015年9月には，この指標に基づく世界70か国の評価結果が公表された[52]。日本の評価結果は，3点満点中，情報アクセス権が1.96点，参加権が1.1点，司法アクセス権が1.47点にとどまり，インドネシアやインドより低い結果となっている。参加の国際的かつ法的指標の開発は世界初の試みといわれており，今後さまざまな改善の余地があると考えられるものの，日本の国際的な位置づけを知るうえで参考となるのは確かである。

　基本法は，実体的な移動権・交通権を明記していないがゆえに，基本法の理念を具体化するためには，手続的権利の保障という観点が欠かせな

---

51) 環境民主主義指標では，各国の法律と実践状況について，国内の法律家が共通の指標に基づいて2段階の評価を行い，各国の評価結果をさらに複数の専門家がチェックするという3段階の評価が採用されている。評価結果は各国政府に送られ，そのコメントも公表されている。筆者は，日本の第2段階の評価を担当した。この指標の方法論の詳細については，環境民主主義指標のホームページ参照（http://www.environmentaldemocracyindex.org/about/background_and_methodology）。
52) 無料開放されたこのデータベース（http://www.environmentaldemocracyindex.org/）では，複数国の比較をしたり，各国の法律データを入手することが可能である。

い。協定等を活用したプロアクティブな参加の取組みが重要であるのはいうまでもないが，その前提として参加の原則が確立されていない場合には，しばしば参加は形骸化する。とくに，高速道路やリニア新幹線のように利害対立が顕在化しやすい課題について，任意の仕組みのみで合意形成をすることは困難であり，日本の特徴である自主的アプローチと権利を基礎としたアプローチを組み合わせた制度設計が目指されるべきである。

参考文献・資料

淺野正一郎・岩城宏幸・小嶋光信・松本順・原田昇「座談会　交通政策基本計画のねらいと今後の日本の交通」運輸と経済75巻6号（2015年）4-15頁。

大久保規子「環境再生と市民参加—実効的な環境配慮システムの構築をめざして—」淡路剛久監修『地域再生の環境学』（東京大学出版会・2006年）251-281頁。

大久保規子「環境影響評価法の2011年改正について」ジュリスト1430号（2011年 a）30-36頁。

大久保規子「協働の進展と行政法学の課題」磯部力・小早川光郎・芝池義一編『行政法の新構想 I —行政法の基礎理論』（有斐閣・2011年 b）223-243頁。

大久保規子「環境分野の参加原則とバリガイドラインの意義」甲南大学総合研究所叢書124号（2015年 a）41-57頁。

大久保規子「国内法における持続可能な発展原則の意義と位置付け—環境サステナビリティの観点から」法社会学81号（2015年 b）140-151頁。

岡崎勝彦「新しい人権としての交通権」交通権学会編『交通基本法を考える』（かもがわ出版・2011年）32-38頁。

可児紀夫『交通は文化を育む—地域交通政策の提言』（自治体研究社・2011年）。

可児紀夫「交通権を保障し，地方自治を発展させる交通基本法と交通基本条例」交通権30号（2013年）35-48頁。

環境民主主義指標のホームページ http://www.environmentaldemocracyindex.org/about/background_and_methodology.

交通権学会編『交通権憲章—21世紀の豊かな交通への提言』（日本経済評論社・1999年）。

第 1 部　転換期の交通政策

交通政策審議会交通体系分科会地域公共交通部会・最終とりまとめ『地域公共交通の充実に向けた新たな制度的枠組みとその活用に関する基本的な考え方』（2014 年）
　　http://www.mlit.go.jp/common/001026281.pdf
国土交通省「国土のグランドデザイン 2050〜対流促進型国土の形成〜」（2014 年 7 月）
　　http://www.mlit.go.jp/common/001047113.pdf
国土交通省都市局都市計画課「交通政策との連携によるコンパクトシティの形成に向けた取組―都市再生特別措置法の改正の概要」運輸と経済 75 巻 6 号（2015 年）24-29 頁。
兒山真也・松澤俊雄「公共交通と交通政策基本法」交通科学 45 巻 2 号（2015 年）1-6 頁。
桜井徹「政府提出交通基本法案の特徴と問題点―民主党等提出案との比較を通じて」交通権 29 号（2012 年）17-24 頁。
澤田斉司「交通政策基本法の成立とその概要」運輸と経済 74 巻 6 号（2014 年）18-23 頁。
澤田斉司「交通政策基本計画の策定とその着実な推進」運輸と経済 75 巻 6 号（2015 年）16-23 頁。
島田勘資「交通政策基本法の制定について」運輸政策研究 17 巻 1 号（2014 年）51-55 頁。
園部敏・植村栄治著『交通法・通信法　新版』（有斐閣・1984 年）。
田邊勝巳「交通政策基本法と交通権に関する一考察」運輸と経済 75 巻 6 号（2015 年）76-80 頁。
地域科学研究会編『交通権（移動権）の保障制度』（地域科学研究会・2010 年）。
辻本勝久『交通基本法時代の地域交通政策と持続可能な発展―過疎地域・地方小都市を中心に』（白桃書房・2011 年）。
土居靖範「交通政策基本法の論点と課題」交通科学 45 巻 2 号（2015 年）17-25 頁。
西田敬「フランスにおける交通法典の制定―国内交通基本法の全面再編について」交通権 29 号（2012 年）36-43 頁。
二村真理子「交通政策基本法に見る環境政策」運輸と経済 75 巻 6 号（2015 年）81-85 頁。
牧瀬稔「地方自治体における交通安全基本条例の効果」麗澤大学紀要 93 巻（2011 年）177-191 頁。
南聡一郎「条文比較分析からみる公共交通条例の含意」交通科学 45 巻 2 号（2015 年）7-16 頁。
山口真弘『交通法制の総合的研究』（交通新聞社・2005 年）。
山越伸浩「交通基本法案―地域公共交通の確保・維持・改善に向けて」立法と調査 316 号（2011 年）36-51 頁。

（インターネットサイトへの最終アクセス日：2015 年 7 月 27 日）

第 2 章
道路交通関連の社会資本整備の理念転換

新田 保次

1. 多様な道路交通問題と対応

わが国では，戦後，自動車の保有台数の増加とともに，さまざまな交通問題が生じ，その対策が順次実施され，一定の効果を挙げてきたが，解決したわけではない。従来の問題を抱えながら，新たな問題への対応を迫られているのが現状である。そこで，本節ではモータリゼーションの進展がもたらした道路交通を中心とした交通問題の発生と，その対応について以下の項目で概観することにする。

［道路交通の円滑化］

戦後初期の段階では，あまりにも劣悪な道路事情のために，自動車の円滑な走行を促すための諸施策が求められ，1954 年，第 1 次道路整備 5 カ年計画が策定され，以後，道路の新設や拡幅，舗装などといった道路整備が精力的に実施された。なお，道路整備 5 カ年計画は 2003 年，社会資本整備重点計画に移行した。現在，第 3 次計画期間中（2012～16 年度）であるが，地域の活力の維持・向上のため，道路による都市間移動の速達性（最短道路距離移動速度 60 km/h）の確保を目標に掲げ整備に取り組んでいる。

［交通安全対策］

道路整備の初期段階においては，自動車保有台数の急激な増加とともに

に，交通事故の多発が見られるようになった。1970年には，交通事故死者数はピークを迎え，17,000人に迫った。このような事態を受け，1970年には交通安全対策基本法が公布された。同法に基づき，1971年，第1次交通安全基本計画がつくられ，道路・交通管理者を中心に，大々的に交通安全対策が実施された。2013年においては，死者数は4,500人を割り込み，13年連続の減少となっている。しかしながら，自転車対歩行者事故は急増し，自転車に対する安全対策が喫緊の課題となった。そこで，2008年改正道路交通法が施行され，自転車の歩道通行要件の明確化や幼児・児童に対するヘルメット装着の努力義務化がなされた。現在，交通安全基本計画は第9次が進行中であり，2015年までに死者数を3,000人以下にすることを目指している。

[道路公害への対応]

交通事故への対応が迫られている同時期，わが国では高速道路を初めとした都市間を結ぶ幹線道路整備が進んだ。これらの道路は産業振興の役割を担い，貨物交通における大量輸送と円滑化を目的とした。その結果，増大する貨物交通により幹線道路沿道においては，騒音・振動や大気汚染などによる道路公害問題が深刻化し，1970年代後半から80年代にかけて，相次いで道路公害裁判が提訴されるに至った。このような事態に対して，道路管理者は，遮音壁や環境施設帯の設置や車線数削減などの環境対策を行った。しかしながら，環境影響評価法の制定は遅く，1997年時点まで待たねばならなかった。

また，1992年には，自動車からの窒素酸化物の排出総量の削減を図る自動車NOx法が作られたが，当初の計画通りには削減が図られていないこと，また浮遊粒子状物質の排出総量抑制を図る必要から2001年に改正され，2010年度を目標年度として自動車NOx・PM法により，大気環境基準のおおむね達成を目標に規制の強化がなされるようになった。その結果，「環境基準おおむね達成」の目標は達成されたが，さらに測定局において継続的に安定して環境基準の達成を図る必要があることに加え，対策地域全体における環境基準の達成を目指して，目標年度を2020年度とし

て対策の一層の強化を図ることにした。

［アメニティの向上］

1980年代に入ると，アメニティに対する関心が高まった。道路建設による地区分断や埋蔵文化財の破壊といった問題はかねてからの課題であったが，これに加えて，景観の劣化に対する指摘が多くなされるようになった。とくに，都市部における高架構造物に対する批判は強く，外部景観の向上の取組みが積極的になされるようになった。2004年には景観法が制定され，景観行政に対する方向付けや法的根拠が明確にされ，より積極的かつ効果的な景観形成を推進することになった。建築物や工作物が主体であるが，道路においても円滑な交通を確保することに加え，良好な景観を形成するものとして位置づけられている。また，違法・迷惑駐車・駐輪問題も深刻化し，1993年に「自転車の安全利用及び自転車等の駐車対策の総合的推進に関する法律」が改正され，取締りの強化と駐車・駐輪場整備が精力的に行われるようになった。

［地球環境問題への対応］

1990年代は，国連レベルで1980年代から取り組まれていた地球環境問題と障がい者のモビリティ（移動能力）確保への対応が，わが国においても実施されるようになった時期でもある。地球環境問題においては，1997年の気候変動枠組条約第3回締約国会議（COP3，京都会議）において地球温室効果ガス削減目標が決められ，日本は議定書を2002年6月に締結した。これを踏まえ，地球温暖化対策の推進に関する法律が制定され，京都議定書目標達成に向けた取組みが推進された。そして，2005年2月にはロシアの締結により発効要件が満たされ発効された。2008年から2012年の間に1990年比6％の地球温室効果ガスの削減を図るという目標は，1990年度比で6.5％の増加にもかかわらず，京都メカニズムクレジットの取得の加味により2008年から2012年の5カ年平均で8.4％の減少が推計され，達成予定である。なお，民生業務，民生家庭，エネルギー転換部門において増加が著しい。ただ，運輸部門においては，自動車からの排出は増加の一途をたどっていたが，最近では頭打ち傾向にあり，微増となって

いる。それでも，全二酸化炭素排出量の2割弱を自動車が占めており，効果的な対策が求められている。

[バリアフリー整備]

　障がい者のモビリティ確保においては，1970年代の障がい当事者によるバスや鉄道への乗車要求とノーマライゼーション理念の浸透，1981年の国連障害者年，1983年からの国連障害者の十年，1993年の「障害者基本法」の制定をへて，2000年「高齢者，身体障害者等の公共交通機関を利用した移動の円滑化の促進に関する法律（略称：交通バリアフリー法）」に至り，公共交通機関や道路などのバリアフリー化が積極的に推進され，ユニバーサル社会の実現を目指した交通面からのアプローチの強化がなされるようになった。そして，2006年には，「ハートビル法（高齢者，身体障害者等が円滑に利用できる特定建築物の建築の促進に関する法律）」と交通バリアフリー法が統合した「バリアフリー新法（高齢者，障害者等の移動等の円滑化の促進に関する法律）」が施行され，すべての人を対象にした，より広域な地域空間における，面的でシームレスなバリアフリー整備が求められるようになった。

　目標年の2010年においては，旅客施設や道路のバリアフリー化において大きな成果が見られたが十分とはいえず，次の10年に向けて新たな基本方針を策定した。これによると，旅客施設では利用客数の基準を3,000人に下げるとともに，段差解消100％，重点整備地区内の主要生活関連経路の100％整備，ホームドア・可動式ホーム柵の設置，ノンステップバス化70％などを目標にしている。

[モビリティの確保]

　バリアフリー整備は，車両，駅舎，道路といったようにハード面での整備が基本であり，現在，地方部で顕著なバス・鉄道路線の廃止や便数の削減などといった交通サービスの低下への対応は遅れていたが，近年，地方自治体が運行主体となるコミュニティバスが全国各地で走るようになった。しかしながら，高齢化の急速な進展により，今後，マイカーを利用できない独居老人や認知症を患う人たちの増加も予想され，バスを中心とし

たきめ細かな公共交通サービスの提供が必要とされている。

　なお，公共交通を利用できない，より移動が困難な人たちへのサービス供給においては，特例的に福祉有償運送および過疎地有償運送が認められていたが，2006年の道路運送法一部改正に伴い，公式の交通システムとしての認知されることとなった。さらに，2007年には地域公共交通活性化・再生法が施行され，地域における福祉的公共的交通サービスの充実を図る取組みが始まった。2014年には，2013年に成立した交通政策基本法の理念にのっとり，「持続可能な地域公共交通網の形成に資する」との目的が追加された。これにより従来の地域公共交通総合連携計画が，地域公共交通網形成計画に改正となり，計画策定主体に市町村に加え都道府県が追加となった。

　また，2011年度には，地域の公共交通における生活交通の確保とバリアフリー化を促進する事業が統合された地域公共交通確保維持改善事業が動き出し，現在に至っている。

[交通政策基本法]

　交通基本法案が最初に国会に提出されたのは2002年であるが，2013年の交通政策基本法成立までに見直しや廃案，棚上げ，再提出等の紆余曲折があり，10年余がかかった。2010年3月，国土交通省により，交通基本法の制定と関連施策の充実に向けた考え方がまとめられた段階では，移動権の保障が法案の根幹に位置づけられていたが，パブリックコメントや交通政策審議会等の検討を経て，2011年3月に政府案として提出されたときには移動権が抜け落ち，「国民等の交通に対する基本的な需要の充足」となった。「基本的な需要」とは何かについては具体的な定義はなく今後の議論の深化が必要となる。しかしながら，先に述べた道路交通をめぐる課題である，交通安全の確保，環境負荷の低減，交通困難者のための移動円滑化やモビリティ確保などは盛り込まれており，個別交通施策を包括する性格を有しているといえる。ただ，交通安全対策基本法とは並列的な位置づけとなっている点が気になるところである。

2. モビリティ格差と公共交通の役割

2-1 人の移動距離の変化

表2-1は，年間1人当たり交通機関別の移動距離を示している。国民の移動距離は大幅に増加したが，移動距離の増加は，乗用車に負うところが大きい。逆に，乗合バスの移動距離は1970年をピークに，大きく落ち込んでいる。この結果だけみても，個人におけるモビリティの上昇は乗用車を利用できる人にもたらされ，バスや鉄道などの公共交通機関しか利用できない人たちとの間にモビリティ格差を生じていると推測される。

なお，一人あたりの移動距離は，2005年あたりを境に若干減少傾向を示している。自家用乗用車においては，それ以前にピークを迎え，近年，減少傾向は顕著になっているが，鉄道やバスは横ばいか，やや上向きの傾向を示している。

2-2 個人間モビリティ格差と公共交通の役割

個人のモビリティは，乗用車を利用できる人と利用できない人で違いが出るように，利用できる交通手段により変化する。このような状況を表現するために，次のようにモビリティを定義することにした[1]。

表2-1 交通機関を利用した年間1人あたりの移動距離

国土交通省「陸運統計要覧」のデータより作成。各輸送機関の総輸送人キロを総人口で除して算定。

（単位：km／人・年）

年	計（A＋B＋C）	自家用乗用車（A）	乗合バス（B）	鉄道（C）
1960	2358	68	336	1955
1970	4811	1548	504	2759
1980	5648	2606	355	2687
1990	7937	4529	273	3135
2000	8946	5704	213	3029
2005	8962	5683	217	3064
2009	8779	5479	224	3076

第 2 章　道路交通関連の社会資本整備の理念転換

モビリティ＝利用可能な交通手段により，
30 分以内に到達できる最大距離

　上記定義に基づき，大阪府吹田市および箕面市の住民を対象に実施したアンケート調査をもとに，各個人のモビリティを計算した。つづいて計算された個人のモビリティの値に基づいてジニ係数（不平等の指標）を計算すると表2-2に示すようになった。

　この表より理解できることは，利用可能な交通手段が，徒歩のみの段階から自転車も選択肢に入るとジニ係数が増大する。これは自転車を利用できる人は移動距離が大きく伸びるのに対して，利用できない人は徒歩だけとなり移動距離の格差が広がるからである。つづいてバイクと車が入ると非高齢者では，自転車利用ができない人も車やバイクの利用が可能となり，移動距離が延びることによりモビリティ格差が少なくなる。このことによりジニ係数は低下するが，高齢者ではマイカーやバイク利用者が少なく格差が助長される。

　しかし，電車やバスといった公共交通機関が利用の選択肢に入ると，大多数の人が利用可能であるのでジニ係数は低下し，徒歩のみの段階より小さくなる。高齢者になるほど徒歩速度は遅くなるが，このような徒歩移動困難性を公共交通が補っているといえる。よって，公共交通機関はモビリ

表 2-2　利用可能な交通手段タイプ別のジニ係数

利用可能な交通手段タイプ	非高齢者 (65歳未満)	高齢者 (65歳以上)	全体
徒歩のみ	0.112	0.218	0.155
徒歩＋自転車	0.373	0.346	0.379
徒歩＋自転車＋バイク＋車	0.269	0.496	0.350
徒歩＋自転車＋バイク＋車 ＋公共交通機関	0.053	0.121	0.077

1) Onnavong, B. and Nitta, Y. (2005).

ティ格差の是正に貢献することがわかる。公共交通機関は単に移動を容易にするだけでなく，モビリティの格差是正に貢献する役割を担っている。

3. 生活機能の格差と交通の役割

3-1　生活機能の捉え方

アマルティア・センの機能（functioning）に関する考え[2]を基礎に，筆者らは，個々の機能の達成可能性を取り込んだ総合的な機能の評価に関する定式化を行うとともに，外出に関連する生活行動として，次の13項目を抽出した[3]。

　（1）通院　（2）買い物　（3）公的・金融機関での用事　（4）理髪・美容　（5）親族・友人との面会　（6）仕事・ボランティア　（7）教養・習い事　（8）スポーツ　（9）芸術鑑賞やスポーツ観戦　（10）散歩・ハイキング　（11）外食・パーティ　（12）墓参り　（13）旅行

この機能について，ICF（International Classification of Functioning, Disability and Health：生活機能分類）[4]に示された生活機能の中で位置づけを行った。その結果，表2-3のように整理できた。なお，活動・参加領域については，筆者が分類化したものである。

3-2　生活機能の達成状況の把握方法

表2-3に示す8項目を対象として，これらの機能の達成状況を，これらの機能を達成するための外出が，「容易である」「できるが大変」「できない」の三択のうちのいずれかに該当するものとして把握した。つづいて，「容易である」を4点，「できるが大変」を1点，「できない」を0点として得点化した。このようにすると，Ⅰ～Ⅲの各フェーズはそれぞれ8点，

2）セン（2000）。
3）猪井他（2004）。
4）WHO（2002）。

表2-3　機能と領域の対応

ICFの分類	活動・参加領域	外出関連の日常的な生活機能
主要な生活領域	フェーズⅠ： 生命の保全	・買物 ・通院
主要な生活領域	フェーズⅡ： 暮らしの維持	・市役所・銀行などでの用事 ・理髪・美容 ・仕事・通勤・ボランティア
コミュニティライフ・社会生活・市民生活	フェーズⅢ： 健康・文化活動の増進	・家族や友人などとの面会 ・習い事・生涯学習，通学などの文化的活動 ・散歩・体操などの健康づくり

12点，12点満点となるが，満点をそろえるため，各フェーズを10点満点に換算した。合計すると30点満点になる。

3-3　達成状況の地区別の差異

岡山県美作市と，大阪府の大阪市西淀川区，吹田市千里丘地区，箕面市箕面森町の4地区の住民を対象に実施したアンケート調査データをもとに，生活機能の平均得点を前項の方法により求めたところ，表2-4に示す結果を得た。美作市は人口密度1 km^{2}当たり80人以下の公共交通が不便な過疎化が進む人口減少地域である。一方，西淀川区や千里丘地区は都心からの公共交通での移動が便利な住宅地域である。箕面森町は近年開発された郊外住宅地域であるが，最寄りの鉄道駅まで遠く，バスでの移動が不便な地域である。

表2-4　地区別生活機能の得点

総合は30点満点であるが，10点満点に換算した。

	美作市	大阪市 西淀川区	吹田市 千里丘地区	箕面市 箕面森町
生命の保全	8.2	9.0	9.0	7.0
暮らしの維持	8.0	8.7	8.7	6.3
健康・文化活動の増進	7.4	8.0	8.6	6.9
総合	7.9	8.6	8.8	6.7

このような地域において，概ね千里丘地区や西淀川地区の生活機能の得点は高く，続いて美作市となっており，予想される結果となっているが，大都市近郊の住宅地である箕面森町の生活機能の得点が美作市より低いのには驚かされる。この理由は何かを次に探ることにする。

3-4 生活機能に影響を及ぼす個人的要因の抽出

生活機能得点に個人の要因がどのように影響を与えているのかを把握するため，総合得点を目的変数とし，個人の要因を説明変数とした数量化Ⅰ類分析を行った。各4地域において説明変数の候補として，美作市では，「年齢，性別，職業，暮らし向き，自力歩行能力，介助の必要性，補助具の有無，自由車の有無，バス停までの距離，居住地区」を，西淀川区では「年齢，性別，職業，暮らし向き，自力歩行能力，自由車の有無，駅までかかる時間，居住地区」を，千里丘地区では「年齢，性別，職業，暮らし向き，自力歩行距離，自由車の有無，駅までかかる時間，バス停までの距離，居住地区」，箕面森町では「年齢，性別，職業，暮らし向き，自力歩行能距離，自由車の有無」を抽出した。

表2-5に各地域において抽出された主な要因を示した。これより美作市や箕面森町といった公共交通不便地域では自動車の利用可否，つまりマイカーを自分で運転できるかどうかが主な要因であり，西淀川区や千里丘地区といった鉄道サービスの比較的良好な公共交通利便地域では，駅までの

表2-5　生活機能に影響を及ぼす主な要因の地区別比較

主な要因	美作市	西淀川区	千里丘地区	箕面森町
1位	自動車利用可否	自力歩行距離	自力歩行距離	自動車利用可否
2位	自力歩行距離	駅への所要時間	居住地区	暮し向き
3位	居住地区	年齢	介助の有無	―
4位	暮し向き	居住地区	職業	―
5位	年齢	―	駅への所要時間	―
6位	バス停までの距離	―	年齢	―

所要時間といったアクセスの利便性が主な要因であることが分かった。また，両地域に共通な要因としては，自力歩行距離，つまり自分の力でどれだけ歩けるかが主な要因であることがわかったが，居住地区も主要因として抽出された。これについては，地域における生活関連施設の立地状況が関連する可能性もあると考えられる。

3-5 生活機能を高める移動・交通

先の分析において，公共交通が発達していない地方部においては，自動車の利用可否（特に自分の運転可否）と自力歩行能力，公共交通が発達している都市部では，自力歩行能力と鉄道駅までの時間（距離）が主要な要因として抽出されたが，自力歩行能力を高めるために身体機能を向上させることは容易ではないので（もちろん機械的装置の装着による支援もあるが），移動支援および個人的交通用具の利用環境を高める必要がある。具体的には，前者においては介助者等による移動支援，後者においては車いす等の電動化，さらには通行路のバリアフリー化などがあげられる。

自動車の利用可否については，自動車を運転できない人の移動能力を高める必要がある。車を運転できるようにすることが最も効果的なアプローチではあるが，対象とする人の大半は高齢者であり免許を取ることすら容易でない。また，運転可能な人であっても，高齢化に伴い運転不適格者になる可能性も高く，現実的な対策とはいえない。よって自動車に代わる交通手段として，自動車の性能にできるだけ近づけた交通サービスの提供が必要になる。

一方，都市部においては，自力歩行能力については前述のような地方部でとる対応と同様であるとみなしてもよいと思われるが，駅までの距離については，自転車の利用環境の向上による時間短縮も必要となるが，生活機能が低下している人は自転車の利用不可能層が多く，このような人にとっては駅までのアクセス交通手段としてのバスやタクシーが重要となる。いずれにせよ，都市部，地方部を問わず，バスに代表される小回りのきく，ドア・ツー・ドア型の公共交通サービスの提供が求められる。

3-6 生活機能の達成を保障する移動のレベル

　前節において移動における公共交通（福祉的交通も含む）の役割の重要性については指摘したが，生活機能の達成を保障する最低限の移動のレベルについて考察しなければ，当初の交通基本法でうたわれた「国民の健康で文化的な最低限度の生活を営むために必要な移動」のレベルにアプローチすることはできない。また，移動のレベルから公共交通が提供すべき最低限の交通サービスレベルへの道筋をつけることもできない。なお，公共交通サービスは，車両，路線，停留所，速度，頻度，料金，混雑度，接遇などによって総合的にとらえられるべきものである。

　以上のことを考えると，最低限の交通サービスレベルを考察するにあたって，次のような課題ないし検討のプロセスが浮かび上がる。

① 生活機能（活動・参加領域における）の三つのフェーズ，「生命の保全」，「暮らしの維持」，「健康・文化活動の機能の増進」の順に，交通事業者が提供する（利用者が享受する）交通サービスレベルの最低限を上昇していく必要がある。

② 各人の移動のレベル（たとえば外出回数），さらには交通サービスの享受レベルと生活機能の達成状況の関連性について把握する必要がある。

③ さらに，交通サービスの享受レベルと供給レベルとの関係を把握する。

④ 生活機能の達成状況は，交通サービスレベルだけによって影響されるものではなく，地域固有の地勢的社会経済的な特性によっても影響されるので，地域に応じた最低限の生活機能における達成レベルを決める必要がある。

⑤ 上記の機能の達成レベルに応じて，移動レベルを把握し，特に提供すべき最低限の交通サービスレベルを市民（住民，企業・団体等）と交通事業者，行政の三者の協議により決める必要がある。

4. 低速交通重視のまちづくり
——サイクル&バリアフリータウン

4-1　新たな交通価値

　ローカルな公共交通の衰退は市場メカニズムによってもたらされた。この原理に交通政策が立つ限り，モビリティ格差はいっそう拡大する。生きている，暮らしている，生身の人間の立場に立った交通政策の展開が必要である。"移動"を人間の基本的権利として捉え，すべての人たちが自立して移動できる環境を整備することを目指す立場に立つことが必要である。また，高速交通整備による地域の均衡ある発展を掲げながら，現にモビリティの不均等発展が生じ，個人間および地域間格差が生じた反省に立ち，人間を基礎にした，新たな"交通価値"の実現を図る交通政策を確立する必要がある。

　筆者はそれをアマルティア・センのケイパビリティ（capability）に求める。センは「暮らし振りの良い生活を営むこと（well-being）」のケイパビリティとは，「ある人が選択できる『機能』の集合。すなわち，社会の枠組みの中で，その人が持っている所得や資産で何ができるかという可能性を表すもの」であると述べている[5]。この文脈の中で考えるならば，個人のケイパビリティの拡大は，その人個人が持っている能力（通常の潜在能力）の拡大（機能の多様化と深化）と社会の枠組みの変更（選択機会の増大による機能の達成可能性の増加）の両面からアプローチできることになろう。

　ケイパビリティを，個人が備えている能力のみに限定するのではなく，その能力が発揮できるかどうかを左右する社会の枠組みを入れて考慮することが重要となる。このとき，交通システムは，医療，福祉，教育，文化，産業などに関連するシステムと同様に，社会の枠組みの中にあり，これらの社会システムの発達により個人の能力の拡大を促すとともに，個人がそ

---

[5] セン（2000）。

の能力を発揮できるさまざまな機会の提供を促進することにもなる．交通システムが提供するサービスは，ケイパビリティの形成に大きな影響を及ぼしているのである．

そこで，交通に求める価値として，「すべての人たちの機能の増進に資する」ということを掲げる．同時に，交通サービスの享受に当たっての留意点としては，「個人間格差の是正」を指摘したい．

4-2 低速交通の意味

自転車やバス，路面電車に代表される低速交通手段の軽視は，先に述べたケイパビリティの視点から大いに問題がある．病院にも行けない，お金を引き出しにも行けない，買い物にも行けない人たちが地方部のみならず都市部にも多数見られる．生命にかかる機能の確保について深刻な問題を投げかけている．機能については，生命の保全を基礎に，健康を増進し，成長・発達を遂げることを可能にする機能の確保が求められるが，生命の保全すら脅かされているケースが多々あるのである．

先に第3節で示したように，外出目的に着目し，13種類の機能の抽出を行ったが，これらの機能の多くは，日常の生活を円滑に進める上で欠かせない機能であり，だれもが行動したいときに行動できるという機会の平等化が求められる．そして，手軽に利用できる交通手段があれば機能の達成は容易に行えるが，先に述べたように身近な交通手段である低速交通の衰退により，機会の平等化が損なわれているのが現状である．このように，低速交通重視の意味を，日常生活における人々の機能の確保における機会の平等化の点からみたい．

もうひとつの視点は，文化的な視点である．利便性にとって代わる価値として，"文化"を考えたい．文化創造の担い手に着目すると，人が移動するとき，その速度により，自然とのふれあいや人同士の会話，そして思惟の範囲や深さは影響される．たとえば歩く速度でのふれあいは豊かである．花を愛で，風を感じ，音を聞き，においをかぎ，思索にふける．これができる限界が自転車の速度，ほぼ 25 km/h である．ところが車の速度

はどうか。事故にあわないよう気をつけながら、走っている。自然を感じたり、思索にふける余裕はない。直線距離は稼ぐことができるが、外界への広がりや自己の感性への深さは少ない（図2-1）。

集合交通においても然りである。路面電車の衰退と新幹線・航空機の伸びに象徴されるように、人々は座席に固定されて運ばれるようになった。車内で自由にできる移動できる空間は少なくなり、窓が密閉され外界を感じることがなくなった。交通機関は"運輸機関"に退化しつつある。ここでも人と人、人と自然とのふれあいが減少している。文化の担い手である人はふれあいにより力をつける。交通においては、速度とふれあいは重要な関係にある、との視点に立ち、低速交通の意味を考えたい。

さらに、2003年には健康増進法が施行され、国民の健康維持・増進を図りつつ、医療費の抑制を図ることが国の重要施策として位置づけられるようになったが、この健康づくりには移動が重要な要素を占めるということが認識される必要がある。車に依存した生活を送るのではなく、徒歩、自転車など運動消費カロリーの高い交通手段（これはまさに低速交通であるが）による移動を日常生活の中に取り入れることが重要となる。低速交通手段により快適に安全に移動できる環境整備が交通側にもまち側にも求められているといえる。このことは環境負荷低減にもつながり、健康、環

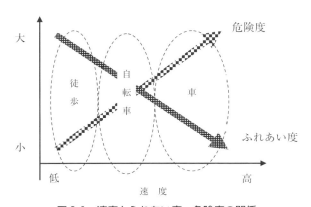

図 2-1　速度とふれあい度・危険度の関係

境，そしてコミュニケーション，文化という価値を低速交通の意味において見出すことである。

4-3 低速交通システムの構築の仕方

低速交通手段としては，ここでは時速 25 km 以下のスピードを持つ交通手段として定義する。個別交通手段においては，徒歩（車イス，電動カートを含む）および自転車であり，集合交通手段では，移送サービス，コミュニティバス，バス，路面電車といった交通手段が該当する。それでは，これらの交通手段のサービス向上を目的した交通システム整備の方向性を示すことにする。

[全体を貫く整備方針——ユニバーサルデザインで]

交通手段，交通サービス提供施設，交通基盤などで構成される交通システムを整備するにあたって，障害の有無，年齢，性別，人種等にかかわらず，すべての人たちが利用しやすいようにあらかじめデザインすること，つまりユニバーサルデザインで整備することが重要である。参考までに，ロン・メイス等が提唱した 7 原則を示すと表 2-6 のようになるが，これらの原則を理解し，具体化の場面において応用を図ることが求められる。

[歩行系移動環境整備]

歩行系の移動環境整備にあたっては，バリアフリー法の理解と実践が特に重要になる。歩道，立体横断施設，停留所，案内標識，信号機等の整備が必要になるが，「重点整備地区における移動円滑化のために必要な道路の構造に関する基準」「道路の移動円滑化整備ガイドライン」等の基準・ガイドラインに基づく整備が必要である。さらに，安全，円滑に加えて，歩いて楽しい，立ち止まって憩える道づくりも必要になる。これを実現するためには，まちづくりの中で道づくりを位置づける必要があり，道路沿道の施設機能とマッチした道づくりが求められる。歩道にカフェを設置したり，車道をモール化するなどの試みである。

[自転車走行環境整備]

わが国は，自転車保有率でみる限り，オランダ，北欧三国に続いており，

表2-6 ユニバーサルデザインの7原則

原則1：利用における公平性（Equitable use） 能力の異なるさまざまな人々が利用できるようにデザインされており，市場性が高く，誰でも容易に入手可能であること。
原則2：利用の柔軟性（Flexibility in use） 個々の好みや能力に幅広く対応できるようにデザインされていること。
原則3：シンプルかつ直感的な使い勝手（Simple and intuitive） 利用者の経験・知識・語学力・利用時の集中の度合いのいかんを問わず，使用方法を簡単に理解できるようにデザインすること。
原則4：わかりやすい情報提供（Perceptible information） 利用者の周囲の状況や感覚能力にかかわらず，必要な情報を効果的に伝達できるようにデザインすること。
原則5：ミスに対する許容性（Tolerance for error） 事故や不慮の操作によって生じる予期しない結果や危険性を最小限にするようにデザインされていること。
原則6：身体的労力を要しないこと（Low physical effort） 効率的かつ快適に，最小限の労力で使用することができるようにデザインされていること。
原則7：アプローチと使用のための適切なサイズと空間（Size and space for approach and use） 利用者の体格，姿勢，移動能力のいかんを問わず，対象に近づき，手が届き，操作・利用ができるようなサイズと空間を確保できるようにデザインすること。

［Preiser, W. F. E. & Ostroff, E.（2003）138頁をもとに作成］

自転車先進国であるが，走行環境整備はほとんどなされておらず，歩道上の走行がまかり通っている。そして，最近では，自転車対歩行者の事故が増加し，社会問題となり，道路交通法が改正され，車道上での自転車走行レーンの整備が行われるようになったが，走行環境整備においてはまだまだ不十分である。自転車は，自動車，歩行者と並ぶ重要な交通手段であると社会的に位置づけ，そのための固有の走行空間整備を喫緊の課題として，交通管理者および道路管理者が共同して行うことが求められる。また，自転車はいうまでもなく手軽な乗り物であると同時に，子どもの発達にも貢献する。さらに環境的にも健康的にも，さらには文化的にも優れた乗り物である。このような長所を持つ自転車利用を促進するようなまちづくりが必要である。

第 1 部　転換期の交通政策

［地域福祉交通システムの整備］

　不特定多数を対象にした公共交通機関である路面電車やバスは，低床車両やノンステップバスの導入，乗降場におけるアクセシビリティの向上等により，利用者の範囲の拡大を図るとともに，補完的なサービス提供を行うコミュニティバス・コミュニティタクシーも，よりバリアフリー化を進め，ドア・ツー・ドア型のサービスに近い形態に近づけ，利用者を拡大する必要がある。しかしながら，これらのサービスによっても移動できない人々が存在する。これらの人々のニーズに応えるのが，移送サービス（スペシャル・トランスポートサービス：STS）である。現在は，道路運送法が改正され NPO 法人による有償運送が認められるようになったとはいえ，対象者の範囲は限られたものであり，また，経営的にも苦しく，事業者は，十分，利用者のニーズに応えられる段階に至っていない。地域の福祉交通システム整備においては，自立的な移動を実現するために抱えているさまざまな障害レベルに対応した交通サービスの提供を図る交通システムの整備が体系的になされる必要がある。

［地域交通戦略の策定］

　交通問題への対応として，道路交通円滑化のための諸施策に加えて，交通安全対策，道路公害防止対策，景観対策などのアメニティ向上策，地球環境問題への対応，高齢者・障がい者など移動困難者に対するバリアフリー整備やモビリティ確保，中心市街地の活性化など，安全，環境，福祉，経済を柱にした総合的な対応が求められるようになっている。個々の対策を対症療法的分散的に実施することは，交通環境改善効果を地域でトータルに捉えるという視点からみると限界があり，各対策を統合化して実施する段階に来ている。それには，その地域をどのようにしたいのか，将来ビジョンを明確にすることが必要である。個別対策実施段階から，戦略的な計画目標に基づいた統合的な施策実施が地域において求められており，地域交通戦略の策定が各自治体において緊急課題となる。しかしながら，交通政策基本法においては，このような戦略的かつ統合的な視点での交通関連施策の構築という視点は弱い。

5. まとめと今後の展開

　本章では，日本におけるモータリゼーションの進展の過程で発生した多様な交通問題とそれへの対応について，交通関連の法制度の展開を踏まえて記述した。さらに，モータリゼーションに伴って生じた人々の移動距離の上昇を示すとともに，この上昇は個人間におけるモビリティの格差を伴って進展することを示した。なお，ここではモビリティを単位時間当たりの移動距離で測った。

　移動距離の上昇は，とくに乗用車の普及によりもたらされたものであることが明らかになったが，車によるスピードアップは車を利用できる人の移動距離の上昇を伴う反面，利用できない人々の移動距離の停滞を伴うため，モビリティ格差をもたらすということを示したものであった。

　この格差は，公共交通の衰退や生活関連施設の遠隔立地化などにより，車を使えない人の生活機能の低下をもたらすことも示している。その一方で，モビリティの格差の是正と生活機能の回復には福祉交通を含めた公共交通の役割が，一層重要であることを示すとともに，交通システムの構築方法についても論じた。

　また，移動の文化的要素にも着目し，低速交通手段で人々が移動することの意義を示したが，このことより高速交通関連重視の従来型社会資本整備から低速交通重視の整備へとシフトする必要性を主張したい。とくに，低速交通の代表である自転車の利用環境整備とともに，今後ますます増加する電動車いすなどのパーソナルモビリティの移動空間整備が必要である。

　本章では述べることができなかったが，今後を見通した場合，一人あたりの移動距離がやや減少傾向に転じたとはいえ，この傾向を顕著にしていく必要がある。移動には本源的需要と派生的需要があるといわれるが，この派生的需要を減少させる必要がある。それには，食料（FOOD）とエネルギー（ENERGY）については，前者はフード・マイレージによる啓発，後者は再生可能エネルギーの使用により，食料とエネルギーの地産地消を促す取組みが始まっているが，これに加え，内橋克人が提唱する「FEC

自給圏」[6]の形成を支持したい。この構想では，FOOD と ENERGY に加え，CARE（人のケア）の自給圏を地域コミュニティで形成することを主張する。ケアの自給圏とはどのようなものになるのか，移動は自給圏形成の重要な要素であり，短距離移動を担保する交通手段の革新的な整備が求められることは確かである。緑の交通政策における新たな課題である。

参考文献・資料

猪井博登・新田保次・中村陽子「Capability Approach を考慮したコミュニティバスの効果評価に関する研究」土木計画学論文集 No. 21（2004 年）167-174 頁。

内橋克人「巨大複合災害に思う」世界 2011 年 5 月号（2011 年）34-44 頁。

Onnavong, B. and Nitta, Y. Identifying Inequality of Transportation Mobility: Developed Country VS. Developing Country, *Proceedings of the 6th International Conference of the Eastern Asia Society for Transportation Studies*, Bangkok, 2005, pp. 1081-1093.

世界保健機関（WHO）『ICF 国際生活機能分類―国際障害分類改訂版―』（中央法規・2002 年）。

セン，A.（池本幸生・野上裕生・佐藤仁訳）『不平等の再検討―潜在能力と自由』（岩波書店・1999 年）。

Preiser, W. F. E. & Ostroff, E. 編著（梶本久夫日本語版監修）『ユニバーサルデザインハンドブック』（丸善・2003 年）。

新田保次「地域交通について考える～新たな交通価値と低速交通システム～」マッセ OSAKA 研究紀要 11 号（2008 年）7-18 頁。

新田保次・竹林弘晃「移動に関連する生活機能の達成状況に関する特性分析」土木学会論文集 D Vol. 66 No. 3（2010 年）306-315 頁。

新田保次「福祉増進型交通システムの形成と交通基本法」運輸と経済 70 巻 8 号（2010 年）44-50 頁。

---

6) 内橋（2011）。

第3章
都市交通変革のシナリオづくり

土井 健司

1. 都市化のダイナミクスと交通の役割

　都市は時間の経過とともにその姿を変え，成長から衰退へと向かう．人の一生になぞらえるならば，都市にも少年から青年期（都市化），壮年から中年期（郊外化），高年期（逆都市化）がある．そして人生にはそのステージは訪れないが，都市には再生期（再都市化）という4つ目の段階が期待される[1]．都市における交通の在りようは段階毎に異なり，図3-1に示す都市のライフサイクルにしたがってその役割は変化する．

　都市化段階で求められる交通の役割は，鉄軌道などの整備により都心に向けて大量の人を運ぶことであり，郊外化段階においては，より長い距離を速く運ぶ速達性が重視される．郊外化段階の後半においては，低密な郊外開発の進行とともに，移動手段は自家用車へとシフトしてゆく．その後の逆都市化段階においては，ますます都市の低密な拡散が進行することから，大量輸送を前提とする公共交通は衰退し，自家用車への依存度が高まることになる．日本の多くの都市は，未だこの逆都市化段階（都市衰退）に喘いでいるが，いくつかの都市は再都市化段階へと進もうとしている．この第4段階での交通の役割は，郊外化段階のそれとは対照的に，都市の

---

1) Klassen, L. H. *et al.* (1981).

拠点（集積核）の内部を短距離かつ中低速に結び，また，拠点同士の連携を図ることである。

　自動車大国アメリカは，しばしば郊外国家（Suburban Nation）[2],[3] と揶揄されてきた。しかし，洋の東西を問わず20世紀は道路整備と自動車の普及に支えられた「郊外の時代」であった。人口増加に伴う都市の過密問題への対応から，一種のユートピアとして豊かな田園居住の場が求められ，ほぼ統一基準での画一的な郊外住宅地と商業地が世界中に大量生産された。自動車がもたらしたものは，移動速度とまちの姿の画一化である。

　当初は計画的に開発された郊外部も，自家用車がもたらした人々の移動の自由，その結果としての居住の分散化や個人主義的なライフスタイルを反映して拡散的なスプロール開発へと姿を変えた。また，スプロールは自動車依存をさらに高めることになり，モータリゼーションとスプロールとの間には負の相乗作用が発生する[4]。

　こうした都市・交通問題の根本は，端的にいえば，われわれの交通のコ

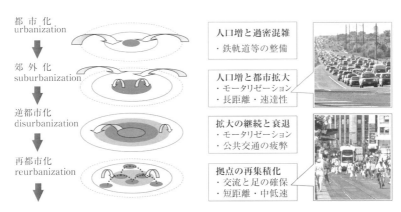

図 3-1　都市化のプロセスと交通の役割の変化

---

2) Duany, A. *et al.*（2000）.
3) Hall, P.（1996）.
4) Hayashi, Y. *et al.*（1994）.

ンセプトが第2段階目の郊外化段階の「長距離を速達に」で立ち止まり，思考停止に陥っていることである。これを再都市化段階の「短距離を中低速に」へと転換または進化させることが必要とされる。

2. モビリティをとりまく社会の動向

2-1 モビリティとアクセシビリティ

モビリティは一般的に移動能力として解釈され，太田[5]によれば「目的地を特定せずに一般的に個人の移動の自由度を表す」ものである。これに対して，アクセシビリティとは，「移動によって本来求めていた就業，買物，医療などの生活行動や活動を行うことができるかを交通の面から表す」ものとされる。なお，アクセシビリティは，地理学や交通研究の分野において広く使用されている用語であり，日本語では「近接性」あるいは「接近可能性」とも呼ばれるものである。具体的には，ある目的地や機会およびサービスへの到達しやすさとも定義される。また，近年ではアクセシビリティは，ユーザビリティとともにユニバーサルデザインを支える中心的な概念ともなっている[6]。

モビリティとアクセシビリティとの関係を，一人の生活者を例として模式化したものが図3-2である。ここではモビリティは，個人のもつ資源（時間，金銭，支援や介助，さらには環境的条件など）を活用できる能力，アクセシビリティは機会・サービスへの到達のしやすさと位置づけられる。人を中心に選択の自由度を捉えるものがモビリティの視点であり，（人が存在する）場所の側から自由度を捉えるものがアクセシビリティである。われわれの選択自由度は，モビリティとアクセシビリティの双方から規定されることになる。

---

5) 太田（1988）。
6) Alshih, R. and Hensher, D. (2003).

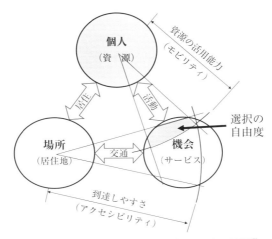

図3-2 モビリティとアクセシビリティとの関係[7]

2-2 都市の移動速度と安全性

　国土レベルでは，最新技術を駆使したリニア新幹線や物流新幹線などによって都市間・拠点間を高速に結ぶ一方で，ローカルには人間性や社会性を重視した回遊・交流手段でゆったりとした移動を楽しむ。都市の持続可能性を維持し魅力を高めていくためには，このように場所による移動速度の区別が重要となる。

　今後，人口減少および超高齢化がさらに進むわが国においては，国土・都市経営の観点から都市の大幅な縮退が迫られる。しかし，厳しい制約こそが閉塞を打ち破るための創造力を育み，交通，都市および社会の共発展をもたらす。持続可能性を維持するための「縮退都市」と競争力を高めるための「創造都市」とは表裏一体の戦略であり，両者の実現のためには人・知識・モノ・サービス・カネ，そして時間という要素の結びつきが再構成されなければならない。その鍵となるのがモビリティである。2-1で述べたように，モビリティは人の移動の自由度であるとともに，さまざまな資

7）土井他（2006）。

源の活用能力でもある。

　持続可能で競争力の高い都市のモビリティシステムを構築するためには，モビリティの価値を多元的に捉えた上で，都市間や拠点間を高速に結ぶ「ファストモビリティ」と都市内や拠点内での回遊や交流を中低速に支える「スローモビリティ」との階層的なネットワークの形成が必要となる。後者のスローモビリティとは，ヒューマンスピードに近い速度での移動手段あるいは移動形態を指す。なぜ，こうした速度の区別が求められるのであろうか。

　モータリゼーションの弊害の一つは，移動速度の画一化である。まちなかでも，郊外でも，あるいは都市間においても，大多数の自動車利用者は速さを追求する。第1節に示した「長距離を速達に」という欲求そのものである。

　メリハリのない速さの追求は，必然的に画一的な都市の拡大をもたらす。日々の通勤・通学などのトリップ長の増加，移動のためのエネルギー消費の増加，そこから発生するCO_2や局地的な環境負荷の増大，さらには交通死傷事故のリスクを高め生命をも脅かす。

　図 3-3 は，わが国の中核都市規模以上の 65 都市を対象に，DID（densely inhabited district：人口集中地区）の人口密度，自動車の移動速

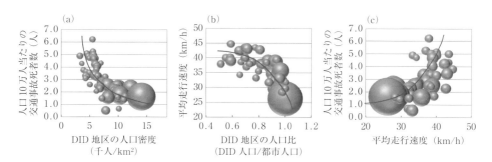

図 3-3　都市の人口密度・分布と平均走行速度および交通事故死亡率
　　(a) 人口密度と交通事故死亡率，(b) 人口分布と自動車の走行速度，
　　(c) 平均走行速度と交通事故死亡率．

度および交通事故死亡率（2008〜2010年）の関係を見たものである。図中のバブルの大きさは，都市の人口規模を表している。左図（a）より，低密な都市ほど交通事故による死亡率が高いという関係が明確に読み取れる。両者の関係には都市毎の公共交通の整備水準や利用率の違いも影響すると考えられることから，自動車交通のみに焦点を当て，人口分布と都市内の自動車の平均走行速度との関係，さらに平均走行速度と死亡率との関係を分析した。その結果，中図（b）および右図（c）に示すように，二次元的に拡散した都市ほど自動車交通の平均走行速度は高く，また平均走行速度が高いほど死亡率が高いという因果関係が導かれる[8]。以上の結果は，密度，速度と安全との関係のみを扱ったものであるが，モビリティの多元的な価値（安全，社会経済，環境）におよぼす，速度というキーファクターの重要性を描いたものが図3-4である。

なお，都市内での移動速度の低速化を進め，さらにスローモビリティの価値を追究した成果の一つが，欧州での自転車革命である。図3-5に示すように，5km程度の移動であれば自転車は鉄道や自動車と比較しても移

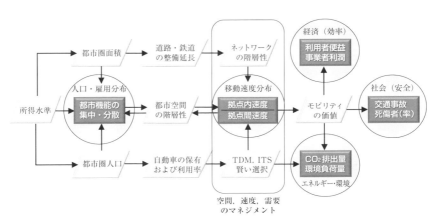

図3-4　モビリティををめぐる社会的要請とキーファクターとしての移動速度

8）土井（2013）。

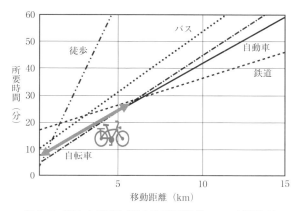

図 3-5　都市内移動に要する所要時間のモード間比較

動時間が短く，都市内の移動手段として優れた速達性を有することはわが国でも良く知られている。しかし，サイクルスーパーハイウェイやサイクルハイヤーで知られるロンドンの自転車革命は，その実現に至った社会的背景やストーリーが示唆に富んでいる。2002年頃からの燃料価格の高騰，2003年のロードプライシング（第4章3-2を参照）の導入，そして2005年の地下鉄・バスの爆破テロといった一連の社会経済的要因が，人々の移動ニーズを自転車交通へと向かわせたといわれる。

2-3　超高齢社会における移動のニーズ

人間は加齢とともに，生体機能の低下，運動能力の低下，認知特性の低下および心理・意識の変化などによって，移動能力の減退を経験する（図3-6参照）。これらのうち，心理・意識面の変化については，高齢化に伴う人々の移動ニーズの変化として図3-7のように捉えられる。

すなわち，加齢に伴い移動に要する時間や費用（速くて安い移動）の重みは低下する一方で，安全・安心および健康・環境の重みは増加する。このことにより，三角座標で表されたモードグラム（さまざまな交通・移動手段の位置づけを俯瞰的に図示）においては，高齢社会の交通ニーズは右

第1部　転換期の交通政策

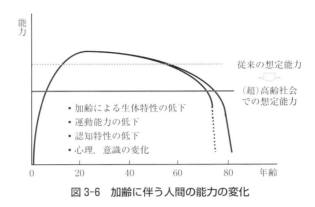

図3-6　加齢に伴う人間の能力の変化

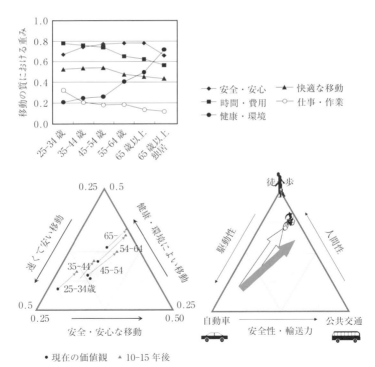

・現在の価値観　▲ 10-15年後

図3-7　高齢化に伴う移動ニーズの変化[9],[10]

上りの方向へと明確にシフトしてゆく。これは，公と私の中間領域にある，中低速のスローモビリティを求める方向であり，そこには次世代路面電車 LRT や低速電動コミュニティバス，コミュニティサイクル，その他共有型のパーソナルモビリティなどの交通・移動手段が該当する。

　持続可能な都市のモビリティシステムを構築する上では，こうした変化を大胆に見通した上で，まず安全の向上から出発せねばならない。そのためには，道路交通における優先順位の明確性と速度のマネジメントの徹底が求められる。低速化によって人と自動車を共存させる取組みは，従来より欧州諸国でのゾーン 30 などの面的速度マネジメントに見られ，近年ではシェアドスペースのように道路および沿道空間のデザインによってドライバーの運転挙動に抑制的な影響を与えて走行速度を減速させ，快適な滞留空間を確保しようとする試みも見られる。さらに，歩いて暮らせるまち（ウォーカブルシティ）の推進なども世界の潮流となりつつある。そうした事例では，道路や都市空間における人間中心の優先順位が基本原則として確立されている。

3．都市交通変革のプロセス

3-1　都市・交通の統合デザイン

　1990 年代後半より，しばしば総合交通という言葉が用いられる。政策に総合的な判断が必要なことはいうまでもない。重要なのは「総合」（comprehensive）よりもむしろ「統合」（integrated）の視点であろう。「総合」とはさまざまな要素を束ねることを意味するが，「統合」とは束ねた要素の境界をなくし全体を一つにすることを意味する。望まれる統合交通とは，以下の 4 つのレベルの統合を含むものである。

　①運営統合：公共交通のサービス，運賃体系，運行情報等の統合。

9）土井他（2011a）。
10）土井（2011b）。

②戦略統合：異種の交通モード間のインフラ，マネジメント，情報提供，課金等の政策手段の統合。

③政策統合：交通と土地利用の政策統合，交通部門と環境・医療・福祉・教育・防災等の他部門の政策統合。

④組織統合：交通を担う多様な組織・機関の統合。

都市・交通の統合デザインは，上記のうちのレベル③の政策統合に対応する。持続可能な都市を目指すコンパクトシティも，高齢化に対応したモビリティシステムも，それらが単独で取り組まれたのでは効果は薄い。20世紀の都市の拡大は，人口増加の圧力に加え，郊外に向けた道路整備とモータリゼーションの進行によるところが大きい。したがって，少なくとも都市と交通にまたがる統合政策として設計されなければならない[11],[12]。

こうした統合デザインの考え方と手順を示したものが図3-8である。ここでは，都市，インフラ，モビリティおよび社会という4つの領域のつながりが描かれ，中心部に置かれたモビリティは，公共（乗合）の交通手段とパーソナルな移動手段が相互補完するシステムとして位置づけられている。道路空間リデザイン（ダイエット）とは，車道の車線数や車線幅を削減・抑制することにより，自転車を含む中低速のパーソナルな移動手段および歩行者のための空間を生み出す行為である。自動車交通を過度に重視してきた既存の道路利用を，オールユーザーのための空間利用へと転換させる仕組みとして，すでに多くの国で導入されている。また，公共の交通手段を土地利用面から支えるものは公共交通指向型開発（TOD）やコリドー整備である。

3-2 都市交通変革のプロセス

都市交通変革のプロセスは，まさに図3-8のループプロセスである。まず安全確保のための優先順位の明確化と速度マネジメントの徹底が求めら

---

11) 林他編（2009）。
12) Doi, K. and Kii, M. (2012).

第3章　都市交通変革のシナリオづくり

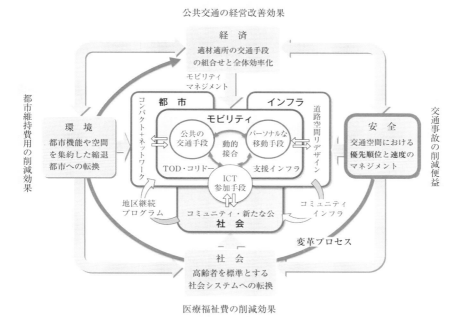

図 3-8　都市交通の統合デザインと変革プロセス

れ，その結果としてユニバーサルデザインを柱とする高齢者標準の社会システムへの移行を可能となる。そして，都市機能と空間を集約し連携させたネットワーク型コンパクトシティへの転換が促される。これらを与件として地域公共交通が存続可能となり，適材適所の手段選択と補完による全体効率化が図られる。モビリティ変革を実行するためには，明確な優先順位（priority）のもとでの速度（speed: slowness）と空間（space: compactness）のマネジメントおよび外的な衝撃や制約を逃さず変革力に変える時間マネジメントという全体的な視点が欠かせない。わが国においては，未だにそうした視点が希薄なままに公共交通政策をそれ単独で論じたり，自転車などのスローモビリティを交通政策の局所解として位置づけるなど，全体最適化を怠る傾向が依然として強い。

　今後さらに厳しさを増す財政状況のもとでは，priority，slowness，

compactness（PSC）という一連の前提条件なくしては，超高齢社会での移動の質を高めることは難しい。移動の質とは多様なニーズをもつ利用者にとってのユーザビリティ（usability）である。今日の「利用が可能な」モビリティシステムを，物理的，生理的に「利用しやすい」レベルへ，さらに心理的に「利用したくなる」レベルへと引き上げてゆくためには，図3-9に示すPSCを重視したユーザビリティ改善のプロセスが求められる。理念としてのプライオリティ（優先順位）を実体としてのユーザビリティへと結実させるためには，速度のスロー化と空間のコンパクト化が欠かせない。

上図は都市交通における社会的ユーザビリティの考え方を示したものである。ユーザビリティとは，アクセシビリティを超えた高次の人間工学的領域であり，本来のユーザビリティの考え方は，「特定の利用者によって，ある製品が指定された目標を達成する為に用いられる際の，有効さ，効率，利用者の満足の度合い」として定義される。多様な利用者が存在する公共空間としての交通空間においては，図3-10に示すように明確な優先順位の下で互いのニーズに折り合いをつけながら，それぞれの利用の満足度を高め，インフラや施設の本来目的を達成するという社会的なユーザビリティの考え方が必要であろう。そうした考え方に基づき，利用が可能な現在の交通システムを，身体的，生理的に「利用しやすい」レベルへ，さら

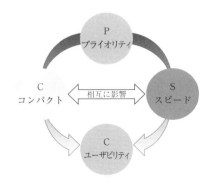

図3-9　都市交通のユーザビリティ改善の前提条件

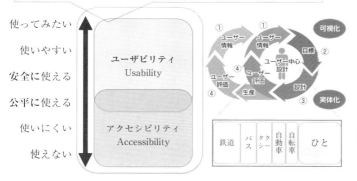

図 3-10　都市交通における社会的ユーザビリティの考え方

に心理的に「利用してみたい」レベルへ引き上げてゆくためには，交通手段，インフラ，空間および制度にわたる総合的なデザインが必要とされる。その際，都市部では，多様な交通モードやその利用者が安全かつ公平に交通空間を活用するためには，明確な理念と優先順位の下に，交通空間の階層化と交通速度の階層化を図り，社会的満足度としてのユーザビリティを高めるプロセスが欠かせない。こうしたユーザビリティ重視のアプローチにより，以下の特徴を備えた次世代の交通社会の実現が期待される。

①トランスモーダリティ（trans-modality）

　　交通結節機能の高度化によるシームレスなモード間連携の実現と交流・回遊性の創出による交通空間と都市空間の融合・一体化。

②ニーズ即応型のモビリティ（needs-responsible mobility）

　　ITS の活用や交通空間・制度の柔軟な運用による利用者ニーズおよび利用状況に応じた交通サービスの提供。

③コモビリティ（co-mibility）

　　コミュニティの連帯感と個人のモビリティ欲求を両立させる共有型の交通サービスの提供。

④センス・オブ・スピードを備えたモビリティ（mobility with a sense of speed）

都市間や拠点間の移動は高速に，まちなかや拠点内の移動は低速にという，交通速度の階層化。ファストモビリティとスローモビリティの適材適所の使い分け。

⑤非日常を織り込んだモビリティ（prepared and resilient mobility）

発災前の備え（preparedness）と発災後の復元力（resilience）により，災害被害を最小化できる交通システム。

アメリカ型あるいはヨーロッパ型の社会に向かって一直線に進むという直線的な成長観は，もはや有効ではない。それにもかかわらず，モビリティ社会を描くにあたって，われわれは未だそうした成長観を捨て切れずにいる。自らにふさわしいモビリティ社会のあり方を，単に技術あるいは制度にとどまらず文化や人の行動様式を考慮して生み出してゆくべきであろう。その意味において上記の5つの要素において重要なのは，③から⑤の要素である。また，これらの要素，とくに④を実現するためには，図3-11に示す徒歩やスローモビリティを中心とする都市交通体系の再構成

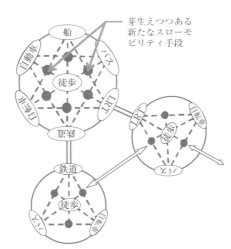

図 3-11　徒歩やスローモビリティを中心とする都市交通体系の再構成

第3章　都市交通変革のシナリオづくり

が必要とされる。

　スローモビリティとは，効率性や機能性以外の価値を重視するものである。スローな価値とは，人と人をつなぐコミュニケーションの価値，人と場所をつなぐことによる回遊性の価値，場所性やアイデンティティ創造の価値である。洗練されたデザインを誇るLRT（Light Rail Transit）や自転車に加え，普及が始まろうとしている超小型電気自動車や低速電動コミュニティバスなどのスローモビリティは，地域に密着し愛情・愛着を生み出す感性装置としての可能性を大いに有している（図3-12）。

　文明の利器としての普遍性が求められてきた従来の自動車は，場所性や地域性とは無縁のものであった。地域の景観やまちなみとの調和もほとんど意識されていない。一方，感性装置といえども，スローモビリティもそれ単体ではその魅力を発揮しえない。交通・移動手段，インフラ，空間，制度にわたる統合的なモビリティデザインの実践が求められる。

　移動手段のデザイン，道路や鉄軌道などのインフラデザイン，沿道・沿線の空間デザイン，そして安全なまちづくりのためのコミュニティデザインこれらを含むトータルなデザインがモビリティデザインである。今後育っていく新たなスローモビリティが，その新たな社会的価値とデザイン

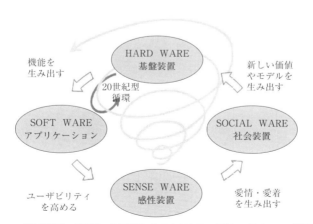

図3-12　ユーザビリティ思考による新たなモビリティ価値の創出—21世紀型大循環

力により，インフラや空間の変化をも促しながら，一体的な社会装置となって都市の変革をもたらすことが期待される。

4．変革プロセスの出発点
　　──速度マネジメントの本格導入へ

4-1　わが国における交通の低速化・静穏化の取組み

　わが国では，1996年より「コミュニティ・ゾーン」と呼ばれる生活道路の交通安全対策の取組みが行われてきた[13]が，全国的な普及にまでは至らなかった。そこで，基本的な考え方はそのままに，エリア内の30 km/h速度規制をメインの対策として据えた取組みが「ゾーン30」である。ゾーン30は，第9次交通安全基本計画にも位置づけられており，2011年より警察庁主体で開始されている[14]。その基本的な考え方については，交通規制と物理的デバイスの設置を組み合わせた対策を推進することにより，住居系地区等の安全性・快適性・利便性の向上を図るものであり，対象のエリア面積は，おおよそ25～50 haとしている。図3-13はゾー

図3-13　ゾーン30の標識・看板と路面標示

13）生活道路におけるゾーン対策推進調査研究検討委員会（2011）。
14）警察庁（2013）。

ン 30 の標識・看板，路面標示の例である．

また，ゾーン 30 では，最高速度 30 km/h の区域規制の実施を前提として，その他の対策については，住民の意見や財政的制約も踏まえつつ，実現可能なものから順次実施していくものとされている．さらに，ゾーン 30 の推進にあたっては，2016 年度末までに全国で約 3,000 地区の指定を目標としている．これは，警察庁が全国の市街地をゾーン 30 でカバーすることを目指し，全国の DID 面積約 12,700 km^2 のうち 5 km^2 のエリアに 1 つ，ゾーン 30 を指定することを前提としていることによる．

4-2 大阪府下でのゾーン 30 の導入実態

ゾーン 30 の取組みについて，他の制度との関連や実施主体の現状を整理する．図 3-14 は，警察庁から聞き取り調査を行い，ゾーン 30 の地区指定の経緯と実施主体を他制度と比較しながら整理したものである．

まず，ゾーン 30 の指定にいたる流れをみると，大きく分けて 2 つのパターンが存在する．その一つはコミュニティ・ゾーンがもともと指定されているエリアにおいてゾーン 30 を指定する場合であり，もう一つは「あんしん歩行エリア」の一部エリアで，ゾーン 30 を指定する場合がある．

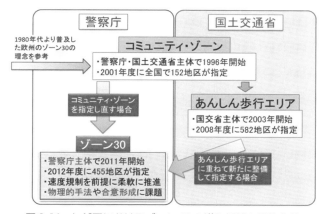

図 3-14　わが国におけるゾーン 30 の導入経緯と実施主体

あんしん歩行エリアは，エリア指定の際に多くの主体がかかわっており，道路空間のハード整備が進んでいることから，より積極的に指定されている。このような指定パターンを踏まえて，2012年度現在では，全国で455地区がゾーン30に指定されている。

一方，それぞれの制度の実施主体に着目すると，コミュニティ・ゾーンが警察庁と国土交通省の共同であるのに対し，あんしん歩行エリアは国土交通省が，ゾーン30は警察庁が主導で行っている。現在のゾーン30施策は，速度を低下させるためのハード面の整備を義務付けてはおらず，まず速度規制を優先させることでより柔軟に指定地区を増やし，全国的に普及させたいという意図が読み取れる。

著者らは，大阪府で新たにゾーン30を導入した先駆的な地区を対象として，ヒアリング調査を行い，ゾーン30導入に関する関係主体間の取組みの整理を行った。図3-15に対象地域の概況を示す。ヒアリング調査をもとに，各自治体の導入経緯と関係主体の役割を整理したものが図3-16である。

守口市では，警察がゾーン30の実施を検討し，自治会の定例委員会での提案を行い，自治体との検討を経て実施に至っている。また，河内長野市では，警察の提案がきっかけとなったことは同様だが，地域住民への説明は行われていない。一方，大東市では，自治会からの速度規制の要望を契機として，幅広い主体の意見を取り入れるための協議会を形成している。それぞれ取組みをみると，ゾーン30の導入については自治体ごとに経緯が異なる。

また，各市における今後のゾーン30の取組みに対する考え方については，3市で違いが見られ，守口市では，現状で約52 haという広い面積のゾーン30を実施しているが，今後はその隣接しているエリアにおいてもゾーン30を導入する予定である。また，河内長野市では，導入を検討予定である。一方，大東市では，住民からの要望からゾーン30の実施が検討されたという経緯もあり，地域住民から好評なことから，周辺自治会からもゾーン30の要望が上がっているが，警察や市では，現在のゾーン30

第 3 章　都市交通変革のシナリオづくり

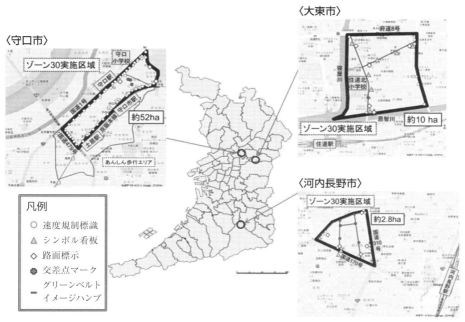

図 3-15　ゾーン 30 の先駆的な導入地区の概況

図 3-16　各地区における導入の経緯
筆者らのヒアリングに基づく。

が住民にしっかりと認知され定着するまで，他のエリアへの展開には慎重姿勢である。このように3市のゾーン30の今後の展開に着目すると，それぞれ，エリア面積の拡大，指定地区の増加，質の向上を今後の目標としているものの，普及に向けた取組状況は地域ごとに異なることが読み取れる（図3-16）。

4-3　ゾーン30の推進体制における課題
―――社会的ユーザビリティを高める仕組み

　ゾーン30導入における関係主体間の役割と関係性を整理したものを図3-17に示す。現状では，交通管理者である警察が橋渡し的な役割を担い，道路管理者，交通利用者を含む三者の連携を図っていることがわかる。

　こうした実態から，今後，さらにゾーン30の普及を目指す上では，都市内道路交通の低速化に対する関係主体の理解と連携を促すために，移動速度の実態を俯瞰的に捉え，面的な低速化の意義を客観的根拠に基づき明示することが必要である。さらに，速度マネジメントを道路のアセットマネジメント（維持更新等の管理）と一体的に捉え，マネジメントから発生する社会的便益の存在を認識した上で，受益者としての道路利用者と道路管理者との間に推進協定のような協働の仕組みを設けることが望まれる。これは，3-2に示した社会的ユーザビリティを高めるための仕組みである。

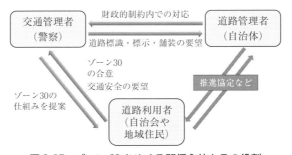

図3-17　ゾーン30をめぐる関係主体とその役割

4-4　都市内道路の移動速度の実態把握

　筆者らは，面的速度マネジメントに対する市民の合意形成と交通管理者，道路管理者および道路利用者間の連携を促すための認識共有を目的として，空間的および時間的な速度分布を把握した上で，面的速度規制による交通死亡事故の削減と交通所要時間の変化を考慮した俯瞰的な便益評価を試みた。ゾーン 30 のような都市内道路の交通低速化を目指すためには，現状の広域的な移動速度分布を詳細に把握する必要がある。そこで本項では，大阪府における速度データを分析した上で，移動速度分布の実態を捉えた。

　分析に際しては，ホンダのインターナビ・フローティングカーデータを用いて，都市内の移動速度の把握を行った。このインターナビのデータには，各道路区間における自動車の走行台数と走行時間のデータが含まれているため，本分析では地域をメッシュに分割し地区ごとの速度分布を捉えた。なお，ここではグリッドサイズを国土地理院の定義した 3 次メッシュ（約 1 km × 1 km）として，分析を行った。

　データ分析の結果，高速道路を除く大阪府下の 24 時間の平均走行速度は，大阪市内では，20 km/h 以下のエリアが多いが，郊外になるにつれ速度は高くなり，30 km/h を上回るエリアが一定割合存在することが把握された。

4-5　面的な速度マネジメントによる社会的便益

　本格的な速度マネジメントの導入のためには，道路交通の低速化による社会的意義や価値を見い出し，その客観的な根拠を示すことが不可欠となる。そのために，本項では道路交通の低速化により生じる社会経済便益の試算例を示す。

　社会経済便益については，道路事業評価においても使用されることの多い代表的な便益である交通死亡事故削減便益と時間短縮便益（時間損失費用）を算出した。さらに，面的な道路交通の低速化を仮定する上で，対象地域を 3 次メッシュ単位で分割し，メッシュ毎に死亡事故削減便益と時間

第1部　転換期の交通政策

短縮便益（時間損失費用）を算出し，合計便益を推計することとした。なお，便益の算出に際しては，インターナビ・フローティングカーデータの速度データに加え，平成22年度道路交通センサスの交通量データ，平成22年国勢調査の人口データを使用した。また，交通死亡事故数の推計に関しては，国際交通安全学会報告書[15]の示す，走行速度と交通死亡事故の発生確率に関する関係式を用いた。

　上限速度を時速30 kmとする速度マネジメントの導入よる大阪府下の各地区での交通死亡事故削減便益の分布を示したものが図3-18である。ゾーン30の導入により特に吹田市や寝屋川市といった大阪府の北部のエリアを中心に比較的大きな便益が発生することがみて取れる。続いて，死亡事故削減便益と時間損失費用を足し合わせた合計便益（純便益）を試算したものが図3-19である。この結果をみると，豊中市・吹田市を中心と

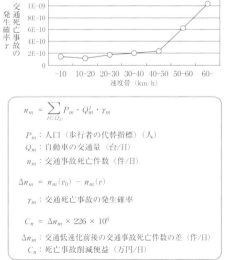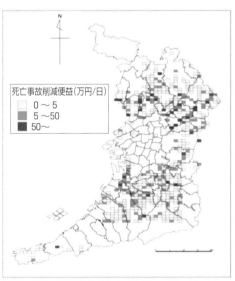

図3-18　速度マネジメントによる交通死亡事故削減便益の評価

---

15) 国際交通安全学会（2012）。

第3章 都市交通変革のシナリオづくり

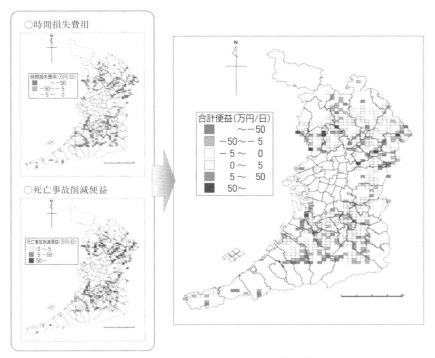

図3-19　速度マネジメントによる純便益
時間損失費用を考慮。

した北摂地域，枚方市や寝屋川市を中心とした地域，さらに堺市周辺などに純便益が正となるエリアがある程度連続的に広がっていることがわかる。なお，速度マネジメントの導入により，分析対象地域全体の約1割の地区で正の純便益が発生することが期待される。

　こうした便益は，これまで考慮されてこなかった既存の道路の「使い方」を変えることによって発生する社会的便益である。わが国においては，高度成長期以降に整備拡大を続けてきた膨大な道路ストックの維持管理費用が焦眉の急とされている。しかし，社会的ユーザビリティの観点から，「使い方」を変えれば既存道路の活用によって大きな便益が見込まれるのである。

5. おわりに
──緑の交通政策と市民参加に向けて

　これまでの道路整備により，量的ストックが一定充足されたものの，増大する自動車交通への対応を優先してきたために歩行者・自転車および公共交通などが軽視され，多様な道路利用者が存在する都市部においては，「使いにくさ」の問題が発生している。これまでは量的不足の解消を目的として，道路を「つくる」ことに重点が置かれてきたため，完成した道路を有効に「使う」観点が軽視されてきた面は否定できない。たとえば，道路を効率的に「つくる」ための制度は種々導入されてきたが，できた道路を「賢く使う」ための制度は充分に議論されていないのが現状である。また，使途を道路に限定していた道路特定財源制度のもとで，交通結節点の整備などの他の交通モードの連携，道路沿道のまちづくりとの連携施策の取組みも，難しい面もあったのが事実である。

　道路は，自動車のためだけのものではない。特に都市部の道路では，歩行者，自転車，スローモビリティなど多様な道路利用者が存在しており，マイカーに過度に依存しない交通体系の構築が求められる。歩行者，自転車などの道路利用者も含め，安全・安心に通行できる交通環境の整備が必要である。これまでの道路交通政策は，増大する自動車交通への対応を優先したため，交通円滑化を主目的とする幹線道路ネットワークの整備が必要であった。今後は自動車以外の道路利用者も含め，多様な道路利用者が安全・安心に共存できる環境整備が不可欠である。

　一定の道路ストックが形成された現在，市民のニーズは「新たな道路の供給」から「今ここにある道路の改善」にステージを移行している。供給するだけの Plan-Do-See 型ではなく，今後は，道路の利用者ニーズや利用状況を的確に把握した上で，Plan-Do-Check-Action（PDCA）型の政策運営を徹底することが求められている。いうまでもなく道路の利用者は市民である。利用者としての市民が，日々利用している道路等の交通インフラの使いやすさを高めるために，より積極的な役割を果たすべき時期に

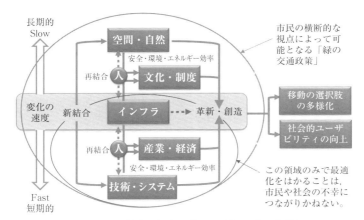

図 3-20　横断的な視点に立った「緑の交通政策」

来ている。長期間にわたり存続する交通インフラについては，時代と共にニーズや利用方法が変化することを念頭に置き，技術・システムや産業・経済のみならず文化・制度，空間・自然などを含む市民の横断的な視点を取り入れた機能更新を行う必要がある（図 3-20）。これは iPDCA（involvement-based PDCA）ともいうべき新たな仕組みである。

　今後の超高齢・低成長社会において，市民が主体的に「移動の選択肢の多様化」とともに「社会的ユーザビリティの向上」を実現する仕組みが求められる。気づきにとどまらず，人々の生活や社会への根づきを促す努力もまた「緑の交通政策」の目指すべき役割の一つと考える。

参考文献・資料

Alshih, R. and Hensher, D. The mobility and accessibility expectations of seniors in an aging population, Transportation Research Part A (Policy), Vol. 37 (A), 2003, pp.

903-915.

太田勝敏『交通システム計画』（技術書院・1988 年）。

警察庁『ゾーン 30 の概要』（2013 年）https://www.npa.go.jp/koutsuu/kisei/zone30.pdf（最終アクセス日：2016 年 1 月 5 日）。

Klassen, L. H. *et al. Transport and Reurbanisation*, 1981, Gower.

国際交通安全学会『メガシティ形成におけるモビリティの役割の解明と持続可能なモビリティ戦略のためのクロスアセスメント手法の開発』平成 23 年度研究調査プロジェクト報告書（2012 年）http://www.iatss.or.jp/common/pdf/research/h2309.pdf

生活道路におけるゾーン対策推進調査研究検討委員会『生活道路におけるゾーン対策推進調査研究報告書』（2011 年）http://www.npa.go.jp/koutsuu/kisei/houkokusyo.pdf

Duany A. *et al., Subarban Nation — The rise of sprawl and the decline fo the American Dream*, 2000, North Point Press.

土井健司・中西仁美・紀伊雅敦・杉山郁夫「米国の TOD に見る新たなアクセシビリティ概念 Location Efficiency に関する考察」土木学会論文集 D62 巻 2 号（2006 年）207-212 頁。

土井健司・長谷川孝明・小林成基ほか「超高齢化を迎える都市に要求される移動の質に関する研究」国際交通安全学会誌 35 巻 3 号（2011 年 a）38-49 頁。

土井健司「コモビリティが導く交通と都市の共発展」JREA 54 巻 7 号（2011 年 b）4-6 頁。

Doi, K. and Kii, M. Looking at sustainable urban mobility through a cross-assessment model within the framework of land-use and transport integration, *IATSS Research*, 35, 2012, pp. 62-70.

土井健司「スローモビリティ」自動車技術 67 巻 3 号（2013 年）24-31 頁。

Hayashi, Y. *et al.* Urbanization, motorization and the environment nexus — An international comparative study of London, Tokyo and Bangkok, *Memoirs of the School of Engineering, Nagoya Univ.*, Vol. 46 No. 1, 1994, pp. 55-98.

林良嗣他編『都市のクオリティ・ストック──土地利用・緑地・交通の統合戦略』（鹿島出版会・2009 年）。

Hall, P. *Cities of Tommorow, updated ver.*, 1996, Blackwell Publish Ltd.

（インターネットサイトへの最終アクセス日：2015 年 7 月 17 日）

第 2 部

市民参加型交通政策の展開

第4章
道路公害訴訟に係る道路連絡会の意義と課題

谷内 久美子・藤江 徹

1. はじめに

　戦後，日本の道路は自動車交通の円滑な移動を第一の目的として整備されてきた。1950年代の日本の道路は貧弱な状況であり，1956年に出されたワトキンスレポートでは「日本の道路は信じがたいほどに悪い。工業国にして，これほど道路を無視してきた国は日本の他にない」と述べられるほどであった[1]。しかしその後，「道路整備費の財源等に関する臨時措置法」が施行され，揮発油税が道路特定財源となり，道路整備5カ年計画が作成された。この5カ年計画は道路を緊急に整備することを目的に作成されたが，その後50年以上にわたって道路整備計画は連続して作成され続けた。当初は，道路の整備が日本経済に与える効果は大きかった。交通混雑の緩和，自動車交通の時間距離の短縮に寄与する交通機能が優先され，環境の保全やコミュニティ形成，アメニティ等の道路の機能は二の次にされてきたのである。

　自動車交通機能に偏重した道路政策の結果，交通事故，渋滞，大気汚染，騒音等の公害，コミュニティの分断といったさまざまな道路にまつわる交通問題が深刻化した。大気汚染は沿道住民の健康を損ない，ぜん息，慢性

---

1) ワトキンスレポート45周年記念委員会（2011）。

気管支炎等の患者を増加させた。1970年代に入ると道路公害運動が活発化し，国道43号沿線住民が原告となり騒音・排気ガス規制等の請求をした国道43号線公害訴訟を提訴した（1976年）。ついで，西淀川（1978年），川崎（1982年），尼崎（1988年），名古屋南部（1989年），東京都（1996年）と各地において公害患者が原告となり，国や高速道路公団等を被告として，道路公害裁判が提訴された[2]。

　こうした裁判によって，原告と被告である国や高速道路公団等との間で道路環境沿道に関する連絡会（以下「道路連絡会」）を設置することが和解条項に盛り込まれた。この道路連絡会は，沿道環境改善施策の履行を原告・被告双方が確認し，道路改善方策について協議するために開催するものである。公害被害者が，道路環境対策について道路政策決定者に直接意見を述べることができるという意味で，道路公害訴訟に集団で取り組んだ原告団と弁護団が勝ち取った特別な機会である。しかし，これまでさまざまな道路沿道環境の改善策が少しずつ実施されたものの，交通総量の削減等の抜本的な対策に関する議論は膠着状態にある。

　道路連絡会は，道路沿道から被害を受けた住民（公害患者）と道路政策担当者が直接対話する機会であり，道路管理における住民参加の先進的な事例であるが，その成果や課題は十分に分析されていない。近年，道路整備においても，パブリック・インボルブメント（PI：Public Involvement）等の市民・住民との対話を政策に盛り込む手法に着目が集まっている。しかしながら，市民・住民参加をうたいながらも，本来的な市民・住民のニーズは十分に反映され，道路環境が改善されたかどうか疑問に感じる事例も増えている。

　そこで，本章では，道路管理者と住民の対話を実質的な道路政策につなげるための方策を考えるための一助とするために，全国の道路連絡会が達成した成果および今後の課題について分析する。分析は，各道路連絡会に関する文献，関係者へのインタビュー調査，議事録をもとに行う[3]。

2）全国的な大気汚染公害の流れは宮本（2014）にまとめられている。

2. 日本の道路政策における市民・住民参加

　この節では、日本の道路政策において市民・住民参加がどのように行われてきたかについて述べる。

　戦後、日本の道路整備は急速にすすんだ。道路整備は、交通網の面的な拡充による人の移動、物流を円滑化するというだけでなく、道路整備それ自体が巨大な公共投資として内需拡大要因や自動車工業の保護育成につながり、日本経済に与えた影響は非常に大きかった。1958年に施行された道路整備緊急措置法には「道路を緊急に整備することにより、自動車交通の安全の保持とその能率の増進を図り、もって経済基盤の強化に寄与すること」を目的としている。この法は「緊急」に道路整備を行うために制定されたものであるが、この法に基づいた道路整備5カ年計画は、その後50年以上にわたって12次道路整備5カ年計画まで連続して作成され続けた。

　道路整備緊急措置法が施行された当時、道路は貧弱な状況にあり、道路の整備が経済を発展させる効果は大きかったが、その反面、自動車の排気ガスによる大気汚染対策、歩行者の安全等については二の次になってきた。当初の道路計画は、システム・合理主義に基づいて計画されてきた。市街化動向や交通需要は過去からのトレンドや時代の趨勢の把握によって将来が「予測」されてきた。ゾーン単位で集計したデータを基礎に需要を予測する四段階推計法、効用最大化理論に基づいた非集計行動モデル等がそれに当たる。しかしながら、こうした手法だけでは少数者や弱者の需要

---

3) 本稿をまとめるにあたり、川崎道路連絡会の原告側弁護団の篠原義仁氏、名古屋南部道路連絡会の原告団の伊藤栄氏（南区公害患者と家族の会）、松本篤周氏（弁護士）、東京道路連絡会の原告団の増田重美氏（東京公害患者と家族の会）、原希世美氏（弁護士）に、尼崎道路連絡会の原告団の西村弘氏（関西大学教授）、羽柴修氏（弁護士）から各地の道路連絡会の状況をお聞きした。ご多忙の中、対応して頂いた関係者に謝意を表する。また、筆者の一人である藤江は西淀川区の道路連絡会に原告団のサポートの立場で参加している。

や意向は切り捨てられ，複雑かつ制約条件の多い現状との擦り合わせが困難となってきている。

　わが国の道路計画において，住民参加の試みがなされるようになったのは 1990 年代に入ってからである。国が住民参加の重要性についてはじめて明言したのは 1997 年に道路審議会が公表した建議「道路政策変革への提言」である。建議を踏まえて作成された「新道路整備 5 カ年計画（第 11 次道路整備 5 カ年計画）では，「道路政策の進め方の改革」として，透明性の確保・PI の実施を掲げている。道路政策の推進に当たっては，道路行政に利用者のニーズを反映させるために PI 方式を導入し，国民と対話をしながら事業の展開を図ることとされている。その後，2002 年には「市民参画型道路計画プロセスのガイドライン」が公表され，市民参画型道路計画プロセスについて，基本的な枠組みや手続等の基本的事項と，具体的な手法，評価項目等の参考となる事項がまとめられている[4]。その後，2005 年にはガイドラインの適用事例の検証をふまえて，「構想段階における市民参画型道路計画プロセスのガイドライン」に改訂されている。

　また，2000 年に制定された「交通バリアフリー法」（現・バリアフリー法）では，バリアフリー基本構想策定時の高齢者，障がい者をはじめとする住民，その他利害関係者の参加の促進を図るための措置がされている。また，2006 年の改正の際には，住民等からの基本構想の策定提案制度が新設された。全国の自治体で数多くのバリアフリー基本構想が策定され，現在，基本構想に基づいたバリアフリー整備が進んでいる。基本構想の中には，道路整備後においても住民組織によるチェック体制をおいているものもみられる。少数ながらも住民や NPO 等からの基本構想策定の提案もある。道路のバリアフリー整備においては，計画段階から整備，チェック，改善にいたる PDCA サイクルのいずれの段階においても住民等の参加が行われる事例が増えつつある[5]。

　このように，道路整備において市民・住民参加の動きは広がりつつあり，

---

4) 国土交通省（2005）。

制度化もすすんでいる。しかしながら、「構想段階における市民参画型道路計画プロセスのガイドライン」は構想段階におけるものであり、整備後の道路環境の改善に対して市民・住民が行政との対話を続けることができる仕組み、制度は存在していない。こうした現状において、大気汚染訴訟の和解条項に基づいて設置された道路連絡会は、例外的に整備後の道路に関して道路管理者と住民が話し合いを継続できる数少ない場の一つである。

3. 各地域の道路連絡会の動き

3-1　全国の道路連絡会の経緯

　1970年代は道路公害運動が一気に活発化した。1976年には国道43号の沿線に住む住民が沿線の騒音・排ガスの排出差止めと損害賠償、道路の建設中止を求める裁判を提訴した。次いで、1978年に西淀川、1982年には川崎、1988年に尼崎、1989年に名古屋南部において、公害患者が原告となって国や高速道路公団を被告として、損害賠償と大気汚染物質の排出差止めを求めて提訴した。さらに1996年には、東京都内の公害患者および未認定患者（公害健康被害の補償等に関する法律による認定を受けていない患者）が原告となり、国・東京都・高速道路公団と自動車メーカーを被告として、大気汚染物質の差止めと損害賠償を求める大気汚染公害裁判を提訴した。

　これらの道路公害裁判は、騒音および大気汚染公害の責任が道路管理者である国や高速道路公団（現・高速道路株式会社）にあることを糾す裁判であった。また、原告らは自らの生命・健康に対する侵害を根拠に、環境の改善を求めた。しかしながら国や公団は、公害は道路を通行する自動車

---

5) 泊他（2010）、西井・佐々木（2006）、松田・石田（2002）は、PIが適用された事例の評価、課題をまとめている。また、屋井（2006）はPIの計画手続における計画確定行為の正当性に必要な要件を明らかにしている。

がもたらしており，自動車の走行は道路管理者の責任の範囲外であると主張し，責任を認めようとしなかった。西淀川，川崎，尼崎，名古屋南部，東京都各地で提訴されてきた自動車排ガスによる大気汚染裁判（道路公害裁判）では，各判決で若干の相違はあるものの，基本的に沿道住民の健康被害と道路からの自動車排ガスとの因果関係と，道路管理者である国等の被害に対する責任を認めてきた。西淀川，川崎では差止めが認められなかったが，原告が損害賠償請求権を放棄する代わりに被告による環境改善努力を求める和解条項が合意されている。また差止めが認められた尼崎，名古屋でも原告が損害賠償請求権と差止請求権を放棄して同様の和解が成立している。

この和解条項に基づき，原告と被告が構成する道路連絡会が設置された（表4-1）。連絡会方式は，国道43号線訴訟が1998年に国・阪神高速道路公団（当時）と全面和解した際に，国道43号・阪神高速道路沿道環境に関する連絡会を設置したことに始まる。連絡会は和解条項に定められた道路環境改善施策の実施と，その他当該道路の環境施策について協議され，被告の環境改善努力の継続を監視し，促す機会である[6]。

3-2 西淀川道路連絡会
(1) 西淀川大気汚染訴訟の経緯

大阪の中心部に近い西淀川区は，阪神工業地域の一地域として工場が建設された。また，大阪と神戸をつなぐ場所に位置するため，幹線道路も数多く建設された。道路を通過する大型ディーゼル車の排気ガスも多く，工場の煙が混じりあい複合大気汚染となった。また，地形的に大阪湾の一番奥に位置しているために尼崎と此花・堺の大工場の煙が西淀川区に集まった。西淀川区だけで累計7,000人以上が公害病に認定されている。

---

[6] 各地の道路連絡会の議論の内容については，西淀川大気汚染訴訟が国・道路公団との和解が成立した1998年以降，全国公害弁護団連絡会議において毎年報告されている。

第 4 章　道路公害訴訟に係る道路連絡会の意義と課題

表 4-1　各地域の道路連絡会の概要
*2014 年度までの開催回数（頻度）

	西淀川	川崎	尼崎	名古屋南部	東京
一次訴訟年	1978 年	1982 年	1988 年	1989 年	1996 年
和解年	1998 年	1999 年	2000 年	2001 年	2007 年
原告の人数	726 人	440 人	498 人	292 人	633 人
和解内容	・沿道環境改善（国道 43 号線車線削減，光触媒塗布，微細粒子状物質 PM2.5 の測定実施等） ・道路連絡会の設置	・道路ネットワークの整備 ・道路構造の改善 ・交通流の円滑化，沿道環境改善 ・中長期（国道 357 号・生麦 JCT，RP） ・道路連絡会の設置	・5 省庁が連携 ・自動車排出ガスの低減のために対策を行う ・大型車の交通規制の検討や交通の転換を行う ・大気環境の調査 ・健康影響調査	・沿道環境改善（国道 23 号の車線削減，環境施設帯の設置等） ・大気環境対策（改正自動車 NOx 法に基づく対策，大気環境の調査，健康影響調査等） ・道路連絡会の設置	・ぜん息患者の救済制度の創出 ・沿道環境対策（交通流の円滑化，公共交通機関への利用転換等） ・大気環境対策（改正自動車 NOx，PM 法に基づく対策，エコドライブの推進等） ・国は PM2.5 の環境基準の設定検討
連絡会の構成メンバー	原告団 弁護団 あおぞら財団 国交省近畿地方建設局 阪神高速道路株式会社	原告団 弁護団 国交省関東地方整備局 首都高速道路株式会社	原告団 弁護団 学識経験者 国交省近畿地方建設局 阪神高速道路株式会社	原告団 弁護団 国交省中部地方整備局 環境省	原告団 弁護団 国交省関東地方整備局 首都高速道路株式会社 環境省 東京都
連絡会の開始年	1998 年	1999 年	2001 年	2002 年	2008 年
連絡会の開催回数（頻度）*	18 回 （1.1 回／年）	18 回 （1.2 回／年）	49 回 （3.8 回／年）	15 回 （1.3 回／年）	6 回 （1.0 回／年）

第2部　市民参加型交通政策の展開

表 4-2　西淀川大気汚染公害訴訟の概要
道路公害に関する事項のみを記述している。

原告	大阪市西淀川区に在住または通勤している，公害健康被害補償法による公害病認定患者　計 726 人
訴訟	1次訴訟　　1978 年 4 月 20 日　　112 人 2次訴訟　　1984 年 7 月 7 日　　 470 人 3次訴訟　　1985 年 5 月 5 日　　 143 人 4次訴訟　　1992 年 4 月 30 日　　1 人
判決・和解	1991 年 3 月 29 日　判決（1 次訴訟）⇒原告・被告ともに控訴（大阪高裁） ・道路：責任を問われるのを免れる 　1995 年 3 月 2 日　企業と和解 　1998 年 7 月 5 日　判決（2〜4 次訴訟） ・道路：自動車排ガスの健康影響を求める 　1998 年 7 月 29 日　国・阪神高速道路公団と和解 ・西淀川区における沿道環境改善（交差点改良・国道 43 号線車線削減，光触媒塗布，微細粒子状物質 PM2.5 の測定実施等） ・環境施策を実施するために西淀川地区道路沿道環境に関する連絡会を設置し，被害者（原告団）と国・公団は継続的に協議をする

　汚染排出企業と道路管理者（国・旧阪神高速道路公団）の公害に対する法的責任を問うため，1978 年西淀川大気汚染裁判が提訴された[7]。表 4-2 に西淀川大気汚染公害訴訟の概要を示す。726 名という大人数で提訴し，患者が病気と生活の苦しさを訴えて 100 万人署名を集め，世論を味方につけた。この訴訟は，20 年に及ぶ患者らの粘り強い闘いの中，1995 年 3 月に企業らとの間で，1998 年 7 月には国・旧公団との間で，基本的に原告の主張が認められる形で和解が成立した。

(2)　西淀川道路連絡会の概要

　1998 年の地方裁判所の判決では，道路公害に関して沿道住民の健康被害に対する道路管理者の責任を認めたが，国は控訴した。原告は賠償請求権を放棄してでも迅速に環境再生をすすめるため，国に道路環境対策の実施を約束させ，和解を成立させた。和解条項では沿道環境改善方策が示さ

---

[7]「西淀川公害患者と家族の会」の大気汚染訴訟にいたるまでの活動，その延長線上の取組みについては，除本・林（2013）が詳述している。

れ，その進捗を確認し公害対策を協議するための「西淀川地区道路環境沿道に関する連絡会」（西淀川道路連絡会）の設置も和解条項に盛り込まれた。道路連絡会は，沿道環境改善施策の履行を原告・被告双方が確認し，道路環境改善方策について協議するため，原告と被告（国土交通省近畿地方整備局，阪神高速道路公団）との間で開催されてきた。1998年以降，基本的に毎年1回道路連絡会が開催されており，2003年以降は公開で行われている。

原告が道路連絡会で提起する道路環境対策を検討するために，交通計画等の専門家に諮問する「西淀川道路対策検討会」が1998年11月に組織された。西淀川地域を中心とする阪神地域の道路環境対策を検討し，1998年から2006年にわたり「道路提言」Part 1～6を発表している。その内容は，ロードプライシング（路線で通行料金に格差をつけることによって車の流れを誘導する交通施策），大型車規制，公共交通体系の整備，道路整備計画の分権化と住民参加，環境TDM（交通需要管理）社会実験，自転車の活用，地域福祉交通の充実，都市アメニティの回復，コンパクトなまちづくり等，まさに「持続可能な交通」の考え方を先取りするものであった。最初の提言から10年が経過したPart 6では，交通および環境問題に関する社会情勢が大きく変化したことを受け，個別の施策の提案ではなく，これからの交通まちづくりの基本的な理念や方向性として，「低速交通」と「地域発」の新たなテーマを提起している。

この「道路提言」をもとに，道路連絡会で，原告団は国・旧道路公団にその実施を迫ってきた。しかしながら，国・旧道路公団の対応は残念ながら十分なものではない。西淀川区を通る国道43号は1日交通量が約7万台，大型車混入率が30%以上と府内有数の公害道路であり，同じく30%以上の大型車混入率のある淀川通りとともに，沿道環境はもとより区内の大気環境の改善のためにも，大型車対策を強化することが求められている。にもかかわらず，国・旧道路公団は，一貫して大型車削減には消極的であり，思い切った大型車湾岸線への誘導策も実施していない。交通量削減と大型車規制の実施が道路連絡会の最重要の課題である。

また，西淀川の和解条項には，新しい施策の一つとして，微小粒子状物質（PM2.5）[8]の測定について明記されている。PM2.5はさまざまなものから排出されるが，ディーゼル車の排気ガスも排出源の一つである。和解が成立した1995年当時，国際的にPM2.5による大気汚染への関心が高まってきていたが，PM2.5は日本において環境基準が定まっておらず測定方法も定まっていなかった。和解条項にPM2.5の観測が盛り込まれたことにより，西淀川ではいち早く2005年度からPM2.5の常時観測が行われることになった。NOx（窒素酸化物）やSPM（浮遊粒子状物質）は低減傾向にあり環境基準を下回っているが，PM2.5は依然として環境基準の上限値を超えている。PM2.5の常時観測が行われたことにより，大気が健康の維持に十分といえるほどには清浄な空気となっていないことが把握できた。

和解条項に具体的に定められた施策の多くはすでに実施された。原告側が提案する再生プランについて，連絡会でその実現に向けた実質的協議が行われたことはなく，原告の要求と被告の対応がかみあわないまま，原告側は「提案できることはし尽くした」状態となっている。現在は，これを打開するために，実務レベルでのワーキング部会の実施を検討している。

(3) 西淀川道路連絡会の課題

西淀川の道路連絡会は，実質的な道路環境改善を進めるうえで，いくつかの点で限界を抱えている。1つには，西淀川訴訟の和解は一連の道路公害訴訟の初期のものであったため，現在の知見を基準にするならば含まれ

---

[8] PM2.5とは大気中に浮遊している2.5 μm 以下の小さな粒子のことで，浮遊粒子状物質（SPM：10 μm 以下の粒子）よりも小さな粒子である。PM2.5は髪の毛の太さの1/30程度と非常に小さいため，肺の奥深くまで入りやすく，呼吸系への影響に加え，循環器系への影響が懸念されている。PM2.5はものの燃焼等によって直接排出されるものと，環境大気中での化学反応により粒子化したものがある。発生源は，焼却炉等のばい煙を発生する施設，自動車等の人為起源のもの，土壌，海洋，火山等の自然起源のものがある。日本におけるPM2.5の環境基準は2009年9月に設定された。環境省（2003），大森（2013）。

るべき道路環境改善施策が十分に盛り込まれているとはいえない。大型車の交通規制や歩行者優先の道路空間整備など，道路公害を引き起こした根本的要因を変えるために必要となる施策は，和解条項に明示されていない。

2つ目としては，道路環境改善に必要な関係主体を協議の場に参加させることが困難であることである。訴訟の枠組み内にある和解条項に定められた道路連絡会は，原告と被告の協議に限定されるが，道路環境改善には市や府等の地方自治体，国土交通省以外の関連省庁，警察等多くの主体の協力が必要となる。

3つ目としては，和解条項で対象となっている範囲の道路が西淀川区に限られていることである。西淀川区を通行する大型車の多くは，西淀川区を目的地としておらず，通過車両がほとんどである。大型車の通行量を減らすためには，大型車交通量の需要そのものの調整，西淀川区以外の道路ネットワークからなる対策が必要になるが，現状の道路連絡会では西淀川区以外の道路については，ほとんどふれられることはない。

3-3　川崎道路連絡会
(1)　川崎大気汚染訴訟の概要

1910年ごろから工業化が進み，戦後，湾岸部では鉄鋼・電力・石油化学コンビナートが次々と立地し，臨海工業地帯を形成していった。また，工場に隣接して幹線道路が建設され，工場への原材料，製品の搬出入，物流分野での自動車依存度が高いこと，川崎区発着の貨物量が多いこと，通過交通量が多いことから，道路の大気汚染が問題になっていった。

川崎市は市独自に1970年から発生源対策・患者救済を行ってきた。しかし，1978年に国は二酸化窒素の環境基準を緩和し，患者救済を行う公害健康被害補償法を改正して新たな認定を行わない動きがあった。そこで，1982年3月，川崎公害裁判原告団119名は，日本鋼管（当時），東京電力をはじめとする加害企業13企業と幹線道路を設置・管理する国・首都高速道路公団（現・首都高速道路株式会社）を被告として，横浜地方裁

判所川崎支部に損害賠償請求と差止請求を二本の柱とし提訴した。大気汚染によって引き起こされた気管支ぜん息，慢性気管支炎，肺気腫等の公害被害に対する完全な賠償と SO_2，NO_2，SPM（浮遊粒子状物質）の大気汚染物質の排出を環境基準値までに引き戻すための有害物質の排出規制を求めた。表4-3に川崎大気汚染公害訴訟の概要を示す。

裁判は17年と長期化した。西淀川公害訴訟の和解をきっかけに，1996年12月25日，西淀川和解に続き，川崎でも加害企業との間で和解が成立した。和解内容は，謝罪，公害防止対策の約束，解決金の支払いを骨子とするものとなっている。加害企業は，原告団・弁護団に解決金の一部を「環境と再生とまちづくり」基金として提供した[9]。

表4-3 川崎大気汚染公害訴訟の概要

道路公害に関する事項のみを記述している。

原告	川崎市在住または通勤している公害健康被害補償法による公害病認定患者 計440人
訴訟	1次訴訟　1982年3月18日　119人 2次訴訟　1983年9月17日　114人 3次訴訟　1985年3月9日　107人 4次訴訟　1988年12月4日　100人
判決・和解	1994年1月25日　判決（1次訴訟） 　道路管理者は公害の責任を問われるのを免れる 　　　　　　　　　　　　　　→原告・被告ともに控訴（東京高裁） 1996年12月25日　企業と和解 1998年8月5日　判決（2～4次訴訟） 　二酸化硫黄，二酸化窒素，浮遊粒子状物質と健康影響との因果関係を認める。 　国，道路公団に対し賠償命令　→原告・被告ともに控訴（東京高裁） 1999年5月20日　国・首都高速道路公団との和解 ・自動車交通を湾岸部へ誘導するための道路ネットワークの整備 ・道路構造の改善（環境施設整備，遮音壁，低騒音舗装等），交通流の円滑化，沿道整備 ・沿道環境改善（光触媒，大気測定局の設置等） ・中長期対策（国道357号・生麦ジャンクションの整備，ロードプライシングの検討） ・川崎市南部地区道路沿道環境に関する連絡会の設置

---

9) 川崎大気汚染訴訟および和解後のまちづくり活動については，篠原（2007）に詳述されている。

(2) 川崎道路連絡会の概要

1996年，川崎道路連絡会が発足した。川崎南部地域の公害根絶と環境再生・まちづくりの要求が住民の参画と協力のもと，制度的に保証されるために設置された道路連絡会は，川崎南部地域の道路における環境施策の円滑かつ効果的な実施に資することを目的として，原告団，国土交通省関東地方整備局，首都高速道路公団との間で，原則として年1回以上開催することになっている。道路連絡会の開催は2013年で第17回を数えた。2004年の第7回からは一般市民に公開となった。

川崎の道路連絡会においても，自動車交通総量規制は，意見交換の中心課題となっている。道路連絡会では，環境ロードプライシングやナンバー規制等を実施するために，川崎はもちろん隣接する東京都大田区等も対象地域にした運輸業者等への大規模なアンケート調査の検討が行われているが，川崎においても，国・高速道路会社はその姿勢は必ずしも積極的ではなく，基本姿勢の転換が求められている。その一方で，国道15号のリニューアル化では，原告側の意見を反映した計画を作成するなど，一定の前進面も指摘できる。東京と横浜をつないで幸区を走る国道1号は横浜国道事務所が管轄しており，川崎市区を走る国道15号は川崎国道事務所が管轄しているが，年1回の道路連絡会では細部にわたる対策の検討が不可能なため，勉強会の名称のもとで，月1回もしくは2ヵ月に1回の割合で，「勉強会」が開催されている。

また，川崎市は道路連絡会のメンバーになっていないが，原告団は川崎市との間でも「検討会」名義の勉強会を国道事務所との勉強会と同程度の頻度で開催している。ここでは，大気汚染の測定や公害対策の問題，川崎駅周辺の環境対策，自転車駐輪場や自転車，歩道といった多角的な協議が行われている。

(3) 川崎道路連絡会の達成したこと

表4-4に川崎道路連絡会の達成事項を示す。国道1号について国土交通省は，12年前に交通渋滞対策に名を借りて既存道路の拡幅計画の事業開始を発表し，そのための住民説明会を開催した。これは，50年前に事業

第2部　市民参加型交通政策の展開

表 4-4　川崎道路連絡会の達成事項

国道1号	既存の23m道路を30mに拡幅するという60年前の都市計画決定が実行されそうになったが，10年余にわたって事実上，凍結させた。 川崎公害裁判の和解条項を基礎にして，既存道路につき歩道拡幅等の公害環境対策を実現させた。 2014年度から車線削減と自転車専用道の工事が開始されることになった。 道路拡幅の事実上の凍結から都市計画決定の完全撤回という目標に向けて，2014年度から新たな取組みを追求している。
国道15号	中央分離帯を大きく削って左右の歩道にこれを割り付け，歩道帯を片側9.5mに拡幅。 自転車専用道の改善（車道，自転車道，歩道の間に植樹帯を設置。交差点の改良）。
湾岸道路東扇島水江線の建設	建設に関して国交省と協議中（原告側：建設を認めてないという立場）。
環境ロードプライシング	高速道路の横浜線と湾岸線間の環境ロードプライシングについては検討中。
高速横羽線，産業道路の環境対策	片側4車線を3車線に車線削減し，削減した部分の緑化対策を実現。引き続き検討中。
産業道路	片側4車線を3車線に削減し，緩衝緑地帯を設置。 環境レーン（大型車を片側3車線うちの中央車線を走行するよう誘導する方策）の導入（2014年2月から実施）。
市役所通りと周辺地域	川崎市との交渉。駅前交差点のスクランブル化。川崎駅周辺のバリアフリー化。歩道と自転車道の整備。
勉強会の実施	道路連絡会から派生して作られた「勉強会」を中心に課題の追及を行っている。

計画を立てながら長年「眠らせてきた」事業計画の突然の開始通告であった。

　これに対し，川崎公害裁判原告団，弁護団，支援団体の三者は，地元住民に呼びかけて「川崎国道1号線問題対策協議会」を設置して，道路の拡幅反対を柱に据えるとともに既存道路の道路構造対策，沿道対策，環境対策の確立を要求し，さらには，既存の片側3車線を2車線にする車線削減と車線削減後の道路構造のなかで「自転車歩行者道」の設置を求める取組みを開始した。

　その結果，道路拡幅計画を10年余にわたって，事実上，棚上げさせ，その一方で，川崎公害裁判の和解条項を基礎にして既存道路につき数々の

第 4 章　道路公害訴訟に係る道路連絡会の意義と課題

公害環境対策を実現させてきた。

3-4　尼崎道路連絡会
(1)　尼崎大気汚染訴訟の経緯

　尼崎は日露戦争後に工業化が進み，満州事変後に，鉄鋼業が発展し，臨海部に火力発電所が集中的に建設された。1960 年代に石炭から石油へ燃料が転換される中で，工場の煙による大気汚染はひどくなり，ぜん息や慢性気管支炎等の患者が増加した。1970 年代からは国道 43 号と阪神高速道路等による自動車からの排ガスの大気汚染が加わった。

　1988 年 3 月に改正公害健康被害補償法施行により，大気汚染指定地域 41 か所の全面解除と公害患者の新規認定が打ち切られた。しかし尼崎市では，自動車排気ガスを中心とした二酸化窒素や浮遊粒子状物質の測定値は悪化しており，大気汚染はひどさを増していた。そこで，尼崎市に居住または勤務し，公害健康被害の補償等に関する法律に定める指定疾病の認定患者およびその遺族である原告 379 人が，関西電力を中心とする企業 9 社と，尼崎南部を東西に貫通する国道 43 号，同 2 号を設置管理する国および阪神高速道路大阪西宮線を設置・管理する被告阪神高速道路公団に対し，同道路の自動車の走行によって排出された大気汚染廃棄物質により健康被害を被ったとして，損害賠償および，環境基準値を超える二酸化窒素および浮遊粒子状物質の排出差止めを求めて，1988 年 12 月に提起した。原告らは，二酸化窒素環境基準の緩和後における公健法の第 1 種指定地域の全面解除への抗議と尼崎地域の大気汚染公害の改善を目的として本訴訟を提訴したといわれている。尼崎大気汚染公害訴訟の概要を表 4-5 に示す。

　2000 年 1 月 31 日の神戸地裁判決で道路公害による健康被害を認め，汚染物質排出差止め（道路供用の差止め）を全国ではじめて認めた。その後，2000 年 12 月 8 日に訴訟上の和解が成立した。その和解内容は，原告は損害賠償金を放棄し，国は大気汚染改善のためのさまざまな対策を実施するというものであった。

第 2 部　市民参加型交通政策の展開

表 4-5　尼崎大気汚染公害訴訟の概要

道路公害に関する事項のみを記述している。

原告	尼崎南部在住もまたは通勤している公害認定病患者とその遺族　計 498 人
訴訟	1 次訴訟　　1988 年 12 月 26 日　　483 人 2 次訴訟　　1995 年 12 月 4 日　　 15 人
判決・和解	2000 年 1 月 31 日　判決（神戸地裁） ・自動車排ガスの健康影響を認める ・自動車排ガスの排出差止めを認める（全国初） 　→原告・被告ともに控訴（大阪高裁） 2000 年 12 月 8 日　原告団，国・阪神高速道路公団と和解 ・5 省庁（警察庁・環境庁・通商産業省・運輸省・建設省）が連携し，沿道環境対策に取り組む ・自動車排出ガスの低減のための環境庁の対策 ・大型車の交通規制の可否の検討や交通の転換を行う ・大気環境の調査を行う ・健康影響調査を行う

(2)　尼崎道路連絡会の概要

　原告，国の道路管理者である建設省および阪神高速道路公団は，和解条項に基づき，「尼崎市南部地域道路沿道環境改善に関する連絡会」を設置した。当初，連絡会は非公開で開催されていた。2 回の開催の後，尼崎訴訟の元原告らが「国及び公団は和解条項を履行していない」と主張し，これを履行したと主張する国および公団と対立し，連絡会の円滑な進行も困難となった。連絡会は，話し合いの場としても充分な機能を果たさなかった。

　訴訟上の和解後，国（国土交通省）および阪神高速道路公団は一定の施策を実施しており和解条項は履行されたと主張したのに対し，尼崎訴訟の元原告らは国道 43 号からの大型車の交通の転換が図られておらず，和解条項の履行は不十分であると主張した。このため，尼崎訴訟の元原告らの一部は 2002 年 10 月 15 日，国を相手として公害紛争処理法に基づき，和解条項の誠実な履行を求めて公害等調整委員会にあっせんを申請した[10]。

---

10) 尼崎公害事件におけるあっせんの経緯，意義に関しては小田 (2006) に詳述されている。

2003年5月13日，和解条項に盛り込まれた環境ロードプライシングの試行実施について，阪神高速道路公団を相手にあっせん申請が行われた。申請の内容は，「本件地域における大型車の交通量低減のための具体的削減目標を設定し，それに添う大型車規制施策を個別具体的に検討するなど，和解内容を誠実に履行」することを求めるものであった。

2003年6月26日に，公害等調整委員会の調整により，あっせんが成立した。あっせん合意では，尼崎地域の国道43号の大型車交通量を低減するために「車線規制」と「ナンバー規制」を行うことの可否を検討するために，総合調査の実施や環境ロードプライシングの社会実験の施行内容の充実（阪神高速5号湾岸線の料金を大幅に下げるなどして国道43号と阪神高速3号神戸線の大型車を湾岸線に誘導する）が約束された。さらに，道路連絡会を公開で行うことも約束された。

2003年9月30日，あっせん合意後最初の連絡会（第3回連絡会）において，尼崎訴訟の元原告らは，「事後の意見交換は，第1回，第2回の連絡会と異なり，①建設的かつ有効な意見交換を行うこと，②大型車の交通量低減のために総合的調査の実施にあたり，調査開始の準備段階から実施，試行，警察庁への要請までのすべての過程について文書・資料を公開すること，③調査結果を踏まえた警察庁への要請は文書で行い，回答も文書で行われるべきこと」を申し入れ，国もこれを受け入れた。

総合調査は，大型車ドライバー等1万人以上へ調査票が配布されて実施されるなど，これまでにない大がかりな調査となり，環境ロードプライシングを他の規制と一緒に実施すれば，大型車を国道43号等から湾岸線に誘導することが可能である等の結果が出ている。また，従来にはない割引率で環境ロードプライシングの社会実験も行われた。

（3） 尼崎道路連絡会が達成したこと

表4-6に尼崎道路連絡会の達成事項を示す。

2001年の国道43号と阪神高速3号神戸線の大型車合計台数（約4万台）の4分の1を削減するとの目標を立て，連絡会で交渉してきた。2012年7月の調査では，大型車走行台数は約3万1千台とほぼ削減目標に結果的に

第 2 部　市民参加型交通政策の展開

表 4-6　尼崎道路連絡会の達成事項

環境ロードプライシング	①大型車の料金の割引率を拡大充実化（2009 年 4 月 1 日），②対象とする大型車の拡大（2010 年 3 月），③大型車全車へ拡大（クレジットカード利用車への拡大）の 3 段階施策を進めた。
国道 43 号の大型車の通行規制	警察庁の大型車交通規制の可否に関する検討結果は，大型車規制の実施にはロードプライシングの充実だけでは迂回対策としては不十分であり，違反者の検挙を前提とした規制は困難との結論。 環境レーン（直接規制ではなく大型車を中央車線に寄せる交通ルール）の実施。

達成している。この大型車走行台数の減少については景気の影響や他のさまざまな要因があり，環境ロードプライシングの充実化のみによる効果と評価することはできないが，「公調委あっせん」合意後の連絡会で協議を重ねてきた施策が一定結実してきたことは間違いない。そこで尼崎道路公害訴訟原告団・弁護団としては，この状況を維持するためにも，環境レーン（歩道寄り車線を沿道環境に配慮する環境レーンと位置づけ大型車は中央寄りのレーンを走行する施策）の合意およびルール遵守の徹底，環境ロードプライシングの充実化策と共に恒久施策化することを求めた。国道 43 号の大型車交通規制については不十分ではあるが，原告団・患者会が高齢化していること等を考慮したうえ，公調委での「あっせん合意」による大型車交通規制を中心とする和解合意履行に関する連絡会における協議（意見交換）を終局することとした。協議終局に向けての合意文書には，環境ロードプライシングおよび環境レーンを恒久施策とすること，将来的課題として①阪神高速 5 号湾岸線の割引率をさらにあげること，②阪神高速 3 号神戸線の値上げを検討すること，③国道 43 号における「尼崎ルール」以外に「ナンバー規制と車線規制」の方策があることが盛り込まれている[11]。

---

11) 国土交通省近畿地方整備局道路部（2013）。

3-5 名古屋南部道路連絡会
(1) 名古屋南部大気汚染訴訟の概要

名古屋南部地域は，当初，繊維工業を中心とする工業地帯だったが，1960年代には中部電力や新日本製鉄（当時は東海製鉄）が操業を開始し，一大工業地帯となった。また，工業地帯の形成の一環として道路網が整備された。燃料が石炭から石油に転換したことで，1960年代から大気汚染が深刻化し，1962年には名古屋市内はスモッグが連日発生し，南区柴田地区でぜん息が多発した。1972年には四日市と名古屋を結ぶ国道23号が全線開通した。

1989年3月に名古屋南部地域の公害病認定患者が名古屋港南部臨海工業地帯の工場排煙と，国道1号，23号等の自動車排ガスに対して裁判を起こした。旧環境基準を超える排出ガスの差止めと損害賠償を求める裁判であった。被告は，名古屋南部に工場，事業所がある企業11社（後，倒産で10社），道路の設置管理者である国（国土交通省），大気汚染の進行に対して有効で適切な排出規制を行わなかった国（環境省）であった。2000年の判決では，損害賠償と差止めが認められ，2001年に和解した。名古屋南部大気汚染公害訴訟の概要を表4-7に示す。

表4-7 名古屋南部大気汚染公害訴訟の概要

道路公害に関する事項のみを記述している。

原告	名古屋市内東海市内およびその周辺地域に在住または通勤している公害認定病患者とその遺族 計292人
訴訟	1次訴訟　　1989年3月31日　　145人 2次訴訟　　1990年10月8日　　101人 3次訴訟　　1997年12月19日　　47人
判決・和解	2000年11月27日　判決 道路管理者は自動車排ガス（浮遊粒子状物質）の健康影響を認め，自動車排ガスの排出差止めを認める →原告・被告ともに控訴（名古屋高裁） 2001年8月8日　国・企業と和解 国土交通省と環境省は交通負荷と大気汚染を軽減する施策を行う 原告と国交省，環境省は「名古屋南部地域道路沿道環境改善に関する連絡会」を設置

(2) 名古屋南部道路連絡会の概要

　名古屋の道路連絡会では，西淀川，川崎，尼崎とは異なり，道路管理者とともに環境省もメンバーに加わったことから，環境省が大気環境の調査や健康影響調査を行うことも和解内容に含まれた。環境省がメンバーに加わったねらいは，全国的な施策と同時に地域における環境改善のための環境省の責任を定期的に検証することにあった。大気環境の調査では，国土交通省と環境省が合計 12 カ所の測定局を設置し，健康影響調査では，PM2.5 との関係を検討する健康影響調査を 13 年から 3 歳児とその両親を対象にして実施し，これら対象者を 5 年間追跡調査した。測定局においては，未だ NO_2 および SPM の濃度が環境基準を上回るところが存在しており，対策面では充分な成果を上げられていない。

　和解後に国道 23 号沿道環境施設帯の整備や伊勢湾岸自動車道への迂回等の大気汚染削減のための施策が行われた。しかし，南部地区全体の交通量は大幅に増加しており，原告団は交通量削減効果をもたらすと考えられる 23 号線の車線削減を求めてきた。

　国との和解条項に柱である国道 23 号（名四国道）の車線削減を求めた。要町の二酸化窒素（NO_2）の環境基準上限値未達成を達成すべく，2012 年度から 2013 年度にかけて NO_2 吸着機能を持つ防音壁の設置工事（要町交差点～丹後通交差点）が実施された。

(3) 名古屋南部道路連絡会が達成したこと

　国との和解条項である「沿道環境整備事業」は，沿道 20 m に遮音壁や緑地帯を整備し，居住地の NO_2 等の大気汚染物質を削減し，騒音・振動を削減しようというものである。土地・家屋等の買収を伴うため，徐々にすすんでいる。

　沿道環境整備と並行して，国道 23 号において要町横断施設帯改善検討会が沿道住民の要求として検討がすすめられた。人間優先社会の立場から「横断歩道」設置を第一義的に要求し，それが無理な場合には歩道橋にエレベータを設置するよう求めたが，そのいずれもが拒否され，2012 年に階段の横に勾配 8％，長さ 100 m のスロープが設置された[12]。

和解条項に盛り込まれた「国道 23 号の車線削減」について，当初，国土交通省は部分的な車線削減の社会実験すら拒否していた。しかし，2013 年 9 月から 12 月にかけて国道 23 号の遮音壁工事の際に，下り線で 800 m，上り線で約 350 m の車線削減を行うことになり，これに伴って社会実験として交通量および大気汚染の測定を行った。この結果，国道 23 号の交通量が 17% 削減されるという効果が現れたものの，周辺道路の迂回交通量の大幅な増大とこれによる大気汚染の拡散をもたらすことが明らかになり，国土交通省の見解としては，車線削減の実施については現実的に厳しいとの結論に至った。2014 年の道路連絡会において，原告団は車線削減の代替策として兵庫県尼崎方式を取り入れた環境レーン（大型車中央寄り車線走行ルール）の導入を提案した。国土交通省はこれを受け入れ，2015 年 1 月に「国道 23 号通行ルール（名古屋南部地域）」を導入している。

その後，2015 年 3 月には，原告団からの申し入れにより名古屋南部大気汚染公害訴訟・和解条項履行にかかる意見交換を終結した[13]。終結にいたった理由は，一次提訴から 26 年たち元原告約 290 人の約 7 割が高齢化や重症化により死亡したこと，伊勢湾岸自動車道への大型車の迂回，環境レーン等の実施により大気汚染は改善傾向にあると判断されることである。合意文書には，国は引き続き和解条項に基づく国道 23 号名古屋南部地域の沿道環境改善に努め，国道 23 号通行ルールの定着に向けての施策を継続すること，環境施設帯は地元住民の意見を聞きながら整備を進めるとともに除草・清掃等の適切な管理を実施することが含まれている。

3-6 東京道路連絡会
(1) 東京大気汚染訴訟の経緯
東京は，1960 年ごろから，交通網の整備によって増え続ける自動車交

---

12) バリアフリー法に基づく道路移動等円滑化基準では，歩道橋にはエレベータを設けること，屋外のスロープの勾配は 5% 以下とすることが望ましいとされている。
13) 国土交通省中部地方整備局道路部（2015）。

通量と軽油優遇税制によって増加するディーゼル車によって大気汚染が悪化してきた。ディーゼル車は，ガソリン車からはほとんど排出されない浮遊粒子状物質を大量に排出し窒素酸化物（NOx）もガソリン車も十数倍排出する。自動車排ガス汚染により，ぜん息等の呼吸器系の疾患にかかる人が増えていった。

1996年5月，道路の管理や排ガス規制の責任を負う国・東京都・首都高速道路公団，そして，ディーゼル車を製造・販売している自動車メーカー7社（トヨタ・日産・三菱・いすゞ・日野・日産ディーゼル・マツダ）をぜん息患者が訴えることになった。これまでの大気汚染裁判では，公害健康被害補償法の認定患者が裁判の原告となっていたが，1988年に公害健康被害補償法の新規認定打ち切りとなったため，東京では認定されていないぜん息・慢性気管支炎・肺気腫の患者も原告となった。目的は，損害賠償と救済制度を新しく作ること，汚染物質の差止めであった。

2002年の地裁判決では，公害認定されていない未救済患者への損害賠

表 4-8　東京大気汚染公害訴訟の概要

道路公害に関する事項のみを記述している。

原告	東京に居住または勤務して，気管支ぜん息・慢性気管支炎・肺気腫にかかった患者または遺族　計633人
訴訟	1次訴訟　1996年5月31日　　102人 2次訴訟　1997年6月3日　　110人 3次訴訟　1998年10月16日　115人 4次訴訟　2000年11月16日　191人 5次訴訟　2003年5月20日　　75人 6次訴訟　2006年2月16日　　40人
判決・和解	2002年10月29日　判決（1次訴訟） ・自動車メーカー：責任を問われるのを免れる ・国・都・公団：道路管理責任が認められる →国・公団・自動車メーカー・原告控訴（都は控訴せず，原告は都を控訴） 2007年8月8日　和解 ・自動車メーカーが33億円，国が60億円，首都高速道路株式会社が5億円支払い，ぜん息患者の救済制度を創出する ・国・都・公団（現：首都高速道路株式会社）は環境対策を実施する ・自動車メーカーは原告に解決金12億円を支払う ・国はPM2.5の環境基準設定を検討する

償（国・都・公団）が認められたが，自動車メーカーの責任，差止めについては認められなかった。都以外は控訴したが，2007年8月に和解が成立した。この和解により，自動車メーカーが33億円，国が60億円，首都高速道路株式会社が5億円を東京都に支払い，それをもとに東京都内のすべてのぜん息患者の医療費を無料とする制度を2008年8月に創設した。また，PM2.5の環境基準設定，さまざまな道路公害対策を国や東京都が行うことを約束させた。表4-8に東京大気汚染公害訴訟の概要を示す。

(2) 東京道路連絡会の概要

東京道路連絡会は2014年度までに6回の道路連絡会を開催し，道路緑化，PM2.5の計測，大型貨物車の走行規制，自転車道の整備等について協議している。東京道路連絡会が対象とする道路は数多くあるが，原告団は地域ごとに東京都職員も参加して現地調査を行い，提案書を作成している。道路連絡会ではPM2.5の計測，大型貨物車の走行規制等の総括的な問題を議論するとともに，各論として毎回十数区市・20箇所前後について，道路緑化・自転車道整備等の具体的で即知的な内容についても議論している。そのため，連絡会の開催時間が4時間と長く，1回の連絡会で議論が終わらない場合には続会を開催することもある。

(3) 東京道路連絡会が達成したこと

表4-9に東京道路連絡会の達成事項を示す。

東京大気汚染公害訴訟の和解条項には，国はPM2.5の環境基準設定を検討することが盛り込まれている。PM2.5は他の大気汚染訴訟でも繰り返し問題とされており，尼崎では「調査解析手法の追加・拡充の検討を行う」(2000年)，名古屋では「健康影響調査を実施する」(2001年)と約束したのみであった。国（環境省）は，東京大気汚染訴訟の和解から2年後の2009年にPM2.5の環境基準を設定した。これを受けて，東京都では全76測定局でPM2.5の常時観測体制を開始することを決定した。しかしながら，国交省は都内に16箇所のNO$_2$とSPMの観測局を有しながらも，PM2.5の観測に関しては未定である。国交省がPM2.5の観測に対して消極的な理由は「和解条項に国交省がやると明記していない」「発生メ

第 2 部　市民参加型交通政策の展開

表 4-9　東京道路連絡会の達成事項

道路緑化	・国道 6 号新宿拡幅や，国道 254 号小日向拡幅等では，道路拡幅に伴い植樹の充実を検討。 ・足立区の日光街道（国道 4 号），板橋区の川越街道（国道 254 号）の中央分離帯の緑化。 ・樹木の大気浄化能力を考慮して，常緑樹と落葉樹を混植するように原告から提案。
道路構造の見直し（歩道の拡幅）	・水戸街道（国道 6 号）・新宿拡幅では 25 m から 35 m に拡幅されるのに，当初の計画では歩道は僅か 10 cm 広がるのみであったのを，車道幅を削減して歩道を両側各 1 m 拡幅し植樹帯を広げた。 ・京葉道路・小松川拡幅では，停車帯設置を理由に，歩道幅員を当初計画の 5.5 m から 4.5 m に削減されることとなっていたのを元の幅員に戻した。
自転車道整備	・東京都は，2012 年 10 月に東京都は「自転車走行空間の整備推進計画」を発表。自転車走行空間の優先整備区間 150 km を定め，2020 年までに 109 km を整備する方針を定めた。原告団から自転車道整備案の提案をするが，優先整備区間以外は整備しないという姿勢である。
PM2.5 計測	・東京都は都内の全測定局（81 局）において PM2.5 の常時観測体制を作ることを約束。2015 年度現在，47 局で観測している。 ・国交省は 16 箇所の常時観測局を有するが，PM2.5 測定に「引き続き検討」と消極的な姿勢を示している。
激甚交差点対策	・国は和解条項で 8 箇所の激甚交差点対策を約束し，これまで松原橋，上馬，北品川，梅島の 4 カ所について実態調査を行った。対策案は，ACF（高活性炭素繊維），光触媒のみである。和解条項に示された大気シミュレーションは行われていない。
大型貨物車の走行規制の拡大	・原告団は，大型貨物車の都心部乗り入れ規制の拡大を求めていた。警視庁は 2009，2010 年度に環七，環八通りの交通量調査を実施したが，2013 年に「検討の結果，規制による迂回交通の渋滞等により，環境改善効果は認められない」との否定的な回答であった。

カニズム，寄与度などが未解明だ」などである。

　道路緑化対策について，原告団は，冬季も排ガス浄化作用のある常緑樹の植栽や高中低木による立体的な植栽等の提案を行っている。原告団からの積極的な要求を受けて国・東京都は積極的な対応をするようになった。2013 年には，原告団は東京都に 23 区および三多摩地域・7 市の都道緑化対策要求書を提出した。2015 年に東京都は街路樹を 100 万本に倍増する「緑の東京 10 年プロジェクト」を終了し，原告団の提案を受けて常緑樹への樹種転換を検討すると回答している。

　自転車道の整備については，2020 年の東京オリンピックを目指して東京都は 2012 年 10 月「東京都自転車走行空間整備推進計画」を発表した。

同計画では道路管理者相互に連携して自転車走行空間ネットワークを形成していくとするとともに，「必要性の高い区間を優先的に整備していく」として優先整備区間 150 km を指定し，2020 年までに 109 km（2014 年に 120 km に延長）を整備するとした。しかしながら，連絡会で各地域から出される自転車走行空間整備の要求に対して，東京都は「まずは優先整備区間を整備してから」とまったく検討しようとすらしない硬直的な姿勢を示していた。その後，2015 年度に東京都は約 200 km の自転車推奨ルートを設定し，原告団は「本格的な自転車ネットワーク計画である」と評価している。

また，現在，東京都では環七通り（東京都道 318 号環状七号線）内側などで土曜 22 時から日曜 7 時まで大型貨物等の通行禁止を実施している。原告はこの大型貨物車の都心部乗り入れ規制の拡大を求めており，それを受けて警視庁は 2009 年，2010 年に環七通り，環八通り（東京都道 311 号環状八号線）の交通量調査を実施した。しかしながら 2011 年には警視庁から「規制の大気改善効果は明確ではない」ことを理由に規制の拡大は実施しないとの回答があった。原告団はこの回答に納得をすることができず，独自に研究者（環境総合研究所の鷹取淳氏）に警視庁の交通量データの分析を依頼し，この分析結果からは大型貨物車の通行規制により大気改善効果があることが明らかになった。しかしながら，2013 年に，警視庁からは「規制による迂回交通の渋滞等により，環境改善効果は認められない」との否定的な回答があり，議論が難航している。

4．おわりに

本章では，全国の道路連絡会の意義および達成した成果について考察した。

いずれの道路連絡会も沿道環境の改善に寄与すべく，公害患者と道路管理者が協議を行う場となっているが，各連絡会によって取組状況が異なる。取組内容が異なる要因としてまず挙げられるのは，連絡会の構成メン

バーの違いである。初期の段階で和解が行われた西淀川，尼崎，川崎においては道路連絡会のメンバーとして環境省が含まれていないが，名古屋南部，東京では環境省はメンバーとして含まれている。また，東京道路連絡会では，被告側に東京都が入っており，国道，高速道路だけでなく，都道を含めた対策について検討することが可能となっている。

　次に，原告団を支援する専門家の存在が挙げられる。西淀川は，交通計画等の専門家による「西淀川道路対策検討会」が組織され，道路提言を作成している。また，大気汚染訴訟の和解金の一部を用いて設立されたあおぞら財団が道路連絡会を支援する立場で参加している。尼崎では，弁護団の他に学識経験者が参加している。また，川崎では交通の専門家ではないものの，原告団・弁護団が中心となって「かわさきまちつくり隊」を組織し，政策立案を行っている。東京では，警視庁の大型貨物車の都心部乗り入れ規制への見解に納得できなかった原告団は，研究者にデータの分析を依頼している。専門家や学識経験者は，住民側を代弁（アドボケート）し，専門知識に基づいた提案を作成している。川崎は，西淀川の提案を参考にしながら，住民をエンパワーメントして提案づくりをしている。

　また，尼崎のあっせんによる影響も大きい。尼崎の公害等調整委員会によるあっせん以降，尼崎をはじめとした全地域の道路連絡会は原則として公開で実施されることとなった。これにより，被告である道路管理者は責任を曖昧にすることができなくなった。さらに，尼崎では，あっせん以降道路連絡会が頻繁に実施され，環境ロードプライシング，環境レーン等の施策が大きく進んだ。和解合意により設置された連絡会は，道路管理者に和解条項の履行や環境改善施策の実施を強制するものではないことから，道路管理者は道路連絡会で出てきた議題を通常の道路政策として実施するインセンティブが低い。あっせんという制度を通じることで，道路管理者の道路連絡会への取組姿勢を大きく変えることができた。こうした尼崎の道路政策の進展は，名古屋南部道路連絡会をはじめ他地域の動きに影響を与えた。

　対象とする道路の範囲が大きく異なることも，道路政策の実現に影響を

与えている。西淀川では，西淀川区内の国道，高速道路しか対象となっていないため，交通量の総量規制等の対策について協議するのが困難である。一方で，東京では多くの道路が対象となっており，協議に多大な労力が必要とされる。

　原告団の高齢化による連絡会の参加者の減少も課題となっている。尼崎や名古屋南部で意見交換が終結したのは，道路政策に一定の効果があったという理由以上に，原告団が高齢化し，多くの原告が亡くなっているという理由が大きい。川崎では裁判の原告団だけでなく，沿道住民を巻き込み，原告側の参加者を増やしている。道路連絡会の取組みを持続，拡大していくためには，多くの協力者を巻き込む必要がある。

　日本の道路政策においては，市民・住民参加の取組みは1990年代まで重視されてこなかった。そうした中，道路連絡会は，公害患者が大気汚染訴訟を通して，勝ち取った貴重な機会である。道路連絡会の協議事項を道路政策として位置づける制度は存在していないが，いくつかの先進的な政策も道路連絡会の協議を通して実現されるようになった。その実現には，原告側の粘り強い交渉や原告団を支援する弁護団や専門家の存在が欠かせなかった。

参考文献・資料

大森豊緑「微小粒子状物質（PM2.5）による大気汚染への環境省の取組み」医学のあゆみ Vol. 247, No. 8（2013年）695-700頁。

小田いづみ「尼崎公害事件における公害等調整委員会によるあっせんの意義」岡山大学大学院文化科学研究科紀要21巻1号（2006年）63-77頁。

環境省「微小粒子状物質（PM2.5）に関する情報」（2003年）http://www.env.go.jp/air/osen/pm/info.html（最終アクセス日：2015年9月14日）。

国土交通省近畿地方整備局道路部『『尼崎道路公害訴訟・和解条項履行に係る意見交換

終結合意書』の締結について」道路行政セミナー 2013 年 12 月号，No. 063（2013 年）．
国土交通省道路局「市民参画型道づくり～道路行政パブリック・インボルブメント（PI）の取り組み」http://www.mlit.go.jp/road/pi/（最終アクセス日：2015 年 1 月 16 日）．
国土交通省道路局「構想段階における市民参画型道路計画プロセスのガイドライン」（2005 年）http://www.mlit.go.jp/road/pi/2guide/guide.pdf（最終アクセス日：2015 年 1 月 16 日）．
国土交通省中部地方整備局道路部「『名古屋南部大気汚染公害訴訟・和解条項履行に係る意見交換終結合意書』の締結について」道路行政セミナー 2015 年 6 月号，No. 081（2015 年）．
篠原義仁『よみがえれ青い空─川崎公害裁判からまちづくりへ』（花伝社・2007 年）．
清水万由子「環境ストック概念を用いた公害地域再生の理論的検討：持続可能な地域発展に向けて」環境社会学研究 14 巻（2008 年）185-201 頁．
泊尚志・藤井拓朗・矢嶋宏光・屋井鉄雄「ガイドラインの運用に伴う PI の形骸化と運用時の留意事項の構造化」土木学会論文集 D66 巻 2 号（2010 年）217-231 頁．
西井和夫・佐々木邦明「計画づくり段階における PI 手法導入の意義と課題」土木計画学研究発表会・講演集 33 巻（2006 年）．
西村弘『脱車社会の交通政策─移動の自由から交通の自由へ』（ミネルヴァ書房・2007 年）．
松田和香・石田東生「我が国の社会資本整備政策・計画におけるパブリック・インボルブメントの現状と課題」都市計画論文集 37 巻（2002 年）325-330 頁．
宮本憲一『戦後日本公害史論』（岩波書店・2014 年）．
ワトキンスレポート 45 周年記念委員会『ワトキンス調査団名古屋・神戸高速道路調査報告書』（勁草書房・2001 年）．
屋井鉄雄「手続き妥当性概念を用いた市民参画型計画プロセスの理論的枠組み」土木学会論文集 D62 巻 4 号（2006 年）621-637 頁．
除本理史・林美帆『西淀川公害の 40 年─維持可能な環境都市をめざして─』（ミネルヴァ書房・2013 年）．
全国公害弁護団連絡会議『公害弁連第 27 回総会議案書』（1998 年）．
全国公害弁護団連絡会議『公害弁連第 28 回総会議案書』（1999 年）．
全国公害弁護団連絡会議『公害弁連第 29 回総会議案書』（2000 年）．
全国公害弁護団連絡会議『公害弁連第 30 回総会議案書』（2001 年）．
全国公害弁護団連絡会議『公害弁連第 31 回総会議案書』（2002 年）．
全国公害弁護団連絡会議『公害弁連第 32 回総会議案書』（2003 年）．
全国公害弁護団連絡会議『公害弁連第 33 回総会議案書』（2004 年）．
全国公害弁護団連絡会議『公害弁連第 34 回総会議案書』（2005 年）．

全国公害弁護団連絡会議『公害弁連第 35 回総会議案書』(2006 年)。
全国公害弁護団連絡会議『公害弁連第 36 回総会議案書』(2007 年)。
全国公害弁護団連絡会議『公害弁連第 37 回総会議案書』(2008 年)。
全国公害弁護団連絡会議『公害弁連第 38 回総会議案書』(2009 年)。
全国公害弁護団連絡会議『公害弁連第 39 回総会議案書』(2010 年)。
全国公害弁護団連絡会議『公害弁連第 40 回総会議案書』(2011 年)。
全国公害弁護団連絡会議『公害弁連第 41 回総会議案書』(2012 年)。
全国公害弁護団連絡会議『公害弁連第 42 回総会議案書』(2013 年)。
全国公害弁護団連絡会議『公害弁連第 43 回総会議案書』(2014 年)。
全国公害弁護団連絡会議『公害弁連第 43 回総会議案書』(2015 年)。

第5章
総合交通計画と市民参加

谷内 久美子

1. はじめに

　わが国の都市交通は，排気ガス，騒音等の公害，通勤時等の混雑，歩行者や自転車の安全性低下等のさまざまな課題を抱えている。とくに，地方都市では，著しく発展したモータリゼーションと人口減少等の社会問題が相まって，公共交通のサービス低下や路線廃止といった課題も深刻化している。これらの問題は，今後，人口減少や少子高齢化がさらに進み，都市への機能の集約化が起こっていくと予想されるわが国では，ますます深刻になると予想される。

　こうしたさまざまな交通問題を解決し持続可能な交通を実現するためには，個別の交通手段に着目した対処療法的な対策では抜本的な解決は困難である。本来的に，交通は，自動車，公共交通，自転車，徒歩等の多様な交通手段から構成されており，それぞれの交通手段は相互の影響が大きい。そのため，都市のめざすべき姿に向かっていくためには，それぞれの交通手段を包括的に捉えた総合交通計画が必要不可欠である。しかしながら，わが国においては，地方自治体の総合交通計画に関する法的な策定制度がないため，策定していない自治体も多い。また，策定されている内容に関しても，自治体によって，策定内容のレベルに差がある。

　また，計画とは将来を選択する行為であり，将来イメージの提案，目標

達成ルートの設定が求められるが[1]，交通計画の策定プロセスも自治体によって差があるというのが現状である。従来の日本では，行政は公共性の高い事業を執行する主体として位置づけられてきた。「公共」とは，行政だけでなく広く万人に開かれていることを意味している。小泉は，ハーバーマス，アーレント等の提示した公共概念を整理して，公共性とは，「個々の多様な発意の連携と集合によって形成されるものである（集合性・共約性）。そして，その連携の様態は，社会的状況の変化にともない，さらに対象とする領域・課題の変化に伴い，また各種の発意自体に影響を受け，動的に変化するものと捉えられるべきである（変動性・不確実性）。したがって，公共性は画一的・絶対的ではあり得ない。ある集合体にとっての公共性と他の集合体にとっての公共性は，異なる可能性がある（相対性・多元性）」と述べている[2]。よって，交通計画が，「広く万人に開かれるという意味」での公共性を保つためには，行政だけでなく，交通事業者，NPO，住民等の多様な主体がいかに連携していくのかが重要な課題となっている。

そこで，本章では，自治体特性に応じた総合交通計画を検討するための基礎資料として行った全国の自治体の総合交通計画の策定状況の調査を通して，現状の総合交通計画の達成点について分析する。また，先進的な事例である金沢市，富山市の総合交通計画をもとに，市民参加の先進的な事例についてまとめる。最後に，総合交通計画における今後の市民参加のあり方について考察する。

2．交通計画における市民参加

2-1　日本の交通計画の現状

戦後の日本において，2008年度に廃止された道路特定財源制度にみら

---

1) 早田（2006）。
2) 小泉（2010）。

れるように，道路整備には多額の建設費が投入され，計画的に整備されてきた。そのため，各地方自治体には，道路整備や維持管理を担う部署が必ず存在する。その一方で，交通に関する部署は存在しないことが多い。また，名称に「交通」とつく部署であったとしても，交通安全を対象としているものの交通政策は担っていないことも多い。その結果，公共交通や自転車，歩行者等に対する公共投資の額は少なく，貧弱な環境にある一方で，車中心の都市づくりが行われてきた。

日本の公共交通は「公共」と名がついているものの，営利企業である民間の交通事業者が担っていることが多い。モータリゼーションの進行以前は，市場に任せておけば自ずと住民が必要とする公共交通サービスが提供され，行政の関与は，過当競争の防止や事業者の監督等に限られていた。しかしながら，モータリゼーションの進行や人口減少社会の到来等により，地方においては公共交通の利用者が著しく減少し，その結果，事業者が提供するサービス水準は低下し，それがさらに利用者の減少をもたらすという負の連鎖に陥り，公共交通は民間主体の事業として成立しえない状況になっている。このような状況でありながらも，現行の制度上，行政の役割は事業者の監督等が主であり，地方自治体が主体的かつ総合的に交通計画を作成し，交通ネットワークを構築・維持する役割を担う仕組みになっていない。

このような状況の中，2013年12月に，交通を総合的に扱う法律として，交通政策基本法が施行された。この法律の目的は，「交通に関する施策の基本となる事項を定め，国及び地方公共団体の責務を明らかにすることにより，交通に関する施策を総合的かつ計画的に推進し，国民の安定向上及び国民経済の健全な発展を図る」ことである。国は，2014年度時点で，基本法に基づいて交通政策基本計画を作成している。しかしながら，各市町村の総合的な交通基本計画の策定に関しては，各市町村の裁量に任されている。

以上のような背景から，日本では，地方公共団体における総合的な交通計画そのものが未成熟であるといえる。

2-2 日本における総合交通計画に関する制度

2013年に交通政策基本法が施行されるまで,交通を総合的に扱う法律は存在しなかったが,国交省が各市町村の総合交通計画の作成を支援する制度があり,各市町村ではこれらの制度も利用しつつ任意で総合交通計画を策定している。本項では,市町村の総合交通計画に関係する制度について整理し,その概要を示す。

まず,総合交通計画を作成する制度として,都市・地域総合戦略がある[3]。これは,歩行者,自転車,公共交通等のモード間の連携や公共交通の利用促進等,総合的な交通の実現のため,ハード・ソフト両面からの取組みについて,総合的かつ重点的に実施するものである。また,計画主体は,地方公共団体や公共交通事業者等の関係者で構成される協議会とされている。さらに,施策・事業に対し,国から予算措置や総合的支援を受けるためには,国土交通大臣により認定を受けることが定められており,そのための条件としては,①戦略に基づく施策・事業に関係する多様な実施主体により策定されていること,②戦略の目標が,都市が目指す将来像にふさわしいものであること,③必要となる施策・事業が②の将来像の実現に十分なものであること,④実施プログラム,推進体制が適切であること,の4つの要件を満たすことと定められている。都市・地域総合交通戦略を策定している正確な自治体の数は,策定済みの都市が66都市,策定中の自治体が15都市の計81都市であった(2014年7月現在)。

次に,総合交通計画に準じるものとして,地域公共交通総合連携計画があった[4]。この計画は,地域公共交通の各モードを包括する「地域公共交通の活性化及び再生に関する法律」に基づく交通計画である。市町村が公共交通関係の各主体で構成する協議会を経て作成するもので,地域公共交通の活性化・再生を総合的かつ一体的に推進するための計画であった。計画に必要な内容は,①基本方針,②計画の区域,③計画の目標,④目標達

---

3) 国土交通省(2010)。
4) 国土交通省(2007)。

成のための事業と実施主体，⑤計画期間の5つである。この計画は，公共交通に主眼をおきながらも，関係主体間，モード・路線間，各地域間の連携を視野に入れており，対象市町村の全域・全モードを対象としていた。2014年に施行された地域公共交通活性化・再生法の改正を受け，新たに法定計画として地域公共交通網形成計画が新設された。この計画は連携計画の中で十分に扱われてこなかったまちづくりとの連携や地域全体を見渡した面的な公共交通ネットワークの再構築に対応するためのものであるとされている。

これら2つの計画は対象や目的が異なるが，国土交通省によると，同じ地域レベルの交通計画制度として2つの計画をうまく連携させて，交通まちづくりを推進することが求められている。都市・地域総合交通戦略では，地方公共団体やNPOが主体の交通結節点改善や歩行者・自転車環境の改善事業等，地域公共交通総合連携計画では，法に定める実施主体が行う鉄道，バス・乗合タクシーの活性化事業等を中心に展開し，うまく組み合わせることが望ましいということである。

しかしながら，これら2つの計画はどちらも自治体が任意で策定を行うものであることから，いずれの計画も未策定の自治体から両者の計画を作成済みの自治体まで幅があるのが現状である。また，各計画で，策定プロセスや市民参加の方法が異なっている。

2-3　英国の地方交通計画制度（LTP）

イギリスでは，2000年より開始されている政策領域を統合した総合的な地方交通計画制度（LTP：Local Transport Plan）を実施している[5]。この制度は，日本の都道府県にあたるカウンティレベルの地方交通当局を対象に策定が義務付けられている。LTPの大きな特徴の1つとして，達成度指標や数値目標を中央政府が定め，地方交通当局に報告させることを

---

5) 加藤他（2000），土屋・岩倉（2001），中野（2008），辻本（2009）をもとに記述している。

求めている点が挙げられる。しかもこれらの指標は，道路や公共交通のサービス水準，環境に配慮した交通手段等さまざまな分野に幅広く設定されており，積極的な総合的交通まちづくり推進の仕組みが整っている。また，もう1つの特徴としては，LTPを策定するにあたって多様な主体の参加が義務付けられていることが挙げられる。とくに，市民に関しては，早期段階からの参加も求められ，そのような主体のかかわり方もLTPの評価指標の1つとして扱われている。多くの各地方当局でのべ1,000人以上がLTP策定にかかわるような市民参加活動を行い，また少人数で議論を行うような参加手法を複数回取り入れているとの報告もあるように，イギリスのLTP制度において市民参加活動が精力的に行われている。

2-4　フランスの地方交通計画制度（PDU）

フランスでは1982年に国内交通基本法（Loi d'orientation des transports intérieurs，以下LOTI）が制定された。この法律の中で，世界で初めて「交通権」について明文化されている。LOTIでは交通政策の策定と実施に関して地方分権の推進を打ち出した[6]。2010年，LOTIや他の交通関連法を統合して，交通法典が制定された。

交通法典では，都市内の交通に関してはモード別ではなくすべての交通機関を一括した計画・運営を求めている。そのため，人口10万人以上の自治体は，都市圏交通計画（Plan de Deplacements Urbains，以下PDU）を策定することが義務付けされている。PDUは都市圏内のすべての交通を包含する施設整備や運営の方針を含めた10年間の計画である。PDUは各都市固有の問題を解決することを念頭において策定されるが，交通法典の中で「自動車交通の削減」や「公共交通・自転車・歩行者交通の整備」などが共通の目的として規定されている。

PDUにかかわる意思決定における市民参加は，計画策定の全段階で行われる事前協議（Concertation Préarable），計画段階の最後，議会承認の

6）板谷（2009）。

直前に行われる公的審査（Enquête Publique）が法定化されている（第9章参照）。事前協議では，逐次事業側の計画等の情報を住民に開示すると同時に，住民の意見を聴取するものである。都市計画法典で規定された手続だが，方法は明記されておらず，各事業者の裁量にゆだねられている。一方，公的審査は，プロジェクト計画の議会での議決に先立って，当該プロジェクトの妥当性を検討するプロセスである。プロジェクトと直接利害関係のない調査委員会が，公共の場でプロジェクトの説明を住民に対して行い意見聴取を行い，報告書を作成するものである。フランスの交通計画における市民参加の状況については，事前協議，公的審査を経て市民の意向を政策に反映させているとの報告もみられ，市民参加が形式的なものではなく実行力のあるものとして機能している様子がうかがえる。

3. 日本の総合交通計画の現状

本節では，全国の人口30万人以上の地方自治体の総合交通計画の策定状況調査を通して，現状の総合交通計画の達成点について分析する。

3-1 調査の概要

全国の都市の総合交通計画策定状況について把握するため，自治体に対してアンケート調査を行った[7]。調査の対象は，全国に数多くある自治体の中でも，特に総合交通計画の必要の優先度が高いと考えられる，人口30万人以上の71市を対象に行った。調査の概要を表5-1に示す。さらに，総合交通計画を策定している自治体に対しては，各自治体のホームページに公開されている計画書をもとに実施施策の内容を把握した。

3-2 総合交通計画の策定状況

総合交通計画の策定状況をみると，回答した65市中33市（50.8％）が

---

7) 谷内他（2012）。

表5-1　アンケート調査の概要

調査項目	・総合交通計画策定の有無 ・総合交通計画策定にかかわる市民参加手続 ・総合交通計画策定における交通以外の分野のかかわり方
調査日程	2011年12月12日～2012年1月17日
配布方法	郵送配布，郵送あるいは電子メールで回収
配布数	71市（人口30万人以上の自治体）
回収数	65市（回収率　91.5%）

表5-2　総合交通計画を策定していない理由

	回答数	構成率
個々の実施計画があり必要ない	8	36.4%
業務の手が回らない	7	31.8%
専門の部署がない	2	9.1%
計画策定のための予算が十分でない	6	27.3%
施策を行うための予算が十分でない	2	9.1%
その他	2	9.1%

（回答自治体数　22市。複数回答あり）

策定済み，9市（13.8%）が策定中，23市（35.4%）が未策定と，約半数の自治体が何らかの総合交通計画を策定していた（表5-1）。総合交通計画を策定していない理由は，回答した22市中「個別計画があり必要ない」が8市（未策定の自治体のうち36.4%），「業務の手が回らない」が7市（31.8%），「計画策定のための予算が十分でない」が6市（27.3%）である（表5-2）。個々の自治体において総合交通計画の必要性が認知されていないこと，交通計画を策定するための財政的な支援が不十分であることが総合交通計画の未策定につながっている様子がうかがえる。

3-3　計画策定における市民参加の状況

次に，総合交通計画における市民参加の状況をみる。総合交通計画を策定する際の市民参加の実施時期を表5-3に示す。

表 5-3 総合交通計画に関する市民参加の実施時期

ここで意見収集とは，アンケートやパブリックコメント，ワークショップ等行政が市民から意見を集める機会を指している。

	意見収集	情報提供
計画の構想検討前	9(22.0%)	6(14.6%)
計画内容の構想をする段階	32(78.0%)	27(65.9%)
施策を検討する段階	24(58.5%)	27(65.9%)
総合交通計画を策定した後の段階	6(14.6%)	23(56.1%)

（回答自治体数　41市。複数回答あり）

　アンケートやパブリックコメント，ワークショップ等行政が総合交通計画に関して市民から意見を集める機会としては，41市中構想検討段階が32市（78.0%），施策検討段階が24市（58.5%）と多く，具体的な計画内容を構想し検討していく段階で，市民の意見を取り入れる機会を設けている自治体が多かった。しかしながら，構想検討前に関しては，市民参加手続で9市（22.0%），計画内容で6市（14.6%）しか提供されておらず，総合交通計画の全体方針の構想を考える段階では，市民は計画にかかわることができていない自治体が多い。

　また，計画内容の市民への情報提供に関しては，構想検討段階で27市（65.9%），施策検討段階で27市（65.9%），計画策定後段階で23市（56.1%）であり，多くの自治体で実施されているといえるが，すべての自治体で適宜行われているのではなかった。情報提供に利用された媒体としては，自治体のホームページが最も多く36市（87.8%）で，次いで広報誌の24市（58.5%）と自前の媒体が主であり，これらは多くの人の目に留まる媒体とは言いがたい。

　計画を策定している自治体について，実際に行われた市民参加手続とその効果について調査した（図5-1）。回答した32市において最も多く実施されたものは協議会で25市（78.1%），次にパブリックコメント募集で24市（75.0%）の自治体が実施しており，多くの自治体で取られた参加方法であるが，パブリックコメント募集で「効果あり」と回答した自治体

第 2 部　市民参加型交通政策の展開

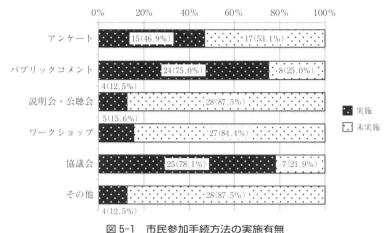

図 5-1　市民参加手続方法の実施有無

回答自治体 32 市．無回答 1 市．

は，実施した自治体 24 市のうちの 14 市（58.3％）となっており，他の手続手法と比べると低かった．また，説明会・公聴会やワークショップの実施は，それぞれ 4 市（12.5％），5 市（15.6％）と少ないものの，どちらも実施した自治体の回答の 100％が「効果あり」と回答している．これらの手続はあまり実施されていないもの，実施している自治体の担当者は「効果が高い」と認識している．

　総合交通計画において市民参加を促す意義は 3 つある．第一は，交通のユーザーである市民の意見を総合交通計画に反映させることである．第二は，市民の交通対策への理解を促進することである．市民が個別の交通対策ではなく総合交通計画に参加することは，自分が利用する交通手段だけではなく多様な交通手段とのバランスについて理解したり，複数の施策をパッケージとして実施する効果について理解することができるようになる．第三は，市民の行動の変化を促す可能性があることである．市民は，総合交通計画について理解することにより，目前の利便性だけで交通手段を選択するのではなく，都市の将来像につながるような行動を起こすきっかけになる可能性がある．

以上のことから，構想検討，施策検討，計画策定後の各段階において，市民参加を促していくことは必要なことであるが，日本の総合交通計画のプロセスにおいて，市民参加は必須事柄となっていないという現状がみてとれる。市民参加の手法に関しては，比較的費用負担が小さくてすむ広報誌やホームページを用いた情報提供やパブリックコメントの募集が数多くなされているが，担当者自身が効果的であると認識しているワークショップは実施している自治体が少ないなど，総合交通計画にかかわる費用や人員が十分ではない様子がうかがえる。

3-4　総合交通計画の内容

　この項では，総合交通計画の施策の内容についてまとめる。

　フランスでは，「自動車交通の削減」や「公共交通・自転車・歩行者交通の整備」等が共通の目的として掲げられているが，日本の総合交通計画では，各自治体が目的を設定し，施策を検討している。そこで，都市の特性ごとに施策内容を分析した。

(1)　自治体の分類

　まず，自治体の地域特性を単純化するために，人口30万人以上の地方自治体71市に関して，地域特性に関する指標をもとに主成分分析およびクラスタ分析を用いてa, b, c, dの4つに分類した[8]（表5-4）。a グループは，「市街化特性」，「衛星都市性」が低く，「産業先進性」が観光業やサー

---

8) 自治体の分類方法は下記のとおりである。総合交通計画と関連が深いと思われる4分野（都市集積度，人口関連，産業構造，道路関連）から計12指標を選び，主成分分析を行った。データは総務省統計局が2011年6月に刊行している「統計でみる市区町村のすがた2011」である。固有値が1.0以上の第3主成分までをみてみると，第1主成分では，全体の42.3%が説明され，第3主成分までの合計では，全体の80.1%の説明力を持つ。第1主成分は面積規模が小さく人口が集中し道路交通も激しいことから「市街化特性」を表す指標，第2主成分は近辺に中核都市があり住宅地の多い「衛星都市性」を表す指標，第3主成分は工業よりサービス業が盛んである「産業先進性」を表す指標と解釈した。次に，主成分分析の結果に基づき，クラスタ分析のウォード法により本研究の対象自治体71市を4つに分類した。

第2部　市民参加型交通政策の展開

表 5-4　自治体の分類結果

	a	b	c	d
分類名	地方都市	工業都市	衛星都市	大都市
自治体	札幌市，仙台市，金沢市等	浜松市，豊田市，倉敷市等	八王子市，豊中市，西宮市等	横浜市，名古屋市，大阪市
自治体数	31	14	23	3

ビス業の第3次産業に偏っていることから，『地方都市』と名付けた。bグループは，「市街化特性」が低く「衛星都市性」が高いが，「産業先進性」は第2次産業の工業の割合が高いため，地方の衛星都市の役割も兼ね備えた『工業都市』と名付けた。cグループは，「市街化特性」，「衛星都市性」が非常に高く，「産業先進性」はやや第3次産業の割合が高いことから，典型的な大都市周辺の『衛星都市』と名付けた。dグループは，「市街化特性」が高く，「衛星都市性」がきわめて低いことから，日本を代表する『大都市』と名付けた。

(2) 自治体の分類と計画策定の有無

自治体の特性と計画策定の有無との関連をみたところ，地方都市，工業都市，大都市の計画策定済みもしくは策定中の割合は，それぞれ78.6%，75.0%，66.7%と比較的高いのに対して，衛星都市は40.9%と他のグループに比べ低いという結果が得られた（表5-5）。生活圏がその都市内で完結しているような地方都市や工業都市，また周囲の都市から人を集める力のある大都市では，自治体単位で交通政策の問題に取組みやすく必要性も認識しやすいが，大都市圏の衛星都市では，その自治体のみで交通政策に

表 5-5　自治体の分類と計画策定の有無

	a 地方都市		b 工業都市		c 衛星都市		d 大都市	
計画あり	22	78.6%	9	75.0%	9	40.9%	2	66.7%
計画なし	6	21.4%	3	25.0%	13	59.1%	1	33.3%

取り組んでも周囲の都市との影響がとても大きいため，自治体単位の計画必要性の認識が高くないのではないかと推察される。しかしながら，大都市であっても大阪市では総合交通計画は策定されていない。

(3) 自治体の特性と交通モード別施策分類

交通モード別施策分類（鉄道，バス，自動車，自転車，歩行，乗継連携，共存）ごとの施策の充実性と自治体の特性の関連をみると，「バス」，「自転車」，「交通手段の共存」について自治体特性によって差がみられた（表5-6）。

バスに関する施策については，地方都市が平均で3.8施策，次いで工業都市が3.0施策，衛星都市が2.8施策と多いのに対して，大都市は1.0施策と少ない。これは，鉄道網が発達している大都市や衛星都市に比べ，地方都市や工業都市では鉄道網を補うため，公共交通であるバスの利便性向上に向けた取組みが多くなっていることが考えられる。

自転車に関する施策については，大都市が平均で4.5施策と最も高く，次いで地方都市が3.5施策，衛星都市が3.3施策となっているのに対して，工業都市が1.9施策と少ない。

交通モードの共存に関する施策については，地方都市が平均で2.1施策，大都市が2.5施策と実施施策数が多く，工業都市では0.7施策，衛星

表5-6 自治体分類と交通モード別の施策実施数

施策の分類		a 地方都市	b 工業都市	c 衛星都市	D 大都市	F検定の 結果
交通モード	鉄道	0.8	0.9	1.0	0.5	n.s.
	バス	3.8	3.0	2.8	1.0	＊
	自動車	2.8	2.0	3.0	3.5	n.s.
	自転車	3.5	1.9	3.3	4.5	＊
	歩行	1.6	1.4	2.5	2.5	n.s.
	乗継連繋	4.8	4.1	4.0	3.0	n.s.
	共存	2.1	0.7	1.5	2.5	△

（F検定の結果　＊：p＜0.05，△：p＜0.1，n.s.：非有意）

都市では1.5施策と少ない。交通モードの共存に関する施策の内容は，トランジットモールのような都心部での公共交通と歩行者，またPTPSのような道路構成における自動車とバスといった，同空間においてさまざまな交通モードが関連し共存し合うような交通施策であるため，各交通モードのみにかかわる施策に比べると，より市街化が発展し空間の効率化が重要視される自治体において必要とされるものである。したがって，共存に関する施策は，地方都市や大都市といった，市街地や商業地が多く周囲の都市から人を引き付ける力を持つ自治体において，多く展開されている。

4. 総合交通計画の先進事例

前節では全国における総合交通計画の策定状況をみたが，本節では，総合交通計画の具体的な内容をみていく。そこで，先進事例として，富山市と金沢市の事例についてまとめる[9]。

4-1 富山市の総合交通計画[10]
(1) 富山市の概況

富山市は，北陸地方の富山県の中央部から南東部にかけて位置する市である。富山県の県庁所在地であり，国から中核市の指定を受けている。2005（平成17）年4月1日，旧富山市，上新川郡大沢野町，大山町，婦負郡八尾町，婦中町，山田村，細入村の7市町村による新設合併によって現在の富山市が発足した。合併により，富山県の面積の3分の1を占めているが，広い総面積に対し，可住地面積比率は38.2％で，市域の約6割が林野地である。

---

9) 本稿をまとめるにあたり，2013年6月21日に富山市交通政策課，金沢市交通政策課にヒアリング調査を行った。業務ご多忙な中対応していただいた関係者に改めて謝意を表する。
10) 富山市総合交通戦略は富山市のホームページにて公開されている。

富山市は，近年，LRTの導入等の先進的な交通政策等を施策の柱としたコンパクトシティの推進により，全国の注目を集めている。LRTに関しては，日本全国各地にLRT計画の検討はすすめられているものの，熊本や広島で新型車両が導入されるに留まり，本格的なLRTが導入されたのは富山市が初めてである。

(2) 富山市総合交通戦略の概要

現状の富山市はコンパクトシティと呼べる状況にはない。市街地は，人口集中地区の人口密度が40.3人/ha（2015年度現在）と県庁所在地では全国で最も低密度な市街地となっている。また，乗用車保有は1世帯当たり1.73台と全国第2位，自動車の交通手段分担率が72.2%であるなど自動車への依存度も高く，公共交通の利用者は減少傾向にある。このように，富山市の現状は，自動車交通と公共交通のバランスが損なわれている状態にある。

こうした中，富山市では，2007年度に，公共交通を軸としたコンパクトなまちづくりを推進していくために富山市総合交通戦略を作成した。この総合交通戦略では，「鉄軌道をはじめとする公共交通を活性化させ，その沿線に居住，業務，文化等の都市の諸機能を集積させることにより，公共交通を軸とした拠点集中型のコンパクトなまちづくり」の実現を目指している。

富山市がめざすコンパクトなまちづくりは，通常の都心部を中心とした同心円上の一極集中型の都市構造ではなく，徒歩圏（お団子）と公共交通（串）から成るクラスタ型の都市構造を目指すものである。

(3) 富山市の交通政策における市民参加

富山市の交通政策は森雅志市長の強力なリーダーシップによるトップダウン型を指摘されることが多いが，公共交通の担い手として地域住民が主体となった「地域自主運行バス」を推進している。

富山市の地域自主運行バスは，地域が主体となり地域に必要なバスの運行を行う際に，行政が試行運行や初期投資，運行経費に一定の支援を行う方式である。通常，地域住民は公共交通のサービスの受益者であり，バス

の運営に関与することはほとんどなかった。しかしながら，路線バスの廃止，高齢化に伴う交通手段がない高齢者の増加等により，住民が自分が住んでいる地域の存続のためには公共交通が必要不可欠であるとの危機意識を強く持つようになった。そこから，住民自身が計画主体，運営主体になるという事例である。地域自主運行バスは，アーンスタインの参加の梯子（①世論操作，②対処療法，③情報提供，④相談，⑤懐柔，⑥パートナーシップ，⑦部分的権限委譲，⑧市民によるコントロール）[11]の⑧市民によるコントロールにまで達していると考えることができる。

　富山市では，この地域自主運行バスを市の施策として位置づけ，地域の役割，行政の役割を明確にしている。地域は，運行主体となる組織の形成，運行ルート，サービスの検討，交通事業者への事業委託，各世帯や企業からの協力金の徴収，利用促進活動，よりよい運行に向けての継続的な検討といった計画主体，運営主体が担うべき役割を果たさなければならない。一方，行政は，試行運行を通じ，運行ルート，サービス検討をサポート，車両やバス停等初期投資に対する支援，日常生活に最低限必要な運行サービス（2往復/1日）の確保に対する助成（対象運行経費の100％），運行の赤字に対する助成（運行経費の20分の9を限度）といった，バスの運営に直接にはかかわらず，地域住民を支援する役割を担うことになっている。一般的に，住民組織は初期費用の捻出，赤字の補填等の経済的な能力が不足しており，そのため住民組織はバスの導入に踏み出せず，また，導入したとしても継続運行するのが困難になることが予想される。しかしながら，市が赤字の全額を補填することになると，住民組織の自主性は損なわれ，地域住民のバスの積極利用のインセンティブが損なわれることになる。

　この地域自主運行バスは，「呉羽いきいきバス」等で実現している。呉羽いきいきバスの実施主体は，㈲まちづくり公社呉羽であり，平成17年より2ルートを運行している。まちづくり公社呉羽は，導入後もイベント

---

11) Arnstein, S.（1969）.

等を通じたバスの利用促進策，少人数の車両を用いたミニバスの試験運行を行うなどのさまざまな施策を行っている。

この呉羽いきいきバスの継続的な運行と総合交通戦略での重要施策としての位置づけを踏まえ，他地域での地域自主運行バスも始まっている。このバスの運営主体は，地域住民が構成メンバーであるNPO法人水橋ふれあいコミュニティバスである。9ヶ月間の試験運行を経て，平成23年1月から本格運行を実施している。

4-2　金沢市の総合交通計画[12]
(1)　金沢市の概況

金沢市は，石川県のほぼ中央に位置する石川県の県庁所在地である。人口は45万人であり，国から中核市の指定を受けている。金沢市は，第二次世界大戦中，空襲を受けなかったことから，城下町特有の入り組んだ道路構造が残っている。そのため，都心部の渋滞の慢性化，住宅地へのバスの運行が困難といった状況にある。

金沢市は1998年度に導入されたコミュニティバス「ふらっとバス」，郊外のショッピングセンターと連携したパークアンドライド等，先進的な交通施策で有名ではあるが，公共交通の利用者の減少に歯止めはかかっておらず，自動車の交通手段分担率は7割と高い。

(2)　新金沢交通戦略

金沢市の総合交通計画である「新金沢交通戦略」は，2006年度に作成された。

新金沢交通戦略では，歩行者と公共交通を優先とするまちづくりを目指し，市を4つのゾーンに区分し，各ゾーンで基本方針や具体的な施策を掲げている。4つのゾーンは，まちなかゾーン，内・中環状ゾーン，外環状ゾーンと，金沢市内の環状道路に基づいて，中心部から環状に4つのゾーンに区分している。まちなかゾーンでは歩行者・公共交通優先，内・中環

---

12) 新金沢交通戦略は金沢市のホームページにて公開されている。

状ゾーンでは公共交通の利便性の向上，外環状ゾーンは公共交通とマイカーの共存，郊外ゾーンは住民参加を得ながら適正規模の移動手段の維持・確保をそれぞれ目的としている。

(3) 金沢市の交通政策における住民参加

新金沢交通戦略には，行政，交通事業者，市民の各主体の問題点について述べられている。行政は，全国的にみても先進的といわれる各種交通政策を実施してきたが，真に市民のニーズの反映，公共交通の利便性の向上を最終的に民間の交通事業者任せにしていたことを問題点として挙げている。交通事業者は，利用者ニーズを的確に把握し，それに見合ったサービスの提供への努力が怠っていたのではないかと指摘している。利用者である市民は，公共交通の利便性を要求する一方で，公共交通利用の努力を怠り，過度なマイカーに依存した生活をすごしていたのではないかと指摘している。

そうした問題意識に基づき，新金沢交通戦略では，施策として出前講座，公共交通利用促進市民会議，エコ通勤運動の推進等の市民への意識啓発の充実，公共交通の維持が困難な郊外ゾーンでの住民組織による自主運行バスの推進，交通事業者と地域住民との間での協定といった施策が計画されている。

ここでは，金沢独自の施策である交通事業者と地域住民との間での協定として先進的な事例である「バストリガー協定」について述べる。このバストリガー協定は，交通事業者と地域住民等との間で，事前に設定した採算ラインを満たさなければ元に戻すことを約する協定を締結することを条件に，交通事業者は値下げや路線の新設・延長・増便等の利便性向上策を実施するものである。金沢市は，交通事業者と地域住民等との間の協定締結を仲介する役割を担う。

金沢バストリガー方式の第1号として，2006年2月15日に北陸鉄道と金沢大学の間で「金沢大学地区金沢バストリガー協定」を締結し，2006年4月1日から旭町・鈴見町・鈴見台2丁目から金沢大学角間キャンパスまでの間の路線バス100円運行の実証実験を開始した。大学側は学生にバ

スの利用を促すPR等を行い，利用状況は順調に推移し，2007年度以降も協定を継続している。このバストリガー協定を制度的に支える枠組みとして2007年に「金沢市における公共交通の利用の促進に関する条例」を制定している。

このバストリガー協定は，行政，交通事業者，利用者の役割を明確にしている。事業者は利用者のニーズをくみとり，利便性の高いサービスを提供する。利用者である大学は「便利な公共交通は利用者である市民・住民自らが支える」という意識をもって公共交通の利用を促進している。行政は公共交通の利便性向上を民間の交通事業者任せにするのではなく，利用状況やサービス内容を継続的に確認し，協定の更新を行うなどの利用者と事業者間を継続的に仲介している。この三者の明確な役割分担は，利便性の高い公共交通の持続に大きく寄与しているといえる。

5．おわりに

本章では，全国の自治体の総合交通計画の策定状況の調査を通して，現状の総合交通計画の達成点について分析した。また，先進的な事例である金沢市，富山市の総合交通計画をもとに，市民参加の先進的な事例をまとめた。

全国の人口30万人以上の地方自治体の総合交通計画の策定状況を把握し，特性分析を行った結果，総合交通計画を策定している自治体は半数程度で，特に「衛星都市」の特徴を有する都市において策定の割合が低いことがわかった。また，総合交通計画における市民参加手続では，対話型の手続が少なく，自治体の特性による差異はなかった。充実している交通施策については，自治体の特性によって異なっていた。また，策定内容については，大都市や地方都市ではまちの賑わい創出等の都心地域にかかわる施策，衛星都市では移動環境の改善にかかわる内容について，重点を置いて総合交通計画を策定していることが明らかとなった。さらに，工業都市においては，他の都市群に比べて施策の充実度が低いという結果も明らか

となり，各自治体の特性による総合交通計画の策定内容の傾向の違いがみられた。

次に，先進的な総合交通計画の事例である富山市と金沢市に着目した。富山市ではコンパクトシティを将来像に据えた交通政策を行っており，LRT等のトップダウン型の交通政策が実施されているその一方で，住民組織が運行する「地域自主運行バス」を推進している。この地域自主運行バスにおいて，行政は住民組織の主体性をもった運行を支援する役割に徹している。初期費用の導入，赤字の補填等の経済的な支援を行いながらも，住民組織の主体性を損なわないために，赤字の補填には上限を設けるなど支援内容を限っている。金沢市においては，行政，交通事業者，利用者の役割分担を明確にする「バストリガー協定」を実施しており，各主体が担うべき役割を意識しながら利便性の高い公共交通の持続を目指している。

以上をふまえて，総合交通計画における市民参加をより充実させていくための課題について考察する。

まず，日本における総合交通の課題は，未策定の自治体が多いことである。このことは総合交通計画の重要性に対する行政および市民の認識の低さである。国土交通省は総合交通計画にあたる「都市・地域総合交通戦略及び特定の交通課題に対応した都市交通計画」を推進してはいるが，その策定は任意となっている。

次に，総合交通計画の策定段階における市民参加が各自治体によって大きく異なる点である。交通の利用者である市民のニーズを細やかに聞き取り，また，市民にも交通システムを維持する担い手の一主体としての意識をさせるためには，総合交通計画の策定が欠かせない。現状では，アンケートやパブリックコメントといった意見を一方的に聴取するという手段は多くの自治体で実施されているが，説明会・公聴会，ワークショップといった市民と対話を行う市民参加手法はあまり実施されていない。市民参加手続を充実させていくためには，地方自治体の担当者の育成，実施すべき市民参加手続手法を制度として位置づけることが必要ではないかと考えられる。

補充注文カード

貴 店 名

年　月　日

| 注文数 | 冊 |

9784872595383

緑の交通政策と市民参加
新たな交通価値の実現に向けて

大阪大学出版会

大久保規子　編著

ISBN978-4-87259-538-3
C3065 ¥5200E

定価（本体5,200円+税）

売上カード

大阪大学出版会

緑の交通政策と市民参加
新たな交通価値の実現に向けて

大久保規子 編著

ISBN978-4-87259-538-3
C3065 ¥5200E

定価（本体5,200円+税）

最後に,総合交通計画を効果的に実現していくためには,行政,交通事業者,市民の役割を明確にし,Plan-Do-Check-Action の各局面において各主体がコミュニケーションしていくことが重要である。富山市の地域自主運行バスや金沢市のバストリガー協定などの先進的な施策では,各主体の役割を明確にすることにより,利便性の高い公共交通を継続することができている。特に,市民は交通の受益者であるとの意識は高いが,交通を支える役割があるという意識はまだまだ薄く,そういった意識を高めるための仕組みづくりが重要である。

参考文献

Arnstein, S. A Ladder of Citizen Participation, Journal of the American Planning Association, 35: 4, 216-224 (1969).

板谷和也「フランスにおける都市交通政策の枠組みと近年の状況」運輸と経済 69 巻 5 号 (2009 年) 71-79 頁。

加藤浩徳・堀健一・中野宏幸「英国における地方レベルの新たな交通計画システム —Local Transport Plan の導入と実態—」運輸政策研究 Vol.3 No.2 (2000 年) 21-30 頁。

金沢市「金沢の交通政策」http://www4.city.kanazawa.lg.jp/11031/（最終アクセス日：2015 年 1 月 16 日）。

小泉秀樹「都市計画の構造転換は進んだか？コミュニケイティブ・プランニング・マネジメントの視点から市民参加の到達点を検証する」都市計画 Vol.59, No.4 (2010 年) 5-10 頁。

国土交通省「都市・地域総合交通戦略及び特定の交通課題に対応した都市交通計画検討のための実態調査・分析の手引き」(2010 年) http://www.mlit.go.jp/crd/tosiko/pttebiki.html（最終アクセス日：2015 年 1 月 16 日）。

国土交通省「地域公共交通活性化・再生総合事業」(2007 年) http://www.mlit.go.jp/sogoseisak/transport/sosei_transport_tk_000004.html（最終アクセス日：2015 年 1 月 16 日）。

第 2 部　市民参加型交通政策の展開

早田宰「計画主体論の再構築をめざして」高見沢実編著『都市計画の理論―系譜と課題』（学芸出版社・2006 年）196-219 頁。
総務省 統計局「統計でみる市区町村のすがた 2011」http://www.stat.go.jp/data/ssds/5b.htm（最終アクセス日：2012 年 1 月 11 日）。
谷内久美子・新田保次・守屋智貴「都市における総合交通計画の策定状況に関する特性分析」第 32 回交通工学研究発表会論文集（2012 年）507-512 頁。
辻本勝久『地方都市圏の交通とまちづくり 持続可能な社会をめざして』（学芸出版社・2009 年）。
土屋統子・岩倉成志「英国の地方交通計画における PI の実施方法と効果」運輸政策研究 Vol.4 No.3（2001 年）11-19 頁。
富山市「交通政策課からのご案内」http://www.city.toyama.toyama.jp/toshiseibibu/kotsuseisakuka/tosi_kotuseisakuka.html（最終アクセス日：2015 年 1 月 16 日）。
中野宏幸『地域交通戦略のフロンティア ― 英国のダイナミズムに学ぶ』（運輸政策研究機構・2008 年）。
中村文彦・牧村和彦・及川潤「フランス・ナンシー都市圏の PDU（都市圏交通戦略）」交通工学 42 巻 1 号（2007 年）63-66 頁。
樋口恵一・藤井敬宏「わが国における総合交通計画策定の現状分析」土木計画学研究・講演集 Vol.39（2009 年）382-385 頁。

第6章
バリアフリーと市民参加

松村 暢彦

1. まちづくりの二つの方向性

　市民参加もしくは住民参加のまちづくりといっても目新しさがなくなるほど，行政主体のまちづくりから市民を含む多様な主体の協働によるまちづくりに，ここ数十年の間に大きくガバナンスが変化してきた。今となっては，市民の参加，協働なくして，行政計画の多くが策定されることはない。これは，アドボカシー・プランニングの提唱者ポール・ダビドフの言葉にあるように，「住民参加は社会的公正さを実現することである」という信念が共有されていることにあるのだろう。住民が計画づくり，政策づくりに参加することによって，住民ニーズをくみ取った，社会的弱者に配慮した，地域にふさわしい社会環境づくりにつながるとともに，その参加プロセスを通じて，まちに対する関心を高め，コミュニティを育成することにつながることが期待されている。

　そもそも，まちづくりの方向性としては，
　・まちをかえる
　・私たちとまちのかかわりをかえる

の二つがある。「まちをかえる」とはハード的にまちを作っていく，土地区画整理事業や再開発事業などこれまでの都市計画事業や道路や建築物などの施設のバリアフリーがあげられる。もう一つの「私たちとまちのかか

わりをかえる」とは，市民一人ひとりが自分とまちとの関係性を再構築していくことによるまちづくりである。現在，地域の有志やＮＰＯが行っているまちづくり活動の多くはこれに相当する。たとえばさまざまなまちで実施されている花いっぱい運動は，日ごろ気にもかけなかったまちの中の小さな空間，たとえば街路樹の根元や最近では行かなくなってしまった公園に，自分たちで花を植えて育てることによって，自分たちの暮らしとまちの間に新しい関係性を構築する取組みである。こうした取組みを通じて自分の暮らしを少し変えることで，自分を含めた他者，地域に関心が生まれたり，身近な空間や地域に愛着が芽生えたり，意識が変わっていく。

　ここでは，まちづくりのなかでも，交通，特にバリアフリーについて取り上げ，まちをかえていく，私たちとまちのかかわりをかえていくという二つの方向性のまちづくりについての住民参加について考察することにする。ここでバリアフリーを取り上げたのは，交通に関係する事業の中で，いち早く，当事者参加，住民参加による計画づくりを取り入れたことによる。

2．バリアフリーにおける市民参加

2-1　日本におけるバリアフリーのこれまでの流れ

　日本におけるバリアフリー運動の一つの流れは，1970年代初頭の福祉のまちづくり運動にさかのぼることができる。高度成長期にあった日本は，障がい者をまちから締め出してしまうような都市改造事業が進む中で，車いす使用者が中心となって異議申立てを行っていた。そして，1973年に厚生省は「身体障害者モデル都市事業」を全国6都市に指定し，国による本格的な福祉のまちづくり政策が始まった。一方，市町村レベルでも1974年に町田市で，民間施設や住宅，公共施設のバリアフリー化を行政指導する「福祉環境整備要綱」が制定された。その後，70年代，80年代を通じて，全国の市町村で同様の要綱が制定されていった。1990年代に入ると，より法的に拡充する福祉のまちづくり条例が制定されはじめた。

しかしながら，条例は都道府県，市町村が独自に制定することができるため，整備基準がまちまちであるという問題点は残されたままであった。そこで，1994（平成6）年に，主に高齢者や身体障がい者などが使う建築物のバリアフリー化を進めるため，「高齢者，身体障害者等が円滑に利用できる特定建築物の建築の促進に関する法律（ハートビル法）」が制定された。

　1995年の阪神・淡路大震災では，多くの高齢者や障がい者が学校など公共施設への避難を余儀なくされたが，適用外であった既存学校施設のバリアフリーの不備が問題となって，努力義務法であったものが2002年の改正時には義務化され，委任条例が制定できるようになった。また，阪神・淡路大震災では多くの駅施設にも大きな被害が出た。阪急電鉄伊丹駅（兵庫県）が全壊した写真は関係者に衝撃を与えた。それだけに復興のシンボルとして阪急伊丹駅を位置づけることは大いに意味があった。復興にあたっての新たな駅づくりに際しては，交通エコロジー・モビリティ財団の「アメニティターミナル整備事業」の適用を受け，徹底的なバリアフリー，ユニバーサルデザインを取り入れたモデルとなった。このときの秀逸な点は，当事者参加を取り入れて，出てきた意見をできるだけ整備に反映させる仕組みにある。この成果として，高さの異なる切符の自動券売機，FAXや授乳室などのサービスコーナー，音声付展示案内板，バス，タクシー乗り場の屋根と駅ビルが連続して整備されることによって車いすの人も雨に濡れずに乗り換えができるなど数多くの工夫が実現されている。できあがって15年以上が経つ今でも，世界有数のバリアフリーに配慮した鉄道駅になっている。こうした経験をふまえて，2000年（平成12年）には，駅・鉄道車両・バスなどの公共交通機関と駅などの旅客施設周辺の歩行空間のバリアフリー化を進めるため，「高齢者，身体障害者等の公共交通機関を利用した移動の円滑化の促進に関する法律（交通バリアフリー法）」が制定された。その結果，バリアフリー法に基づく基本構想も交通バリアフリー法が制定された平成13年以降増え続け，平成26年3月現在，280市町村，426基本構想にのぼっている（図6-1）。

第2部　市民参加型交通政策の展開

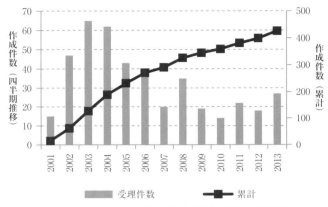

図6-1　バリアフリー法に基づく基本構想の受理件数

　こうした基本構想の多くは，阪急伊丹駅で行われた当事者参加を基本としており，多様な関係者からなる協議会で議論することはもちろんのこと，高齢者や障がい者などと一緒にバリアフリーの現状を知るために現地調査を行うところが多い（図6-2，6-3）。現地調査の結果をもとにして，バリアフリー化を図る場所やその整備時期を協議にのせることから，住民参加の計画や整備に対する意義が伝わりやすい。こうしたプロセスをへて基本構想が策定されてきたことから，建築物や公共交通機関，公共施設などにおいて，段差の解消や「視覚障害者誘導用ブロック」の設置など，バリアフリー化の整備が大いに進展することになった。しかし，施設ごとにバラバラにバリアフリー化が進められて，連続的なバリアフリー化が図られていない，ソフト面での対応が不十分などの課題があった。そこで，「高齢者，障害者等の移動等の円滑化の促進に関する法律（バリアフリー新法）」が制定されることにより，これまで対象となっていた建築物，公共交通機関，道路に加えて，路外駐車場，都市公園にもバリアフリー化基準への適合が求められるなど，バリアフリー化が促進されていくことが期待されている。また，駅を中心とした地区や，高齢者，障がい者などが利用する施設が集中する地区において，面的なバリアフリー化が進められるの

図 6-2　多様な人たちによるバリアフリーの現地調査

図 6-3　民間商業施設でのバリアフリーの現地調査

も特徴の一つである。そのためには，住民等の関係者の参画が必要であり，特に高齢者，障がい者の当事者の参画が不可欠と法に基づく基本方針で示されている。住民参加の枠組みが国の法に明記されたのは画期的といえる。

2-2 バリアフリーの取組みの先進的な事例
——高槻市での取組み

　大阪府高槻市は交通バリアフリー法に基づく基本構想策定後においても，バリアフリー化を着実に行ってきたことが評価されて，平成23年度国土交通省近畿運輸局バリアフリー推進功労者表彰を受賞している。さらにバリアフリー新法にもとづいて基本構想を見直して，さらに新しい試みを展開している。この節では高槻市のバリアフリーの取組みについて紹介したい。

　高槻市は，人口約36万人，大阪市と京都市の中間に位置する中核市で，大阪への通勤を前提としたベットタウンとして発達してきた。公共交通分担率は比較的高く，とくに高槻駅周辺地区の来訪者に実施したパーソントリップ調査においては，47.5％が鉄道・バスを利用しており，自動車利用は5.6％と少ない。高齢化率は，2010年現在で23％であるが，今後高齢者数が一気に増加するため，2020年前後には30％を超えると予想されている。

　高槻市は，平成15年5月に「高槻市交通バリアフリー基本構想」を策定し，「人にやさしいまち，人がやさしいまち」を基本理念として掲げた。その後，基本構想の目標年次を迎えたこと，また，バリアフリー新法が施行されたことを受け，同法に対応した「高槻市バリアフリー基本構想」を平成23年9月に策定した。平成32年度を目標年次としており，以下のようなバリアフリー新法をふまえた特徴がある。

対象エリアの拡充

　重点整備地区に旅客施設が含まれないが，福祉施設が集中している地域（郡家周辺地区）を新たに設定した。郡家周辺地区には，2km圏内に老人福祉センター，公民館，障がい者作業所，療育園などの高齢者，障がい者等の施設や福祉施設が集中しているとともに，古墳公園や博物館が設置されていて文化の拠点として位置づけられていた。そこで最寄りのバス停から各施設，点在する各施設間の移動経路の円滑を整備する必要があり，重点整備地区に含めて住民参加で現地調査を行った上で，整備計画を立案した。

第6章 バリアフリーと市民参加

対象施設の拡充

対象施設に，旅客施設と車両，道路だけでなく，建築物を含めた。多くの建築物特定事業では，都道府県や市町村，警察等の公共主体が建築物管理者となっている建築物だけを対象としている。しかし，高槻市では，学校，病院や官公署，福祉施設だけではなく，民間の商業施設，百貨店，大型商業施設を含めた建築物を建築物特定事業に含めて，整備内容，目標整備時期を示している。担当者の熱意と尽力の賜であるが，住民が日常生活を送る上で民間事業者による建築物を利用する機会が圧倒的に多いのは言うまでもない。今後，他都市でも民間事業者の建築物を含めたバリアフリー法にもとづく建築物整備が進むことを期待したい。筆者自身の一つの体験を紹介すると，ある市で高齢者や障がい者の方々と民間商業施設も含めてバリアフリーの現地調査を行った際に，ある商業施設に対して誘導用ブロックがとれていることと，案内コーナーに筆談用メモがないことについて指摘があった。そのことを事務局を通して事業者に連絡すると，その次の週には新しい誘導ブロックに貼りかえられていて，案内コーナーには筆談具と筆談によるコミュニケーションを承る旨の案内が設置されていた。その商業施設の意志決定の迅速さと的確さに感謝するとともに驚嘆したのを思い出す。おそらく公共施設であったならば，こうもはやく実現されることはなかったと思われる。管理主体をとわず，利用者目線にたったバリアフリーの対象施設の選定をすすめることの重要性と可能性を実感した。

策定の際の住民参加

基本構想策定時の協議会制度を法定化するとともに市民からの基本構想の作成提案制度を設けている。交通バリアフリー法の頃から多くの基本構想で策定協議会を継続協議会として存続させ，バリアフリーの取組みが一過性のものとならないよう，PDCAサイクルを機能させてきた。こうした点は他の交通分野と比べて浸透しているといえよう。これはバリアフリー基本構想のバリアフリーの整備方針の中に整備主体と整備内容，目標整備時期が示されていることによる。こうすることによって，その計画を実施した結果が当初設定した目標と比べて満足のいくものであったのか，

第2部 市民参加型交通政策の展開

表6-1 高槻市の心のバリアフリーの取組み

	施策・取組みメニュー	対象	内容	担当
研修の充実	市職員への研修の充実	市職員	市職員として必要な能力や知識を計画的に習得させるため，バリアフリーや人権啓発に関する研修体系を維持するとともに，時代の要請に応じた研修の充実に努める	職員研修所
	教職員への研修の充実	教職員	教職員研修を企画・実施し，教職員が障害の特性について理解を深め，適切な支援が行えるよう，教職員の専門性向上を図る	教育センター
広報，啓発，支援等の実施	広報，啓発冊子による人権意識の高揚	市民全体	人権意識の高揚を図るため，人権啓発パネルの貸出や人権・文化啓発コーナーにおいて，ビデオ・DVDの貸出や人権週間にあわせて実施する街頭啓発を実施する	人権課
	地域福祉懇談会開催の支援	地域住民	障がい者団体が開催する地域福祉懇談会を通じて，障がい者の置かれている状況について地域住民の理解を深めるよう支援する	保健福祉政策課
	バリアフリー情報の提供	市民全体	重点整備地区における生活関連経路等や，公共公益施設である建築物のバリアフリー状況をホームページ・バリアフリーマップとして作成し，情報提供する	計画課 建築指導課
	市のホームページでの情報提供	市民全体	高槻市バリアフリー基本構想の策定経過・方針や各種事業実施状況を情報提供する	計画課
	総合的な学習等特色ある教育活動事業	教職員	総合的な学習の時間，道徳，特別活動等における福祉・環境・障がい者理解等，さまざまな人権教育の課題に児童生徒が主体的に取組み，人権意識を高めることを推進するため，老人施設や障がい者施設等の訪問や障害を持つ方からの聞き取り，体験等を教材を使っての学習を行う	教育指導課
講座等の開催	認知症サポーター養成講座	地域住民	認知症高齢者に理解のある市民サポーターの養成や，講師役であるキャラバン・メイトの養成を行い，市民の理解を深めることにより，認知症高齢者およびその家族が，安心して住み続けることができる地域づくりを推進する	高齢福祉課
	バリアフリー講師派遣制度の構築	学校，事業者等	出前講座において，学校へのバリアフリー教育を推進するため，高齢者，障がい者等を含む市民を講師として登録し，バリアフリー教育やバリアフリー研修の実施を要望する学校，事業者等へ派遣する仕組みを構築する	計画課

第6章 バリアフリーと市民参加

	施策・取組みメニュー	対象	内容	担当
キャンペーン・イベント・交流会等の実施	講演会や講座開設による学習機会の充実	市民全体	学習機会の充実を図るため市内人権市民団体と協働して人権啓発イベント事業の開催や，講演会・交流会等を実施する	人権課
	スポーツ・レクリエーション活動への支援	市民全体	実行委員会の一員として市民ふれあい運動会を実施し，障がい者の健康増進と，スポーツを通じての障がい者と健常者の交流や，障害に対する意識の啓発を行う	障害福祉課
	福祉展	市民全体	実行委員会の一員として福祉展を開催し，作品展示，授産製品の展示販売，作業所の案内等，障害に対する啓発活動やまちかど安全体験ウォークラリーを実施し，より住みやすい，優しいまちづくりを推進する	障害福祉課 計画課
	商店街等の道路不正使用等の防止キャンペーン	事業者等	国土交通省が実施する「道路ふれあい月間」に併せて，関係機関や団体と共同でビラ配布および現地指導を行い，道路上の商品や看板等のはみ出しを防止し，誰もが安心して歩ける道づくりのための啓発活動を行う	管理課
	駅前放置自転車クリーンキャンペーン	自転車利用者	高槻市の中心駅である，阪急高槻市駅およびJR高槻駅において，街頭で啓発用ポケットティッシュを配布し，放置自転車の啓発を行う	交通安全課
	勉強会・シンポジウムの開催	市職員，市民全体	バリアフリーに関する理解を深めるため，色弱者へ配慮したカラーユニバーサルデザインの導入や聴覚障がい者対応設備，夜間の移動を支援し環境へも配慮したLEDの活用等，新たなバリアフリー技術の開発者や導入事例等について知見を深め，今後のバリアフリー施策への導入可能性を検討する勉強会やシンポジウムを開催	計画課
	公民館での講座・講演会の推進	市民全体	障害の有無にかかわらず，共に参加できる講座や教室を開催するとともに交流できる場を提供する	城内公民館
その他	案内情報サインの設置・見直し	市民全体	重点整備地区内の案内情報サインの新たな設置および見直しを実施する	計画課

不満足なものだったのかをチェックでき，その結果をそれぞれの主体で共有したうえで，状態を改善するためには誰が何をしなければならないのかを明確にすることが可能になる。

心のバリアフリーの促進

バリアフリー施策の持続的・段階的な発展をめざすスパイラルアップの考え方を導入し，一人ひとりの心のバリアフリーの促進に取り組んでいる。旧基本構想のときから，バリアフリーに関するシンポジウムを定期的に開催し，意識啓発や学習機会を作ってきた。さらに，バリアフリーを人権や地域福祉を含めてより広く捉え，まずは情報の共有が必要との認識から，心のバリアフリーという枠組みで市役所内の各部署が実施しているメニューを洗い出し，一覧表にまとめた（表6-1）。事務局の計画課だけではなく，福祉，人権，教育，交通安全等，多くの担当部署が心のバリアフリーに関する事業を行っていることがわかる。そのなかでもバリアフリー総合学習を毎年市内の小学生を対象に，高槻市障害児者団体連絡協議会をはじめ，国土交通省近畿運輸局並びに大阪運輸支局，平安女学院大学子ども学部の学生等の協力のもとに実施している。内容は，市の職員によるバリアフリーとは何かなど知識の習得を目指す出張講座，高齢者の疑似体験学習，障がい当事者の日常における体験談を聞いて，障がい者の気持ちの理解をすすめる懇談会から構成されている。

このように高槻市では，旧法の頃から住民参加，当事者参加によってバリアフリー基本構想を策定し，その後も着実に特定事業を推進することでバリアフリーを進めてきた。さらにバリアフリー新法の制定を受けて，対象エリアの拡大，民間商業施設も含めた建築物を対象に含めるなど，積極的にバリアフリー施設の整備を進める計画になっている。そういった意味では，住民参加によって基本理念の前半部分，「人にやさしいまち」により強力にまちをかえていくことに成功しているといえる。後半部分，「人がやさしいまち」についても，多くの基本構想にあるように，単に理念に留めるのではなく，心のバリアフリーを進めるにあたっての具体的な取組みの情報共有を行うとともに市内小学校を対象にバリアフリー総合学習を

多様な主体の連携によって進めているなど，特筆すべき点は多い。私たちとまちの関係を変えていくという方向性についても一定の成果をあげつつあるといってもよい。

3. 住民参加と学習

3-1 住民参加と公民的資質

　バリアフリー基本構想の策定のように，参加型で計画を立案するということは，専門家，行政だけで作成した計画よりもよいものができるという信念に基づいている。大学やコンサルタントが有する専門知，行政や民間企業の実践知だけではなく，住民や地域NPOなどの地域知を加えることによって，より現実に即した合理的な計画案ができあがる。それとともに，バリアフリー基本構想策定協議会のように，当事者が参加し，その場で発言することによって，障がい者といっても多様であることが相互に認識でき，各種技術水準をコンサルタントから説明を受けることで新たな知識を得ることができる学習の場として機能している。

　参加型のまちづくりにおいて「学習なくして参加なし」の言葉にあるように，自分で主体的に自己を育てる自己学習と，自分と同じようなレベルの他の人と話し合いながらともに学習する相互学習が必要であるといわれている[1]。住民にまちづくり活動を担って欲しいという期待から，住民に対して専門的な知識を学習する機会を設けることもある。都市計画マスタープランをはじめ住民参加型の行政計画の策定において公募委員を募集して策定委員会を組織するというだけではなく，事前にまちづくり塾などを実施し，市民，住民に対して専門的な知識の学習機会を設ける事例も出始めている（たとえば大阪府茨木市の都市計画マスタープランなど）。こうした学習機会は住民が専門知識をえると同時に，公共的な視点でまちをとらえる必要性をあらためて学ぶ機会ともとらえることができる。

---

1) 渡辺（1999）10-11頁。

住民，行政，専門家のそれぞれの知を出し合う前提として，公民的観点から計画案を作成し，実施するという立場を共有している必要がある。バリアフリーでいえば，自分が高齢者でなくとも，障がい者でなくとも，地域の他の住民のことを考えて意志決定できる広域的な視点を有していなければ，住民間の話し合いは私益と私益とのぶつかり合いになり，専門家と行政が広域的な公益を前提として立てた計画よりも，むしろ社会的公正が実現できない案になることは容易に想像できる（この場合においても専門家，行政，交通事業者が公益性を意志決定基準として持っていることが前提となっていることはいうまでもない）。そうならないためには，住民に対して公民的資質を学び直す機会を設けることが必要であり，教育分野においてもシティズンシップ教育が国内外で最近注目されている[2]。

3-2　シティズンシップ教育とは

　シティズンシップとは，多義的な概念で，「シティズンシップ」とカタカナ表記されることが多い。あえて訳語を当てはめるとすれば，「国籍」，「市民権」，「市民性」の３つの意味を持つとされている。第一の国籍という意味では，経済のグローバル化が進んできた結果，地域に多くの外国人が住み，多様な文化が生活で目の当たりにするという現実を前に，国民を育成する面が注目さている。第二の意味の市民権としては，18世紀の自由権に代表される市民的権利から19世紀の参政権など政治的権利，20世紀の福祉国家における社会的権利と拡張，発展してきた市民という地位・資格に結びついた諸権利が該当する。そして第三の市民性としては，個人が共同体に参加し，そこにアイデンティティを見いだすかかわり方を指し，共同体に対する義務を遂行し，自らの意志でより積極的にかかわっていく個人を念頭に置いている。こうしたシティズンシップを育むための教育が生まれ，注目されるにいたった背景はおおよそ次のようなものである。

　1980年代に欧米諸国で福祉国家的な政策の批判が高まり，イギリスで

---

[2] 松村（2010）。

はサッチャー政権，アメリカではレーガン政権のもと，市場の自由化を進め小さな政府を目指す新自由主義がとられた。教育については，新保守主義的な伝統や共同体を重視する教育改革を行っていった。この教育改革は，共同体，コミュニティを再評価し，個人の権利よりも個人が帰属する共同体への義務や責任を重視するものであった。この教育改革の方針は，日本では中曽根政権での教育改革でも強調されていたところである。

1990年代に入ると，「自分がよければよい」「自分が好きな人とだけつきあっていけばよい」という個人主義の悪しき側面が社会に蔓延していくとともに，個人の共同体に対する愛着が低下していき，地域社会における公共性が崩壊していく様が見られるようになった。そうした状況は程度の差こそはあれ，先進国に共通した特徴であった。イギリスではブレア政権が誕生し，新自由主義，社会民主主義を超克する道，第三の道を標榜するに至って，コミュニティの再生によってアクティブな市民社会を作り，シティズンシップの尊重や公共空間に参加する権利を保障することを骨子とする社会的包摂としての平等を提起した。こうしたシティズンシップは，福祉国家が追求した市民の地位に結びついた諸権利や平等と，新保守主義における共同体の再評価の視点が結びつくことによって，国家から権利を保障され，法を遵守するだけではなく，共同体への義務をまっとうし，責任ある行動を自ら進んでとる能動的なシティズンシップが期待されるところとなっていった。

イギリス政府は，シティズンシップ教育をすすめるにあたって，70年代からシティズンシップ教育に関して議論を行ってきた政治学者のバーナード・クリックを委員長として，能動的シティズンシップをいかに育成するかを論じた「クリック・レポート」を1998年にまとめた[3]。この報告書を踏まえてナショナル・カリキュラム（イギリス版学習指導要領）が大幅に改訂されたこともあり，イギリスの教育に対して大きな影響を与えたことで知られる。クリック・レポートによるとシティズンシップ教育

---

[3] The Advisory Group on Citizenship (1998).

は,「社会的道徳的責任」「コミュニティへの関与」「政治的リテラシー」の三つの要素から構成されており,子どもたちが能動的な市民に育つために必要な権利と義務の意識や責任感を高めることを目的としている。

イギリスのシティズンシップ教育の特徴としては,広い視野にたって社会に対する関心を高め,多面的・多角的に考察する能力,批判的思考力を育成することにある。別の言い方をすれば,日本の学習指導要領にも記載されている公民的資質の形成に他ならない。とくに多面的・多角的に考える力,さまざまな立場に立って複数の解釈,視点を持てるようにしたうえで,自分で判断し,問題を解決する能力を養っていくことが重要な点である。さらにはそのような自分の判断にもとづいて具体的に地域社会に働きかけるという姿勢が強調されている。地域への働きかけは大げさなものではなく,自分の家の前を掃除したり,鉢植えの花の向きを自分の家ではなく道路から見えるようにむき直したりといった自分で今から始めることができることも含まれている。

リアルな生活の場であり,共感を生み出すことができる「地域」とのかかわりを重視するシティズンシップ教育はまちづくりとの親和性が高いと考えられる。こうしたシティズンシップ教育は日本の教育分野においても大きな期待を持って議論されている。特に社会科の分野では社会科の目標である公民的資質の涵養と相まって理論,実践の両面で精力的に研究が進められているところである[4]。

3-3 住民参加と共感

「まちをかえる」取組みの原動力は権力と資金である一方で,シティズンシップ教育のように「私たちとまちのかかわりをかえる」は会釈や視線など非言語的な部分も含めた言葉によって生み出される共感が原動力である。他の人から強制されて行う活動ではなく,自ら進んで行う,自発性にもとづいた活動であるがゆえに,いかに共感でつながることができるかが

---

4) 唐木(2010)。

重要になる。もちろん，「私たちとまちのかかわりを変える」アプローチにおいても活動を継続していくためには資金の確保が必要であるが，市民活動を担う組織が階層的であろうと，水平的であろうと，担い手の間でまちへの好奇心や活動の使命感についての共感がなければ続けていくことはできない。『国富論』で有名なアダム・スミスも『道徳感情論』において，自分にとって得になるかどうかの道具的合理性だけで人間は判断するのではなく，他者への共感をもとにした，よき判断を行う重要性を述べている。共感によって育まれた人と人とのネットワークの「見えうる手」は，よき社会を形成していくときの重要な要素になる。

　共感にもとづく関係で結びついた市民同士が一緒に活動することによって，信頼関係が構築される。信頼とは漢字のごとく「信じて頼る」ことによって生まれる。いったん信頼関係ができあがれば，相手に任せておけばするべきことはやってくれるし，いちいち説明する必要もなく，活動が効率化する。また，信頼関係は個人間だけではなく地域にも共有される資源であるため，まちづくりの特定の分野だけではなく，医療，保健，教育，防犯などさまざまな場面で効果を発揮する。どうやったら信頼を生み出すことができるか，醸成条件の一つは時間である。つまり長くつきあってきた人，つきあうであろう人との間に生まれやすい。ある意味当たり前ではあるが，地縁の重要性をあらためて確認することができる。もうひとつは，相補性，自分ができることと相手ができることが相補関係で一つの活動ができあがっていると，信頼が構築されやすい。そういう意味では，自分とは異なる職についている人や技術を持っている人とまちづくり活動に共感できれば，相補関係になりやすく，信頼関係が生まれる。しかし，信頼とは信頼の構築を目指した時点で信頼を得ることが難しく（「信頼して欲しい」という人を信頼しようと思うかどうかを考えれば明らかであろう），また信頼は非対称性を持っており，信頼を得るには多くの時間や努力が必要とされるものの一瞬で信頼は失われる。そのはかない側面があるがゆえに，信頼関係が構築されている状況から生み出されるものは，まちづくり活動主体だけでなくまちにも大きな効果を生み出す。

4. おわりに

　今後より一層，住民参加による交通政策の取組みが増加していくことと予想される。このような動きを社会に活かしていくための一つのアプローチは，計画づくりに参加する住民，参加できなくても間接的に関与する住民の力をどうやって育成していくかがあげられる。本章では，バリアフリーのような市民参加の仕組みを法で位置づけていくこととあわせてシティズンシップ教育による公民（市民）の育成の両輪ですすめていくことの必要性をとりあげた。当然のことながら，専門家としても一般的な専門知だけを提供する役割に甘んじてはいけないであろう。その場所，地域にあった専門知を引き出していくことが求められるし，実際にどう実現していくことができるのかのアプローチをアドバイスすることも求められる。そうした意味では，専門家であっても専門知だけではなく，住民の声を聞きながら地域知を蓄積し，行政の実践知も身に付けていくことが求められる。そうした態度は行政，交通事業者にも求められる所である。そうした暁には，交通政策においても「住民参加は社会的公正さを実現することである」と自信を持って言いきれる活動を続けることができると信じている。

参考文献・資料

The Advisory Group on Citizenship, *Education for Citizenship and the Teaching of Democracy in Schools*, Qualification and Curriculum Authority, 1998.
唐木清志「小学校社会科におけるモビリティ・マネジメント教育の可能性」土木計画学研究・講演集 41（2010 年）。
松村暢彦「シティズンシップ教育とまちづくり」都市計画 59 巻 1 号（2010 年）39-42 頁。
渡辺俊一編著『市民参加のまちづくり―マスタープランづくりの現場から』（学芸出版社・1999 年）。

第7章
公共交通と市民参加
——コミュニティバスなど

猪井 博登

1. 問題意識

　緑の交通政策を実現するためには，トップダウン型による政策決定だけなく，住民または国民がその政策決定過程，実施過程に参加するボトムアップのアプローチが必要不可欠である。しかし，住民の参加を求めることが難しい現実もある。本章では，地域交通における住民参加，その合意にむけた取組みについて紹介し，緑の交通政策を実現するための住民参加の推進方法について知見を示す。

2. 公共交通における市民参加

2-1　住民運営型地域交通を求める声の増大

　公共交通は，地域生活の維持に重要な役割を果たしているものの，利用者からの運賃収入だけでは維持することができず，運賃以外の方法で負担を実現することが必要である。この負担を税金で負担する事例がコミュニティバスであり，東京都武蔵野市におけるムーバスの成功以降，多くの市町村で運行された。しかし，そのなかの少なくない事例では，負担が大きく廃止されたり，廃止の議論がなされたりしている。これらの事例では，何が適材適所かという議論がなされず，過剰な地域交通が提供されている

と考えられる。このような行政の失敗を防ぐためには，地域住民自身が費用を負担していることを認知することが重要となる。そのため，地域交通の整備においては，単に公共交通の整備を求めるだけではなく，地域自らが整備に参加することが必要となる。原科は「市民参加を行うことの基本的な理由は『社会の意思決定システムの機能不全（現行の官僚制度や議会制度の不全）』があるためであり，民意と乖離しない形で公共の意思決定を行う必要があるからである」[1] と述べている。現状のコミュニティバスや地域交通の計画においては，地域住民の求める形と異なり，不必要なものができあがってしまっている。このような現状であるため，地域住民の参加が必要となる。

　地域交通の維持には費用がかかる。たとえば，バスを1日8時間運行するためには，バス会社に運行委託すると年間1千万円以上の費用がかかる。この高い負担を持続するため，この分野には広い住民参加が求められる。地域交通は，住民生活を支える重要な一部であるものの，それを地域で支援する方法について住民それぞれ多様な意見をもっており，意見が対立した結果，住民の中にわだかまりを生じさせる。わだかまりが生じてしまうと，それを取り除くことは難しい。そのため，住民参加は慎重に行う必要があり，「過程」を計画することが重要となる。しかも，広い範囲の住民参加を求めることは，興味を持つ人が参加するテーマ型の取組みを選択できるまちづくりや地域興しと異なる。このような住民参加を進める上でのプロセスについて述べる。

　本章では，住民や住民組織が運営や企画などに主体的に参画する地域交通を「住民運営型地域交通」と呼ぶこととする。地域交通が生活維持に有効であることが認識され，それを目的とした地域交通運営が求められる昨今，地域交通をより生活にあった形にするため，地域交通への住民の参加の必要性が求められる。需要を知り，無駄を省き，適材適所の交通システムを構築するために，利用者であり，その交通システムを運行する負担を

---

1) 原科（2005）。

第7章 公共交通と市民参加

最終的に負担を担う住民が計画や運営に参加し，自らの支出/負担により運営されていると認識することを期待して住民運営型地域交通をとらえることとする。本章では，このような住民運営型地域交通を成立させる過程について事例をもとに詳しく述べる。

2-2 地域交通に住民参加で取り組むことの難しさ

図7-1は，大阪府和泉市緑ヶ丘自治会で住民を対象に筆者らが2010年に行ったアンケートで，「買い物に不自由をすることがあるか」と質問したことに対する回答である。なお，このアンケート調査は緑が丘自治会に加入する全世帯を対象とし，525世帯（65.9％）の回答を得たアンケート調査である。「買い物に行くのに大変困っている」という人は，全体の1.5％にすぎなかった。時々困るという人を含めても12.7％にすぎなかった。これは，地域交通が整備されていない段階において，買い物に行けない場合，生活が成り立たず，親族の家に身を寄せたり，社会的入院をしていることが背景にあると考えられる。そのため，このアンケート結果から「買い物難民対策を行う必要性がない」と判断するのは早計であり，対策を行わなかった場合，次第に地域から住人が減っていき，地域の活力が失われ，地域問題を解決できない環境になってしまうことが考えられる。このように地域交通の検討は，住民の主体的な参加が必要となるものの，その問題は，地域交通の整備が行われていない段階では，顕在化しない特性

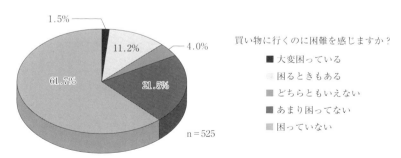

図7-1 買い物困難の比率（大阪府和泉市緑ヶ丘団地で実施のアンケート）

がある。このような状態のもとで、人々の協力を求める必要があるという点もその構築が難しい点である。

2-3　地域交通における住民参加のあり方

　住民運営型地域交通に取り組む範囲は、移動の問題を地域が共通して持つ問題として認識できる範囲、また、共感できる範囲が望ましい。経験的ではあるが、小学校区を単位として、住民運営型地域交通に取り組まれることが多い。しかし、近年小学校の統廃合で、その範囲が広くなっており、統廃合などを行う以前は徒歩で小学校に通っていた頃の範囲が、地域交通に取り組む範囲であると直感的に考えられる。また、地域で合意を行う際には、地域でこれまで持っていた合意の方法や、その合意形成の手法に頼った方が良いことが多く、自治会などこれまで合意形成を行ってきた組織の地理的広がりを考慮し、決定することが望ましい。

　過疎地において、地域交通を住民が運営する際には、住民自らがハンドルを握るケースが多い。このような場合は、近隣に旅客運送事業者がなければ仕方がないものの、後に述べるリスクの大きさを確定させ、参加しやすい環境を作るためにも、旅客運送事業者に委託する方法を検討することが望ましい。そのため、とくに都市部においては、住民運営型地域交通の合意形成では、「地域交通を維持するための金銭的負担を行うかどうか」が対象となる。

　住民運営型地域交通の先進事例として、兵庫県淡路市長沢地区の「長沢ミニバス」[2]や三重県四日市市の「生活バスよっかいち」、徳島県徳島市応神地区の「応神ふれあいバス」などを例としてあげることができる。その多くの事例は、住民に参加を促し、時には自分自身が負担を負いながら、取組みを推進してきたリーダーが存在した。既往の論文や著書などでは住民運営型地域交通の成立にリーダーの必要性を説くものも多い。しかし、住民運営型地域交通が成立した後、立ち上げ時のリーダーも高齢となり、

2）詳細は森栗（2013）参照のこと。

取組みを引き継ぎ，リーダーの役割の引き受け手に苦慮する後継者の問題に直面している．本章で示す住民参加は，リーダーに依存したり，リーダーの主要な活躍で成り立ったりの事例ではなく，グループで取組みを推進することにより問題の解決を試行するものである．住民組織として取り組むために，複数の住民が作業を行い，議論を通じて，合意を形成していく住民参加を目指す．

3．住民運営型地域交通を検討する過程

3-1　複数回の社会実験を組み込んだプロセス

これまでの交通計画では，通勤交通を対象としてきた．一方，地域公共交通において対象とするのは，買い物や通院等に代表される生活交通（自由交通）である．通勤交通においては，通勤者は費用や時間を主に考慮するため，その予測の精度を高く行うことができ，これをもとにした計画を立てやすい．しかし，生活交通においては，利用者は必ずしも費用や時間だけを考慮するのではなく，車内の雰囲気，その個人の歩ける距離，乗り換えのしやすさ，座席に座れるかなど，個人のさまざまな選好に影響を受ける．そのため，どのような需要が生じるのか，どのようなサービスがその地域に望ましいかを理論的に検討することは難しく，少なくとも実践的ではない．実践的には，PDCAサイクルを組み込み，社会実験を行い修正することにより，望ましいサービスを検証することが行われてきている．

社会実験を実施し，PDCAサイクルを実施することで事業を望ましい形を探るという点は本章での地域公共交通計画のあり方と考える．本節ではこれに加えて，住民参加の成立過程に対しても，PDCAサイクルによる見直しを組み込んだ過程を提案する．この社会実験は1回だけの社会実験を行うのではなく，複数回の社会実験を行うこととする．複数の社会実験は，実施を重ねるごとに期間や関係者の範囲を拡大するなど規模を大きくしていく．規模の拡大にともない，関係者が増加し，合意の難易度が上

がる。地域公共交通を維持するという合意は，難易度が高いものの，期間や範囲を限定することにより，合意形成が行いやすくなる。また，地域公共交通の整備によって何が得られるのかを示すことは合意形成において有意に働くと考えられる。さらに，行政の支援についても，これまで住民主体によって行う交通は一部の事例に限られている。そのため，住民がその実現可能性を示すことは行政が支援する制度を作り出すことに対して必要である。そのためにも，社会実験を行うことが重要である。住民参加で地域公共交通を議論する場合，机上の検討においては，どのような組織で望むべきかなどさまざまな可能性を考え，議論が行われる。しかし，このような議論の場合，住民の間の主義や主張にかかわる部分で直接ぶつかり合うことが多くなるため，実際に題材を設定してあり方を検討した方が良いと考えられる。そこで，短期で取り組むことができるようにし，早期に具体的な議論を行えるよう実験の規模は小さく始める方が望ましい。表7-1に示す複数回の社会実験により，地域公共交通を検討する方法について以下に提案する。

　フェーズ1では，実験の実施期間を1週間程度と設定している。この1週間の社会実験であれば，地域交通を運行する組織（住民組織）が費用をすべて負担し，運賃を取らなかったとしても，20〜30万円程度で行うことができる。この金額であれば，住民組織が予備費などで確保している金額で行うことができ，その執行についても，自治会などの役員会などで合意形成を行うことで実施することができる。また，この段階では地域に本当に交通が必要であるか不明なことが多い。無料にして，費用面での抵抗

表7-1　複数回の社会実験により地域交通を検討する方法

地元負担とは地方の何らかの組織や住民などによる負担を意味し，地元住民負担は地元負担より広範な住民を巻き込んだ負担を意味する。

実験時期例	目的	負担範囲	実験期間例
フェーズ1	事業の社会実験	地元負担＋行政（人的支援）	1週間
フェーズ2	事業の社会実験	地元住民負担＋行政（人的支援＋金銭支援）	1ヶ月
フェーズ3	支援制度の社会実験		1年

をとり除いた地域で交通を必要とする人の数を示すことは，最初の実験をする意義が大きい。

フェーズ1の期間の長さについては，地域住民による運行のバスとはいえ，現在の道路運送法の枠組みのもと，路線バスなどと同様であるため，申請などに時間がかかるとともに，初めての地域公共交通の運行に際しては，路線の設計やバス停設置協議に時間がかかるため，1年程度を目安とする。

フェーズ2では，実験期間を1ヶ月とする。この場合，同じく運賃を取らなかった場合，100〜150万円の費用がかかる。この規模の費用となると，自治会などの予備費で行うことが難しくなる。住民から追加の費用徴収を行うなどの取組みが必要となり，そのような負担を行うかどうかについて，合意形成が求められる。この段階では，フェーズ1を行うことにより，交通の必要性，住民組織の事業運営能力を示すことができており，これらの情報はフェーズ2の合意形成に有用に働くと考えられる。また，フェーズ2では，金銭的な負担額が大きいとともに，期間が長くなることにより次節で述べる事業運営のリスクが大きくなっていく。そのため，行政の支援の構築が必要となる。フェーズ1における負担範囲は行政は人的支援となっているように，住民と事業者の間の仲立ちや専門知識の提供である。フェーズ2ではこのような範囲を超え，リスクの負担を行おうとすると，具体的には金銭的な負担が生じることになる。フェーズ2で金銭的支援を行政の負担範囲に入れているのは，フェーズ1で交通事業の必要性，住民組織の実施可能性を示していることが有用に働くと考えられる。また，金銭的負担となると予算の時期とも関係するほか，行政内部での合意形成の時間を要するため，フェーズ2より行政の負担を組み込んでいる。

フェーズ2の期間の長さについては，フェーズ1で地域公共交通の運行ルートやバス停の設置協議になれてきているため，申請は比較的スムーズに進むと考えられるが，1ヶ月間の社会実験を複数回行う可能性もあるため，1〜2年を想定する。

フェーズ3は，フェーズ2の社会実験と類似しているが，より長い期間

の社会実験となる。必要な費用も大きくなる。そのため，住民組織，行政においてより強固な支援体制を構築する必要があり，これを証明するフェーズとなる。

　以上の3つのフェーズの社会実験を行うことにより，住民運営型地域公共交通実施の住民合意，すなわち金銭負担の合意を行うこととする。地域公共交通を社会実験で運行する場合についても，国土交通省への登録は本格運行と変わらない。手続きなどの準備が必要であることに注意が必要である。

3-2　参加を増進させるための支援制度，行政のかかわり

　地域公共交通の運営には，さまざまなリスクがつきまとう。喜多ら[3]が整理した交通を提供する事業実施主体が受けるリスクを表7-2に示す。「事故リスク」「第三者賠償リスク」の存在は容易に予測できるものであり，多くの住民参加の取組みでは，これらのリスクが障害となり，住民参加の取組みが進んでいない。本取組みでは，参加者に負担が生じることにより，適材適所な地域公共交通を選択してもらうことを意図している。そのため，負担が生じることは必要なことであるが，その負担が大きすぎたために，参加が十分に行われないという結果となることは避けるべきである。とくに，生じなければその大きさが確定しないリスクについては，その大きさを過大に評価し，参加をさまたげる傾向があるため，リスクの大きさを確定できるリスクの負担を住民に求める方が参加を促進しやすい。そこで，リスクのうち，とくにその大きさが不定であるリスクについては，行政が受け，住民には，リスクの大きさが確定した負担を求めた。具体的にその大きさが不定であるリスクは事故リスクや第三者賠償リスクを指す。これらを行政が引き受けるという形を明確にするため，行政が事業主体となり，住民組織はその事業を受託するという立場を取ることが有用である。

3）喜多他（2010）。

表7-2 交通を提供する際受けるリスク

段階	主なリスク	リスクの内容
計画	契約遅延リスク	契約手続に要する時間
	資金調達リスク	事業の初期に必要な資金の確保
	計画リスク	乗客の減少・増加
	住民対応リスク	住民の反対運動，要望等への対応
運営	需要変動リスク	需要の変動に伴う収益への影響
	経費変動リスク	運行経費や維持管理費等の変動に伴う収益への影響
	利用促進	利用促進策の実施
	バス停の確保	バス停の設置の許可申請や近隣住民との調整
運行	労務管理リスク	乗務員教育，苦情対応
	人材確保リスク	要員不足に伴う運休等への影響
	定時性リスク	バスの遅延，運行管理
	事故リスク	事故発生に対する乗客への対応，事故防止策の実施
	第三者賠償リスク	第三者への損害賠償
	設備損傷リスク	経費の増加
	住民対応リスク	住民への対応

[出典：喜多ら（2010）]

　地域には，地域公共交通に取り組む際に，「議論するからには，運行を続けなければ，自分たちの取組みが失敗したと他の住民に非難される」と考え，議論する際にも存続を前提とすることが見受けられる。これは拙速な議論を招くことになり，熟議をもとめる本取組みでは避けるべきである。そこで，議論の直接の参加者，また地域住民に「議論すること自体に意義があり，その地域に適材適所の交通が当初検討していた交通の形態ではないのであれば，適していなかったと判断し運行を止めることも重要であり，その判断を行い，議論してきたことは地域の糧になっている。評価されるべきであると啓発を行うことが，本質的な議論を行うことの助けになる」と伝えることが重要である。

第 2 部　市民参加型交通政策の展開

4. ケーススタディ[4]

4-1　ケーススタディ地域の概要

　本節では，兵庫県西宮市生瀬地区をケーススタディ地区として取り上げる。生瀬地区は，宝塚駅の北西 1.5～3 km の武庫川沿岸に広がる住宅街であり，人口は 8,826 人であり，高齢化率は 28.2% である[5]。生瀬地区は，旧来からの街道沿いに広がる旧村部分と 1968 年から 1979 年にかけて開発された新興住宅地区に分けられる。地区は国道 176 号を骨格として線状に市街地が形成され，住宅地が点在している。高低差が非常に厳しく，駅や路線バスの停留所までは非常に起伏の激しい道のりとなっている。路線バスは，国道 176 号線には阪急バスのバス停があるものの，住宅地内には路線バスの乗り入れが行われていない。そのため，住宅地からバス停までは，徒歩で 20 分以上もかかるところもあり，その道のりも非常に勾配のきつい坂道となっている。その結果，国道 176 号線から離れた場所の住民には，路線バスが利用しづらい。

4-2　組織

（1）　生瀬住民の生活の足を考える会（諮問会議）

　生瀬地区連合自治会連絡協議会会長より，生瀬地区における生活交通確保の在り方について，諮問が行われ，「生瀬住民の生活の足を考える会」を結成した。その構成は，2011 年 12 月から 2012 年 3 月までは 12 名の委員により，2012 年 4 月から 2013 年 3 月までは 14 名の委員により構成された。なお，委員は，地域を構成する単位自治会から推薦された。この委員に加えて，アドバイザーとして，自治会連絡協議会顧問，西宮市議会議

---

[4]　本節で紹介している西宮生瀬地区の取組みは，地域公共交通アドバイザーの中央復建コンサルタント山室良徳氏と議論し検討している取組みである。氏との議論が本節の基礎となっていることを記し，御礼申し上げる。

[5]　いずれも 2014 年 12 月 31 日の推計人口。

員，大学教員，建設コンサルタント，行政担当課職員が加わった。諮問会議は 2013 年 3 月に答申を行い解散した。

(2) ぐるっと生瀬運行協議会（準備会）

諮問会議の答申を受け，生瀬地区連合自治会連絡協議会では，引き続き，生瀬地区での生活交通の在り方を検討する組織として，「ぐるっと生瀬運行協議会（準備会）」を 2013 年 4 月に発足した。理事長，副会長 2 名，会長代行，理事の 11 名により構成され，月 1 回をめどに理事会を開催してきた。2013 年 11 月より，自治会との連携を図り，拡大理事会として開催を行うため，各自治会の会長が参加する会議に拡大した。また，2015 年 2 月より会報発行（3 月 1 日創刊）のための編集委員会が立ち上げられた。この理事に加えて，アドバイザーとして，大学教員，コンサルタント，受託事業者職員（企画，運転手），行政担当課職員が加わった。

(3) 主な議論の内容

表 7-3，表 7-4 に生瀬住民の生活の足を考える会（諮問会議），ぐるっと生瀬運行協議会（準備会）で議論した内容を示した。なお，社会実験については，次節以降で詳述する。

表 7-3，表 7-4 に示した議論の変遷について述べる。生瀬住民の生活の足を考える会（諮問会議）では，理念の整理や運行内容および広報啓発活動の議論が中心であった。加えて，参加者の理解を進めるため，先進地の見学や交通に関する知識の習得が初期に行われた。これまで生瀬地区で地域内公共交通が運行されたことがないため，必要とする交通に関する議論とそもそも交通の対策の必要性について議論した。

生瀬地区に必要とする交通のあり方の議論がこれにつながった。なお，交通の在り方を議論する上では，費用確保などの経営面での検討が必要となるが，運行方法の議論を中心とするため，第 1 回社会実験は無償運送とした。さらに，リスクについての議論が第 1 回社会実験までの議論では，少ない。ここでのリスクとは利用者数が車両の容量を超えてしまい，乗客の積み残しが発生することである。本来はこの対策について，実験までに議論する必要があるが，生瀬地区では，地域交通が運行されたことがなく，

第 2 部　市民参加型交通政策の展開

表 7-3　生瀬住民の生活の足を考える会での議論内容

表 7-4　ぐるっと生瀬運行協議会（準備会）での議論内容

積み残しの発生が予測できないため，その対応は外部者である大学が負担することとし，議題に上らないようにした。また，参加者の拡大，地域住民の理解の拡大のため，広報啓発活動については継続的に取組み，その実施方法を議論した。

第1回社会実験を経験したのち，生瀬住民の生活の足を考える会（諮問会議）は，結果を連合自治会に答申し，解散した。

生瀬住民の生活の足を考える会（諮問会議）での議論を引き続き，ぐるっと生瀬運行協議会（準備会）が設立され，議論が行われるようになった。ぐるっと生瀬運行協議会（準備会）では持続的な運行を検討するため，有料による運行を目指した。そのため，必要な運行の在り方と経営についての議論が多くの時間が割かれた。また，この議論に加えて，この経営をどのような組織で行うかも併せて議論がされた。積み残しのリスクは持続的な運行をするとなると，住民が負担する必要があるため，生瀬住民の生活の足を考える会（諮問会議）では，積み残しの対策に多くの時間が割かれた。このように，運営方法や運行方法などの生瀬住民の生活の足を考える会（諮問会議）で議論したことに加え，避けていた経営や積み残し対策が議題として上るようになった。

第2回社会実験では利用者数が少なく，第2回社会実験以降では理念や地域が必要とする交通の在り方についての議論が行われるようになった。この議論と並行して，経営面での議論も行われた。

(4) 社会実験の概要

表7-5に社会実験の概要を示した。社会実験は運行方法を変更しながら，3回行った。

(5) 第1回社会実験（無償運送）

(ⅰ) 社会実験の概要

事業の社会実験として，1週間の事業の社会実験を行った。この社会実験は先に述べた複数回の社会実験を組み込んだ住民運営型地域公共交通を実現する一連の取組みであるが，これまで地域内交通を有しなかった生瀬地区で地域内交通を必要とする需要があるかを検証するための実験であ

表 7-5　社会実験の概要

	第1回	第2回	第3回
実施時期	2012年10月15日から19日	2014年3月1日から31日	2014年10月1日から2015年3月31日
目的地	宝塚駅	生瀬駅	宝塚駅
ルート数	2ルート	6ルート	5ルート
運行頻度	各ルート4便	各ルート4便	各ルート5便（1ルートのみ2便）
運賃	無料	大人200円 小人100円	大人300円 小人200円
発行券種	―	現金のみ	現金・回数券（11枚綴り）
道路運送法上の登録	無償運送	道路運送法21条	
使用車両	乗客9人乗りバン型車両事実上2台	乗客9人乗りバン型車両1台	乗客9人乗りバン型車両1台
運行会社	神戸MK	阪急タクシー	
運行曜日	平日のみ（土日祝運休）	運行曜日	平日のみ（土日祝運休）
運行日数	5日	運行日数	5日
費用（1日あたり）	約36,000円（1台分）	約18,500円	約30,000円
利用者数	720人	866人	7,954人
利用者数（1日あたり）	144人/日	43.3人/日	66.8人/日
収支率	―	46%	68%

る。そのため，目的地は，住民が最も外出先として希望すると考えられる宝塚駅を目的地として，地域を2つに分け，運行ルートを作成した。

　この社会実験を行うための費用は自治会の予備費から支出され，その実験の実施は連合自治会の役員会で合意が行われた。

　この社会実験には，5日間で延べ720人の利用があり，生瀬地区に地域内公共交通を必要とする人がいることを示すことができた。また，自治会の予備費で補正予算を組み，実験実施のための負担をしてもらうことの合意形成が行われた。具体的には，自治会費の予備費からの金銭的支出する

ことについて連合自治会を構成する自治会長会で採決を行った。

第3節で述べたように，参加を促進するため，リスクの大きさを確定することが必要になる。しかし，この第1回社会実験（無償運送）の段階では行政が金銭支援をする仕組みを構築できていなかったため，計画リスクの大きさが確定せず，つまり，利用者の増減によって，必要な費用が確定せず，合意形成しなければならない金額が変化し，合意形成が困難となることが予測された。この社会実験においては，利用料金を徴収せず，すべての費用を住民で負担するため，計画リスクとしては，利用者が多く，積み残しが生じ，その対応にリスクが生じる。今回の社会実験は，ケーススタディ地区で初めて地域内交通を運行する取組みであり，どの程度の利用者が生じるか予測がつかなかったことも考慮し，事前に利用希望を取り，増車などの必要な対策を取り，その費用は，大学が負担することとした。これらの対策により，負担の大きさを確定させ，合意形成を促進した。

地域が行った金銭的負担は以上であるが，連合自治会の役員は，すべてのバス停に交代で立ち，積み残しが発生した際の対策の案内などを行った。この点についても，連合自治会会長会で本取組みを連合自治会として実施し，自治会役員によって実施された。このような金銭的負担以外の負担が行われた。

(ⅱ) 評価

第1回社会実験（無償運送）では，地域内公共交通が必要であるかを示すことが目的であった。これを示すことにより，地域住民にこのバスの維持のための負担を行う意思が働くとともに，地域に不要なものを自ら負担をしてまで作るべきではないとの自制が働いたと考えている。第1回社会実験（無償運送）で議論した運行ルート作成，運行ダイヤ策定，バス停位置の検討および設置交渉を住民が行うことができた。

これらの計画により，住民に今回の組織に地域公共交通に取り組む意義を示すとともに，行政組織にケーススタディ地区の連合自治会が事例を運営することができる能力示し，市の支援制度を作りやすくなった。

なお，本件の運行に際しては道路運送法第21条で申請を行った。

行政の金銭的支援を行う仕組みができたばかりで，市内の需要を市外に運ぶことが批判される可能性があったことと第 1 回社会実験（無償運送）で 1 台の車両では需要をさばききれなかったことから，距離が遠い宝塚駅ではなく，地域内の生瀬駅を起終点とする運行とした。

(6) 第 2 回社会実験（生瀬駅行有償運送）

(ⅰ) 社会実験の概要

第 1 回社会実験（無償運送）の実験が好評であったため，運行期間を長くし，有償運行するなど，第 1 回社会実験（無償運送）より継続的な運行が可能な運行形式が成立しうるかを検証する社会実験を行うことを決定した。これに並行して，行政では金銭的支援を行う補助金交付要綱を策定した。この補助金は，ケーススタディ地区の生瀬地区以外のコミュニティも申請できる形とした。

この社会実験では，有償運行を行うため，道路運送法 21 条の登録を行った。第 1 回社会実験（無償運送）と同様 10 人乗りのバン型車両で地域内と駅を結ぶ路線である。しかし，第 1 回社会実験（無償運送）の際，目的地とした宝塚駅の駅前ロータリーに路線バスが乗り入れるには，関係各社の了承が必要であり，宝塚駅にすでに乗り入れている運輸会社が本事業を受託するかわからなかったため，生瀬駅起終点のバスの運行を検討した。

このような運行事業者を選定に際しては，周辺タクシー事業者にプロポーザルの募集の案内を発信した。これに対し，3 社が応募をした。そのため，第 1 回社会実験（無償運送）の際の運行事業者と第 2 回社会実験（生瀬駅行有償運送）の運行事業者は異なっている。

住民組織で検討を行った結果，第 1 回社会実験（無償運送）と同様運行，ダイヤを検討したのみではなく，第 1 回社会実験（無償運送）の際にかかった費用，利用者数をもとに，収支と欠損金額を示す資料を作成し，地元負担について目安をつけ議論を行ったことが特筆される。

また，第 2 回社会実験（生瀬駅行有償運送）では，行政の支援を受けながら，住民組織が運営を行うため，需要が多いからといって第 1 回社会実験（無償運送）のような増車も難しい。そこで，ぐるっと生瀬運行協議会

（準備会）では，乗車定員以外の利用者が生じた際の対応が議論された．その結果，乗車定員を超えた利用客が生じた場合は，運行事業者の本業であるタクシー事業を案内することにより対応することとした．

この社会実験では20日間で866人の利用があった．1日あたりの使用者数に換算すると43.3人/日であった．なお，乗客が積み残されたため，タクシーを利用しなければならないケースはほとんどなかった．また，費用を運賃でまかなえたのは，48％であった．第2回社会実験（生瀬駅行有償運送）の実験時期が運行費用を安く抑えることができた時期であったにもかかわらず，支出の半分しか満たすことができなかった．利用者数，収支の面では持続的運行が難しい結果となった．このように利用者数が限られた原因は，有償化したことの影響もあるが，生瀬駅の周りには，ミニコープが1軒あるもののそのほか物販施設がなく，宝塚駅に出かける住民が多い．その状況では，生瀬駅で鉄道に乗り換えて宝塚駅に行く場合，遠回りに感じる住民が多かったと推測される．

（ⅱ）評価

第2回社会実験（生瀬駅行有償運送）の実験では，有料社会実験として，利用者負担を求めたことについて，合意し，それに関する作業を行ったこと，行政が整理した補助金制度を使用し，運営基盤を得たことは，実験の成果である．さらに，プロポーザルによって，3社のタクシー会社からの提案が行われ，それぞれの会社が魅力のある提案を行ったという点は，住民だけではなく，地域の事業者にも取組みを拡大することができ，意義の大きい社会実験ができたといえる．しかし，地元利用者の負担を求める予定であったが，そこまでの合意を形成できなかった．そこで，ぐるっと生瀬運行協議会（準備会）では，引き続き，生瀬地域で費用負担をしてでも地域交通を確保すべきかを検討することとなった．

(7) 第3回社会実験（宝塚駅行有償運送）

（ⅰ）検討・協議内容

第2回社会実験（生瀬駅行有償運送）の社会実験を終え，ぐるっと生瀬運行協議会（準備会）では，その反省が行われた．その結果，利用者数が

第1回社会実験（無償運送）に比べると大きく減少したが，生瀬地区には地域公共交通を必要とする住民は，定時定路線型交通で対応する必要がある程度の人数がいることがわかり，ボランティアによるデマンド運行を検討するのではなく，地域公共交通の提供の検討を続けることが決まった。一方，運行方法は見直しが必要であるとの結論となった。第2回社会実験（生瀬駅行有償運送）の社会実験の利用者数が少なかったのは，有料化した影響も考えられるが，生瀬駅を起終点としたため，生活の拠点である宝塚駅まで直接移動することができず，乗り換えが必要になった影響があったと考えられる。そこで，第3回社会実験（宝塚駅行有償運送）では，第2回社会実験（生瀬駅行有償運送）の運行事業者となった事業者の協力のもと，駅前ロータリーに乗り入れる条件整理を行い，宝塚駅を起終点とする第3回社会実験（宝塚駅行有償運送）の社会実験を実施することとなった。

3回目の社会実験を実施するまでに，ぐるっと生瀬運行協議会（準備会）では，宝塚駅を起点とした運行ルートやダイヤについて議論がなされたほか，利用者以外の地域の関係者への働きかけと金銭的協力の依頼を行った。その結果，リハビリテーション病院，建設会社，葬儀会社など地域にかかわる会社が協賛金を支出することとなった。協賛金を支出した企業の広告を車体に表示するほか，自治会会員全戸に配布した路線図や運行を知らせるチラシへの広告の掲載を行った。これらの企業への働きかけは，ぐるっと生瀬運行協議会（準備会）のメンバーによって行われた。その結果，6ヶ月間の運行を行うために必要な金額約350万円に対して，約60万円の協賛金を集めることに成功した。また，第2回社会実験（生瀬駅行有償運送）では，利用者数が少なく，費用を運賃でまかなえた比率が低く持続可能性が低かったために，起終点が生瀬駅から宝塚駅に変更となり，鉄道に乗り換える必要がなくなったことから，運賃の値上げをしても，利用者の負担を大きく上げるわけではない旨が議論された。

　第2回社会実験（生瀬駅行有償運送）の社会実験から第3回社会実験（宝塚駅行有償運送）の社会実験まで約6ヶ月間バスが運行されない時期

が生じることとなる．そのため，この期間中には，チラシの配布や広報誌への記事の出稿を行うほか，地域の夏祭りにブースを開設し，模擬店を出店するとともに，地域公共交通に取り組んでいる旨のパネル展示を行い，情報発信を続けた．これにより，運行が行われない時期の住民の地域公共交通への関心の持続を目指した．なお，この模擬店の出店には，バスの運行を担う運行事業者から職員6名が自発的に協力に訪れ，地域公共交通から地域活動へ参加の輪の拡大も確認された．

（ⅱ）社会実験の概要

運行ルートの選定のほか，バス停の設置交渉，ダイヤの設定が，運行事業者の協力を得ながら，住民自身で行われた．とくに決定に時間を要したのは，ダイヤであった．ぐるっと生瀬運行協議会（準備会）メンバーが原案を作り，運行事業者が専門的見地から実行可否について判定を行い，修正を行った．ぐるっと生瀬運行協議会（準備会）より出された当初の案では，余裕時間の見込みが少なく，遅延した場合に遅れを取り戻せないため，余裕があるダイヤに運行事業者のアドバイスにより修正がなされた．その結果，1日8時間運行5つの地区については1日5往復1つの地区については1日2往復確保することができた．また，ダイヤ構築上では，運行事業者の協力により，運転手2名が午前午後で交代することにより，昼休憩によるバスが運行されない時間を短くするなどの工夫が行われている．

また，社会実験の実施期間は，2014年10月から2015年3月までとした．この時期降雪や路面が凍結するなどの問題が生じる状態に備えた運行を検討する必要があるため，この時期に設定した．対応について議論した結果，バス停に運行会社の電話番号を明記し，10分以上遅れが生じた際，問い合わせるよう案内を記すこととした．また，地元に住む地域住民が分担して，運休時には，バス停に案内を掲出する体制が整えられた．

なお，これらの企業に対しては感謝の証として，車体に広告を貼るほか，運行路線図およびダイヤ表へ広告を掲載した．

（ⅲ）評価

第3回社会実験（宝塚駅行有償運送）の利用者数は，2014年10月1日

から 2015 年 3 月 31 日までの 119 日間で 7,750 人となった。1 日あたりの利用者数に直すと 65.1 人/日であった。第 2 回社会実験（生瀬駅行有償運送），同様に車両 1 台合計 8 時間の運行時間から比較すると多くの利用者を輸送することができたと解釈することができる。また，運賃を 300 円としたものの，第 2 回社会実験（生瀬駅行有償運送）と比較して高い利用者数を得られており，より望ましい形の運行形態に移行したと解釈することができる。

図 7-2 に第 3 回社会実験（宝塚駅行有償運送）の運行時の収入の内訳を示した。

料金収入が 68.0％を占め，最も多く，これに地元企業からの協賛金が収入となっている。しかし，この収入では運行に必要な支出を支払えなかったため，行政からの補助が 30.5％投入されている。参考に結果的に同様の収入源を持つこととなった三重県四日市市の生活バスよっかいちの運行収入源ごとの比率は，生瀬とは異なっており，地元企業からの協賛金や市からの補助が多くなっている。この四日市の例では，生瀬の事例においては，地元企業にもっと応援を働きかける必要があることを示していると考えられる。ただし，地元企業からの協賛金に頼ることは，景気動向に依存することとなり，不安定となる。市からの補助も多くなってしまう

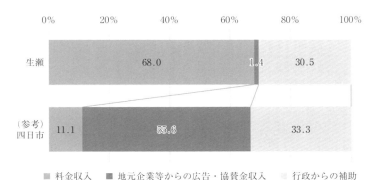

図 7-2　第 3 回社会実験（宝塚駅行有償運送）の運行収入割合の内訳

と，先に述べた住民の身の丈に合った交通を選ぶことを実現するため必要な自らの支出と思える負担感を弱めてしまう恐れがある。以上から，地元企業からの協賛金や特に行政からの補助を増加させることを関しては，議論が必要となる。

周辺道路の混雑により，地域内道路まで通過交通が入り込み，道路渋滞が生じた日もあったが，ぐるっと生瀬運行協議会（準備会）と運行事業者の連携により，バス停で待つ利用者への案内をするなどの対応が行われた。地域住民の関与し，利用者利便を向上する仕組みを作ることができた。

地元企業から協賛金を確保した点は，地域の交通問題を住民だけではなく，企業も含めた全関係者で解決する方向に向かっている面を評価することもできる。また，ぐるっと生瀬運行協議会（準備会）では，自発的に小学校に赴き，小学生に朝礼でぐるっと生瀬をなぜ運行したのかを説明し，小学生の行動だけではなく，親の交通行動を公共交通中心に変化させることを目指す学校MM（学校における働きかけ：モビリティマネジメント）が自発的に行われた点も当事者意識が高まってきたことと評価することができる。

5. まとめ

本章では，公共交通を住民が主体となり，地域の移動の足を確保，維持しようとする住民運営型地域交通の事例を取り上げた。広範な住民参加を求めるため，本章では，複数回の社会実験を組み込んだ過程を提案した。この過程では，負担，実施規模，ステークホルダーなどを拡大しつつ，複数回の社会実験を位置づけ，スパイラルアップをしているという点を特徴づけることができた。また，参加が拡大する過程も見られたため，より一層持続的な仕組みとなることが期待される。

参考文献・資料

喜多秀行・山中信太郎・岸野啓一「地域の資源を活用した生活交通サービスの提供方法に関する一考察」土木計画学研究・講演集 Vol. 41（CD-ROM，2010 年）。
原科幸彦編著『市民参加と合意形成―都市と環境の計画づくり』（学芸出版社・2005 年）。
森栗茂一編著『コミュニティ交通のつくりかた：現場が教える成功のしくみ』（学芸出版社・2013 年）。

第8章
市民からの提案「道路の使い方を変えたい！」

藤江 徹

1. はじめに

　私たちが住む都市は，住まう・働く・楽しむ等，さまざまな活動が営まれる場所であり，それらを支える都市交通の整備が時代の変化に合わせて，進められてきている。20世紀は，自動車の時代であり，都市ないし郊外の道路空間の多くは，自動車の利用がしやすいように整備がなされてきた。一方で，あまりにも自動車への依存を高めてしまった現代社会は，自動車排ガス公害による健康被害，自動車利用を前提とした大型郊外店の増加による中心市街地の衰退，まちのスプロール化，交通事故による人身損害，騒音・振動等の生活被害，CO_2の排出増加による地球温暖化問題等さまざまな問題を抱え込んでしまった。

　今後，本格的な少子高齢化・人口減少社会を迎えるにあたり，私たちは，自動車中心の都市交通・まちづくりを見直し，人とモノの流れをうまくコントロールすることで，市民の暮らしがより快適になるような交通・移動手段やインフラ整備が求められている。たとえば，ヨーロッパでは，車線を減らして歩道や自転車道を作ったり，都心部をモール化して自動車を締め出し，歩行者や自転車，公共交通だけを通行可能にするなどの施策が行われている。アメリカのサンフランシスコやボストン，韓国のソウルのように，高架高速道路を撤去するという事例もある。劣化が避けられない構

造物である高架道路をどうするかという問題は，東京や大阪でも検討されてきている。

わが国でみられる事例としては，車線数を減らしたり，路側の緩速車線をなくすなどして車道幅員を縮小して歩道を拡幅，自転車通行量の多い道路での自転車道の設置等が行われている。また，ハンディキャップを持った利用者用の駐停車スペースの確保，荷さばき用の駐停車帯等の停車スペースへの転換もある。公共交通のための優先通行帯として，バス専用レーン，優先レーン，逆行レーン等も設けられている。

こうした手法は「道路空間の再編・再配分」といった言い方がなされるが，将来に向けて，そこに暮らす都市住民の生活・文化・経済・景観・環境等を改めて見直し，都市空間全体をどのように再構成していくかにつながっていくものである。こうした再編・再配分は，現状の交通量に合わせた追随型整備やバイパス道路の整備に伴う既存道路の自動車交通量の減少を契機として行われていることが多い。

本章で取り上げるのは，そうした整備の前提となる「道路の使い方」を考えるに際し，市民はどのようにかかわることができるのか，筆者の体験や事例をもとに述べる。

2．道路の使い方を決めるのは誰なのか？

近年は，高速道路や都市計画道路といった，まちの環境を大きく変えるような道路建設に際しては，情報公開やアセスメントに際しての意見書提出，公聴会の開催，パブリックコメント等の住民意見を反映させるための制度づくりが進められてきている。一方で，道路・交通施策の歴史は「お上の計画」が主であった。市民自身も，普段は，道路や交通問題に対しあまり関心を持たず，身に迫った問題が発生した場合に，反対運動が起こり，時には，訴訟や公害調停といった法的手段に訴え，司法に救済の場を求めてきた。筆者がかかわる西淀川地域では，工場と自動車排ガスによる大気汚染訴訟の和解後，原告と国・旧道路公団との間で，道路沿道の改善を目

第 8 章　市民からの提案「道路の使い方を変えたい！」

的とした「道路連絡会」が設置され，議論が 10 年以上にわたり，続けられてきている（第 4 章参照）。「行政と住民が同じテーブルにつき，地域環境の改善を目指す」という画期的な仕組みであるが，たびたび，意見は対立し議論は平行線をたどることも多い。行政にとっても住民にとっても，多様な主体が関係する道路・交通問題に関しての合意形成の進め方については，未だに手探りの状況が続いているのである。

　これに対して，現在，さまざまな政策決定過程では，パブリックコメントや社会実験が行われ，計画内容や進捗状況が多くの人の目に触れ，道路・交通施策に関しても，市民の参加の機会は増えている。提出された意見に対しては，一定の回答が用意され，以前よりは計画の早い段階での市民意見と道路・交通施策とのすり合わせが行われている。

　このように交通・環境問題に関しては，参加の仕組みは幅を広げつつあるが，制度だけが一人歩きを始めれば，形骸化は免れず，本来の「参加」がもたらすはずのメリットを見失う恐れがある。「声を上げたくても上げることができない弱者の視点は忘れられていないか」，「与えられる情報だけで本当に適正な判断ができるのか」，「意見聴取に留まらず，実質的に施策への反映が成されているのか」などの検証は必要である。

　現在，わが国の道路網は一定のレベルに達し，将来的に維持・管理に多大な費用がかかることが問題視される時代となった。先にも述べたように，新たに道路を次々建設していくのではなく，暮らしの変化に合わせて，今ある既存の道路の使い方を変えていく時代が到来している。では，誰がそれを決めるのか，多様化した生活スタイル，環境・安全・利便性等から何を優先していくのか，結局は，そのまちに暮らす人が選択するしかないのである。交通機関はつくれば終わりでなく，それを使う人の意識や行動が伴わなければ，有効に機能しない。多様な層の住民・関係者が計画段階からかかわることで，施工後に，より効果が上がる。また，一般に，交通・道路インフラはネットワークであり，一部の課題を解決するためには，全体での調整が必要である。全体のネットワークをみているのは，行政機関や専門家であるが，暮らしに密着した個別の課題は，多くはそこを使う生

活者が認識しているものである。両者をつなぐ，より広範な市民や関係者の関与を促す決定システムが必要となっている。

3. 身近な乗り物・自転車を取り巻く現状

3-1 高速交通から，低速交通（徒歩・自転車・バスなど）の時代へ

社会資本整備審議会道路分科会の中間とりまとめ（平成24年6月）では，「道が変わる，道を変える～ひとを絆ぎ，賢く使い，そして新たな価値を紡ぎ出す～」と題して，道路政策の転換の視点として，「『クルマ』主役から，歩行者，自転車等クルマ以外の利用者も含めた『多様な利用者が安全・安心して共存』できる環境の整備」が挙げられている。

戦後の国土形成は，全国総合開発計画（5次まで策定され，2005年「国土形成計画」に変更）をもとに進められてきた。その大きな柱となっていたのが，空港，高速鉄道，高規格道路といった高速交通機関の整備である。その結果，東京一極集中が進行し，過疎過密問題の深刻化，モビリティ格差の拡大を招いた。では，これからの新たな交通価値として目指すべきものは何か。新田は，アマルティア・センのケイパビリティ（capability：潜在能力）[1]の視点から，自転車やバス，路面電車に代表される低速交通の復権を提唱している。低速交通手段とは，時速25 km/h以下の徒歩（車椅子，電動カートを含む）および自転車，移送サービス，バスや路面電車等が該当する。「ケイパビリティを，個人が備えている能力のみに限定するのではなく，その能力が発揮できるかどうかを左右する社会の枠組みを入れて考慮することが重要」とし，「交通システムは，医療，福祉，教育，文化などに関連するシステムと同様に，社会の枠組みの中にあり，これらの社会システムの発達により個人の能力の拡大を促すとともに，個人がそ

---

[1] 新田（2007）。ケイパビリティとは，ある人が選択できる「機能」の集合。すなわち，社会の枠組みの中で，その人が持っている所得や資産で何ができるかという可能性を表すもの。

の能力を発揮できるさまざまな機会の提供を促進することにもなる。交通システムが提供するサービスはケイパビリティの形成に大きな影響を及ぼしているのである。そこで交通に求める価値として，『すべての人たちの機能の増進に資する』ということを掲げる」としている。つまり，身近な交通手段である低速交通の衰退により，機会の平等化が損なわれているのが現状であるという問題認識である。そこで，日常生活における人々の機能の確保における平等化を進めるために，これまで進められてきた高速交通重視の交通政策から，低速交通重視の地域交通戦略へと転換していくべきであるとしている。

3-2　自転車の走行空間整備と市民のかかわり方

　低速交通の中でも，本章では，自転車を取り上げる。自転車の保有台数（全国）は，平成20年時点で約6,900万台と増加傾向にあり，5km未満の移動の約2割は自転車が利用されているなど，都市内交通等において重要な移動手段となっている。自転車は持続可能な社会にふさわしい乗り物として，欧米においては積極的に自転車走行のためのソフトおよびハード面での環境整備が進んでいるが，わが国では，自転車専用の走行空間がないため，歩道走行に伴う自転車事故が問題となっている。そこで，道路空間の再配分によって，いかに自転車の走行空間を生み出していくかを考える必要に迫られている。

　平成22年3月時点では，全国の約120万kmの道路のうち，自転車道や自転車専用通行帯等の自転車や歩行者から分離された自転車通行空間の延長は約3,000kmとわずかであるうえ，自動車の駐停車等により自転車の通行が阻害されるなど，道路の現況は自転車の車道走行にとって数々の問題を含んでいる（国土交通省道路局，警察庁交通局『安全で快適な自転車利用環境創出ガイドライン』（平成24年11月）より。以下，ガイドライン）。近年，交通事故全体に占める自転車関連事故割合は増加傾向にあり社会問題となる一方，健康や環境への意識の高まり等を背景とした利用ニーズの高まりを受けて，わが国の自転車施策も転換期を迎えている。

平成24年4月5日に「安全で快適な自転車利用環境の創出に向けた検討委員会」からの提言を受け、平成24年11月29日に、警察庁と国土交通省が連携し、「安全で快適な自転車利用環境創出ガイドライン」を作成している。同ガイドラインは、「警察庁では平成23年10月に、自転車は『車両』であるということの徹底を基本的な考え方とし、車道を通行する自転車と歩道を通行する歩行者の双方の安全を確保することを目的とする総合的な対策を打ち出したところである」とし、各地域において、道路管理者や都道府県警察が自転車ネットワーク計画の作成やその整備（図8-1）、通行ルールの徹底等を進めるために策定されており、道路空間の再配分や道路拡幅を含む、整備形態の選定の考え方や目安が提示されている。併せて、利用ルールの徹底、自転車利用の総合的な取組みも示されている。

こうした整備の前提となるのが自転車ネットワーク計画である。国土交通省による「平成25年度 自転車ネットワーク計画の策定状況に関する調査結果（平成25年10月16日）」では、平成25年4月時点の全国の1,738市区町村における自転車ネットワーク計画の策定状況等は、累計53

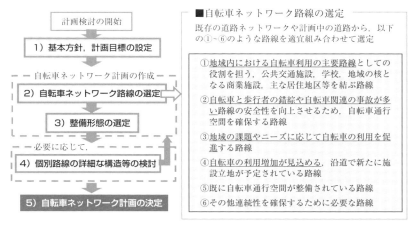

図8-1　自転車ネットワーク計画作成手順

［出典：国土交通省報道発表資料「別添：安全で快適な自転車利用環境創出ガイドラインについて」］

市区町村が計画を策定している。全国的にみて，計画策定している市区町村はまだ少ないものの，市街地があり，自転車の利用および関連事故が多い市区町村を抽出（106市区町村）した場合には，約半数（51市区町村）が計画策定済み，あるいは計画策定に向けた検討に着手済みとなっている。

ネットワーク計画を策定した市区町村を分析した古倉[2]によると，「自転車利用が進みまたは課題を抱えている市区町村では，特に，自転車ネットワーク計画の検討が進行していることがわかる」とし，「ネットワーク計画を検討していない理由は空間的な制約がトップ」としている。調査結果（表8-1）をみると，自転車ネットワーク計画を策定済み（または計画検討中）の市区町村の多くは，「通勤・通学などの自転車の交通量が多い路線」，「自転車と歩行者の錯綜，自転車事故が多い路線」を選定する市区

表8-1　自転車ネットワーク計画における路線選定の考え方
対象市区町村：市街地のある＊市区町村のうち計画策定済みまたは計画検討中と回答した86市区町村
総回答数：N=197（複数回答）

自転車ネットワーク計画における路線選定の考え方	件数
通勤・通学などの自転車交通量が多い路線	55
自転車と歩行者の錯綜，自転車事故が多い路線	31
駅・学校などの主要な施設と居住地間を結ぶ路線	31
ネットワークの連続性を確保すべき（できる）路線	23
自転車利用を促進したい路線，快適に走行できる路線	17
既に自転車通行空間が整備されている路線	10
将来的に自転車の利用増加が見込める路線	6
早期の整備が可能な路線	12
公共交通など補完的な役割を果たす路線	4
その他	7

［出典：国土交通省報道発表資料「平成25年度　自転車ネットワーク計画の策定状況に関する調査結果について」の「参考資料-2：計画策定状況等の参考資料」］

---

2) 古倉（2014）180-186頁。

町村が多い。その他，「駅や学校などの主要施設と居住地間を結ぶ路線」，「ネットワークの連続性を確保すべき路線」といった面的なネットワークを意識した路線選定を行う市区町村も多い。このように，現状で自転車利用の多い路線や事故等の問題が多い路線から，既存の道路空間を再配分することによって，自転車の走行空間を生み出していく傾向がある。

こうした自転車走行空間の整備にあたっての計画づくりについては，ガイドライン（計画検討体制の構築）では

> 「地域のニーズに合致した自転車ネットワーク計画を策定するためには，道路管理者や都道府県警察が計画策定主体となり，関係する行政機関や地元関係者等とコミュニケーションを取り，合意形成を図るよう努めることが望ましい。そのため，（表 8-2）に示すような国，都道府県，市町村の道路管理者や都道府県警察に加え，自転車利用環境整備に関係する河川管理者，港湾管理者等の行政機関や地元住民，道路利用者，学識者，NPO 等の第三者等の幅広い関係者が計画策定に参画できる体制を構築するものとする。」

としている。

また，計画検討体制の維持活用については，

> 「計画策定段階に構築した検討体制を継続し，計画策定後に発生する課題への対応，整備後の利用状況や事故の発生状況等，計画の目標達成状況の評価と見直しを実施するものとする。」

とし，この体制を活用した取組み例を示している（表 8-3）。

3-3 大阪市における自転車を取り巻く状況

たとえば，大阪市では交通手段に占める自転車分担率[3]が 23.5% に達し，自動車分担率（12.8%）の約 2 倍にもなっている（第 5 回近畿圏パー

第8章 市民からの提案「道路の使い方を変えたい！」

表8-2 合意形成プロセスに参画する関係者の例

行政機関	地元関係者	第三者
●道路管理者，警察等 道路管理者 （国，都道府県，市町村） 堤防道路を管理する河川管理者 （国，都道府県） 港湾道路を管理する港湾管理者 （国，都道府県） 都道府県警察 ●その他関連する行政内部署 公共交通を担当する部署 （国，都道府県，市町村） 都市計画・まちづくりを担当する部署 （都道府県，市町村） 観光を担当する部署 （都道府県，市町村） 教育委員会 （都道府県，市町村） 交通安全の啓発を担当する部署 （市町村） 健康を担当する部署 （市町村） 環境を担当する部署 （市町村）	●道路利用者 歩行者 自転車利用者 自動車利用者 高齢者，障がい者団体 自転車関連団体 交通事業者等 バス事業者 タクシー・ハイヤー業界団体 トラック業界団体 ●その他沿道関係者等 住民 各地域の自治会 地域経済団体，地元企業 商店街 学校（小・中・高・大） 鉄道事業者 道路占用者	学識者 地域づくりに取り組んでいるNPO マスコミ

［出典：安全で快適な自転車利用環境創出ガイドライン］

ソントリップ調査（平成22年調査実施）より）。大阪市の自転車分担率は，全国的にも高い割合（平成22年）であり，近年は増加傾向（平成2年：17.2%→平成22年：23.5%）にあり，減少傾向を示す徒歩（平成2年：29.8%→平成22年：24.0%），自動車（平成2年：16.8%→平成22年：12.8%）からの乗り換えがうかがえる。こうした要因については，高齢化，都心居住の進展，景気悪化の影響（例：通勤費用の減少等），ライフスタイルや価値観の変化（例：クルマ利用を控える理由の一位は『エコだから』，自転車ブームの到来等）等が挙げられる。

---

3) 自転車分担率とは，すべての移動における鉄道，バス，自動車，徒歩などの移動の交通手段のうち，自転車を利用する割合のことである（国勢調査より）。

表8-3 市民参加や民間企業等との連携に関する取組例

カテゴリー	主な連携主体	主な取組内容
通行空間の点検	市民，NPO	・自転車通行空間の損傷や障害等の不備について，定期的に点検を行い，道路管理者へ連絡するようなパートナーシップの構築等。 ・自転車通行の安全性確保のため，自転車通行空間に違法に駐車する車両への駐車禁止に関する注意，警告。
利用ルールの徹底	市民，NPO	・学校，街頭，イベント開催時等での通行ルールの周知。 ・路上等で通行ルールを指導する交通ボランティアの導入。 ・自転車利用について模範的行動の実践を行う自転車安全利用サポーターの導入。 ・自転車保険への加入呼びかけ。
自転車利用の総合的な取組	民間企業	・自転車通行ルールに関する社内研修会の実施。 ・マスコミと協働での啓発活動。
自転車利用の総合的な取組	市民	・自転車が走りやすい道路や立ち寄りスポット等をまとめた自転車マップの作成・周知。 ・自転車マップを用いた放置自転車対策等の広報・周知。 ・自転車関連イベントの開催。
自転車利用の総合的な取組	民間企業	・レンタサイクルや自転車タクシー等の整備。 ・サイクル＆ライドの導入等公共交通機関との連携。 ・オフピーク時等鉄道やバス車内に自転車をそのまま持ち込めるサービスの導入。 ・通勤手当の増額等自転車通勤を奨励するエコ通勤活動の促進。 ・ノーマイカーデーの実施。 ・使いやすい駐輪場の整備。 ・高齢者・障がい者向け自転車の普及。

［出典：安全で快適な自転車利用環境創出ガイドライン］

このような中，2013年9月に大阪市内初の自転車レーンが大阪市中央区本町通の御堂筋〜堺筋間に設置された（図8-2，図8-3）。大阪市によると「本町通は歩道の幅員が狭いうえに歩行者の通行量が多く，歩道内が歩行者と自転車で錯綜しています。歩行者の安全を第一に本町通を市内初の整備箇所としました」とされ，「大阪市内初めての事例であり，課題も想定されるため，短区間で先行整備し，効果検証を行いながら，市内の自転車通行環境のあり方について検討します」として設置されている。

供用後の検証結果として，交通量（自転車），自転車の速度，駐停車の状況，歩行者・自転車利用者・自動車のドライバーに対するアンケート調査が行われた。結果，①車道（自転車レーン）を逆走する自転車の減少（逆

第8章 市民からの提案「道路の使い方を変えたい！」

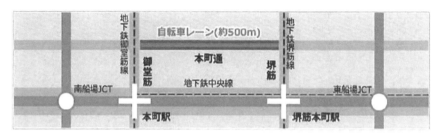

図 8-2 本町通の自転車レーン整備箇所
［出典：大阪市ホームページ：本町通に大阪市内初の「自転車レーン」を整備しました!!
（http://www.city.osaka.lg.jp/kensetsu/page/0000232731.html）］

図 8-3 本町通の自転車レーン
［提供：自転車文化タウンづくりの会］

走割合が概ね半減），②歩道内で自転車と歩行者が接触する機会が減少，③歩道内を通行する自転車の平均速度が減少，④駐停車台数には大きな変化は見られなかった，⑤安全性に関する評価は，歩行者，自転車ともに，平日では約3～4割の方（休日では約5～6割の方）が，整備前よりも「安

第 2 部　市民参加型交通政策の展開

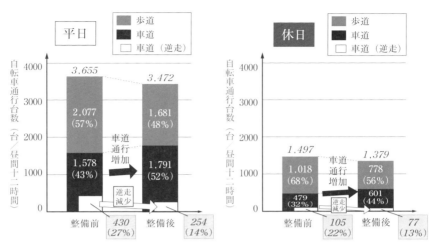

図 8-4　自転車レーンの整備効果検証（交通量調査）
[出典：大阪市ホームページ：本町通に大阪市内初の「自転車レーン」を整備しました!!]

全（やや安全）になった」と感じている，といった結果が得られ，今後の自転車レーン整備については，歩行者，自転車，自動車ともに，約 6～7 割の方が「進めるべき（どちらかといえば進めるべき）」と回答しており，自転車レーン整備の継続を望む声が多かった（図 8-4）。

4．御堂筋サイクルピクニックの取組みを通じて

4-1　市民からの提案
　　　　──御堂筋サイクルピクニック

　大阪駅から南に伸びるメインストリートである御堂筋で開催される御堂筋サイクルピクニックは，「御堂筋に自転車レーンを！」と「自転車の適正な利用（ちゃんと走ろう！）」をアピールしながら自転車走行する取組みである。歩行者も自転車も安心して通行できる環境づくりを，自転車ユーザー側からも求めていこうと，2011 年 10 月からスタートし，2015 年 4 月で 8 回目を迎えた。筆者も初回から事務局として参加し，企画・運営

第8章 市民からの提案「道路の使い方を変えたい！」

にたずさわっている。

当初は，100人程度の参加者で走行していたが，2015年では自転車雑貨やフードマーケット，タンデム自転車等の試乗会等が行われる600人規模のイベントとなっている（図8-5，図8-6）。

同イベントを主催している自転車文化タウンづくりの会・代表である新田保次氏は，その趣旨として，

> 「御堂筋は大阪を象徴する道路であり，ここに自転車専用の走行空間を設置することは，大阪が人と環境にやさしいことを具体的に示すシンボルとなる。また自転車を活用した道づくり，まちづくりは，まちの形態を一変させるインパクトをもたらし，大阪を活気あるまちに変える効果も期待できる。ただ，現状では，自転車利用者が交通ルールを順守しているかというと問題があり，マナーの向上も重要である。

図8-5　御堂筋サイクルピクニック・アピール走行前
［提供：自転車文化タウンづくりの会］

第 2 部　市民参加型交通政策の展開

図 8-6　御堂筋を 300 名でアピール走行

［提供：自転車文化タウンづくりの会］

　これは人づくりの視点であり，御堂筋サイクルピクニックでは自転車の適正利用の啓発にも努めている。自転車の道づくりと利用者の人づくりを両輪として御堂筋サイクルピクニックの取り組みを進めていきたい。」

と語っている[4]。

　「御堂筋に自転車レーンを」とはいうものの，どんな自転車レーンが良いかについて，主催者である自転車文化タウンづくりの会では，参加者約100 名にアンケート（2012 年 9 月）を行い，御堂筋における自転車レーン整備案（図 8-7）を作成している。

　大阪のメインストリートである御堂筋は，南向き一方通行で両端 2 本の

4）新田（2013）。

第 8 章　市民からの提案「道路の使い方を変えたい！」

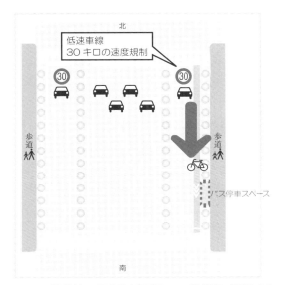

図 8-7　御堂筋における自転車レーン整備案（2012 年）
［提供：自転車文化タウンづくりの会］

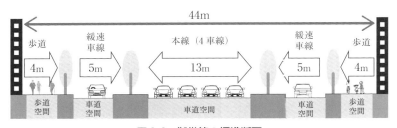

図 8-8　御堂筋の標準断面
［出典：「御堂筋の空間利用に係る中間提言」御堂筋空間利用検討会（平成 24 年 3 月 30 日）］

緩速車線と 4 本の本線，計 6 車線からなっている（図 8-8）。歩道では，歩行者と自転車入り乱れ，車道は自転車にとっては危なくて走行できないという声が聞かれる。同会が提案した自転車レーンの内容は，「東側の緩速車線に南向き一方通行で自転車が走行できる空間をつくる」というものである。それにあたっては，銀杏並木など緑地帯の構造は大きく変えず

に，緩速車線を走る車は速度 30 km/時に制限し，駐停車禁止とする，としている。これまでは，同提案内容を広く情報発信し，行政や警察にアプローチすることを通じて，自転車の走行環境を皆で考える機会を広げてきている。

4-2　御堂筋の交通状況と施策の変化

　大阪のメインストリートである御堂筋ができたのは，昭和 12 年である。延長約 4.4 km，幅員約 44 m，銀杏並木や地下鉄の建設など画期的な規模で，近代都市の基礎を形づくる大阪のシンボルロードとして，受益者負担による多数の市民や企業の協力を得ながら，建設された。建設当初は 2 方向通行であったが，増加する自動車交通と渋滞問題に対応するため，昭和 45 年の大阪万国博覧会開催時に南行きの一方通行に変わった。現在は，南向き一方通行で両端 2 本の緩速車線と 4 本の本線，計 6 車線からなり，梅田となんばを結ぶ大動脈となっている。御堂筋の自動車交通量は，40 年前と比較すると，約 4 割減少している一方，御堂筋を通る自転車の交通量は約 7 倍に増加している（図 8-9）。

　平成 21 年 12 月に「御堂筋空間利用検討会」を国土交通省と大阪市が共同で設置し，大阪のシンボルロード「御堂筋」で近年深刻化している放置自転車や歩行者と自転車の錯綜，沿道の活性化等の課題を踏まえ，地域団体，関連機関からのヒアリング等を受けて，今後の御堂筋の道路空間利用のあり方について検討し，「御堂筋の空間利用に係る中間提言」をまとめている（平成 24 年 3 月 30 日）。また，平成 24 年 4 月より国から大阪市に御堂筋の移管が行われている。

　さらに，大阪市都市計画審議会専門部会が，パブリックコメント（平成 24 年 12 月 17 日〜平成 25 年 1 月 24 日）を実施の上，平成 25 年 2 月には，「御堂筋の活性化に関する検討調査報告書」をとりまとめている。同報告書では，今後の施策（案）として，従来の「車」重視の道路空間から，(1) 都心部への自動車流入（通過交通）の抑制，(2) 人中心の道路空間へ，が示されており，中短期で「御堂筋側道の歩行者系空間化（緩速車線を歩道・

第 8 章　市民からの提案「道路の使い方を変えたい!」

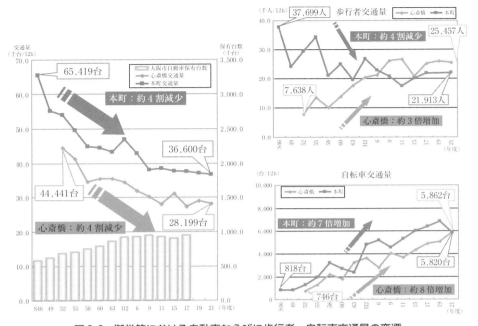

図 8-9　御堂筋における自動車ならびに歩行者・自転車交通量の変遷
[出典:「御堂筋の空間利用に係る中間提言」御堂筋空間利用検討会（平成 24 年 3 月 30 日）]

にぎわい空間，自転車レーン等として整備）」し，長期的には「全面みどり化（環状道路整備にあわせた自動車交通の排除）」を目指している。

平成 25 年 11 月 23 日（土）〜29 日（金）の 1 週間，御堂筋（新橋交差点〜難波西口交差点付近の約 1 km）において，東西にある側道（緩速車線）で自動車等の通行を規制し，本線での交通影響等を確認するための社会実験が大阪市建設局によって実施された（図 8-10）。結果，自転車に関連する部分では，自転車道を設置した区間を通行した自転車の約 6 割が自転車道を利用され，約 4 割が歩道を利用された。また，アンケートでは，歩行者の約 4 割，自転車の約 7 割が自転車道を設置したことで「安全（やや安全）になった」および「快適（やや快適）になった」と回答している。

平成 26 年 10 月 2 日には，橋下徹大阪市長が記者会見にて「御堂筋にお

第2部　市民参加型交通政策の展開

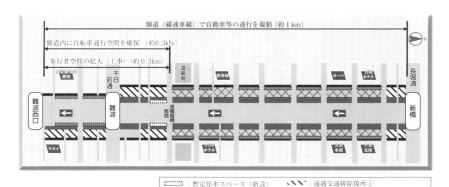

図 8-10　御堂筋における社会実験の概要
［出典：大阪市ホームページ御堂筋側道閉鎖社会実験について
http://www.city.osaka.lg.jp/kensetsu/page/0000231153.html］

いて，側道（緩速車線）を閉鎖し，自転車専用レーンの設置と歩道の拡幅を行う」方針を明らかにした。平成28年度から順次整備する方針で，橋下市長は「車のための御堂筋から，自転車，歩行者のための御堂筋にしたい。パリのシャンゼリゼ通りのようにしていきたい」としている。

続く，平成26年10月15日から11月14日には，御堂筋の道路空間再編に向けた大阪市としての基本的な考え方等をとりまとめた「御堂筋の道路空間再編について（案）」に対するパブリックコメントの募集が行われた（図8-11，図8-12）。

先に紹介した「御堂筋に自転車レーンを！」と活動してきた御堂筋サイクルピクニックのメンバーはこうした決定は朗報であると歓迎しつつ，その具体的な整備内容については是々非々で意見提出を行っている。また，自転車レーンができた後も，交通ルールの啓発等を進めるためにも活動を継続していくこととなった。どの程度，計画や整備に対して，こうした活動や意見が反映されているのかは分からないし，今後のどのような決定・整備プロセスを踏んでいくのかは明らかではない。ただ，取組みを始めた数年前の状況からは自転車に関する環境整備が大きく進展していることは

第 8 章　市民からの提案「道路の使い方を変えたい！」

	空間再編で目指すもの	空間再編の考え方
憩いや交流、活力形成に資する空間	・ビジネスや観光、ショッピング等で利用する人々が、活発に交流し、御堂筋から新たな価値や活動を生み出します。 ・歩いている人が憩い、気分をリフレッシュさせ、新たな活動へと繋げます。	多機能空間の創出 ―沿道地域の特性に応じた道路空間の活用
人にやさしく歩きやすい空間	・ビジネスや観光、ショッピング等で利用する人々が会話を楽しみながら、安心して歩くことが可能になります。	歩行者通行空間の安全性・快適性向上 ―歩道の拡幅と自転車通行空間の分離
大阪の顔としてふさわしい空間	・イチョウ並木や彫刻などの資産を活用・継承し、これからも御堂筋を大阪の顔として情報発信を行います。	大阪の顔としての魅力ある空間形成 ―イチョウ並木の維持と沿道景観との調和

御堂筋の現状やこれまでの主な検討経緯を踏まえ、「クルマのための機能」を抑え、「人のための機能」を高めていきます。

歩行者の安全性・快適性の向上やまちの魅力の向上に資する新たな空間整備のビジョンを設定します。

図 8-11　御堂筋の道路空間再編の基本整備方針
［出典：「御堂筋の道路空間再編について（案）」大阪市建設局（平成 26 年 10 月 15 日）］

確かである。

4-3　多様な意見と合意形成・決定プロセス

　ここまでみてきたように、大阪市・御堂筋に関して、時代の変化とともに、利用の仕方が大きく変わり、今後に向けて、行政が中心となって、検討委員会の設置、地域団体・関連機関へのヒアリングの実施、社会実験、利用者アンケート調査、市長からの基本方針発表、整備案の公表とパブリックコメントの募集等を実施しながら、御堂筋の空間再編についての検討が進められている。

　一方、自転車利用者達を中心として市民の立場からの意見表明の場として、御堂筋サイクルピクニックが実施されている。行政が進める自転車施策と意見が対立している状況でもなく、放置自転車対策や歩道上での暴走自転車など自転車を取り巻く課題については、共有している。しかし、計画決定への市民のかかわり（参加）が見えづらい状況が続いている。現段階では、首長や市役所、議会の決定でしか進捗を実感することはできない。

第2部　市民参加型交通政策の展開

空間再編による整備イメージ
- 東西の側道を閉鎖し、車道を6車線から4車線に縮小することで、歩行者や自転車のための空間として新たに再編します。
- 歩道を拡幅することで、新たに多機能空間を創出します。
- 自転車専用の通行空間を新たに設けることで、歩行者と自転車の通行空間の分離を図ります。

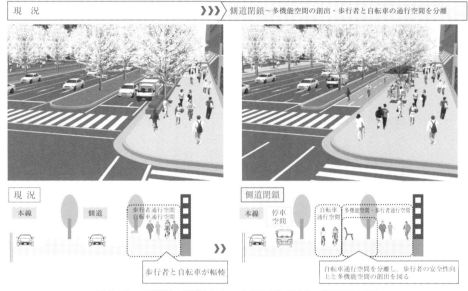

図 8-12　区間別の整備イメージ①南側（新橋～難波西口間）
［出典：「御堂筋の道路空間再編について（案）」大阪市建設局（平成26年10月15日）］

　今後、交通政策に市民参加を求めるのであれば、こうした多様な利用者の意見をどのように合意形成を図るのか、または、どのようなプロセスで交通施策を決定していくのか、意見が対立する場合はどうするのかについて市民が理解・参画できるプログラム（手続）を示すことが重要である。

　先にみた「社会資本整備審議会道路分科会の中間とりまとめ（平成24年6月）」においても、具体的施策の提案として、「道路の賢い使い方による多様な利用者の共存」を図るため、①道路空間の再配分等による自転車通行空間、歩行空間の形成、②生活道路における歩行者・自転車優先の徹底、③「スローな交通」への対応等の多様な利用者の共存、④ユニバーサルデザイン、無電柱化、通学路の整備等の連携、⑤多様な利用者の共存に

第8章 市民からの提案「道路の使い方を変えたい！」

向けた仕組みの構築，が今後の方向性としてあげられている。①〜④については，技術的・計画論的にはすでに実現可能であり，ハード整備だけでなく，啓発や教育等のソフト面での仕組みが求められている。⑤については，「一定のエリアにおける道路の利用に関して，まちづくり等の関係機関や関係する道路管理者が一体的な計画を作成し，実施する仕組みを新たに構築すべきである」とし，そのために，「協働，コーディネートする仕組み，学識経験者やNPO等のかかわり，事故に関するデータや全国の取り組み状況のモニタリング等が必要である」としている。

さらに，「施策の進め方についての提案」として，「1. 多様な利用を促進する新たな枠組みの検討」をあげ，その現状と課題として，「現在，市民参画プロセスは，大規模事業を中心に適用しているが，道路空間の再配分等の道路の『利用』に関する合意形成の手続きは不十分であり，その結果，計画の継続性も損なわれる場合がある」としている。

筆者がかかわる事案では，計画段階で市民意見を代表するとされるのは，多くの場合，地域団体や関連団体からの意見であり，その後，素案についての説明会で意見を述べたり，アンケートに回答したりしながら一般市民は意見を提起することになる。交通問題に関して一市民が提案（または，問題提起）しようとしても機会が限られており，議論をするための基礎的データ，多様な主体が共通の土台で話し合うための仕組み，最終的な決定プロセス，決定後の実現・評価体制が見えない，といった状況にあると感じている。

先にみた，西淀川地域の道路連絡会での議論も同様の袋小路に陥っている。大気汚染等の環境問題については，原告をはじめ地域住民，交通管理者・道路管理者等誰もが解決しなければならない課題と考えている。一方で，日々の交通問題については，交通事故や渋滞等に対する不満が上げられ，対策が講じられるものの，大気汚染を減らすために，道路全体の交通量を減らすべき，迂回路等を設けて交通集中をなくす，といった，より広範囲な地域に影響を及ぼす，または，上位の施策の変更を必要とする具体的な交通施策については，多様な主体から意見を上げる場，変更（場合に

よっては，現状維持）する決定プロセスが存在しないのである。現状に対して，異議を感じたとしても，それを訴える場がなく，最終的には，反対運動や訴訟といった動きにつながってきたのである。

とはいえ，行政案に反対する人も含め，意見を表明する人は，行政案とどちらが正しいかを決めたいわけでなく，納得できる，よりよい地域づくりのための「解」が出され，実現されることを望んでいるのである。

道路・交通分野の場合，行政対住民が対立することが多く，基礎情報の把握，議論の方法や決定プロセスも行政側が担うこととなるため，どうしても，住民側には不公平感が残る。パブリックコメントに出した意見にしても，取捨選択の権限は事業者（行政）側にあり，計画に何がどのように反映されたのかは甚だ分かりづらい。また，さまざまなステークホルダーの対立構造が残ったままでは，たとえ案が決まったとしても，実現までの道のりは遠い。

そこで，対立構造を打破するために，中立的な第三者を介することで，利害関係者全員が納得できるような協議プロセスを経て，合意形成に向かう仕組みが必要である。

自由な意見交換は，自立した市民を育てるが，反対＝訴訟という構図だけでは，市民にとっても，行政にとっても，荷が重すぎて，議論ができなくなっている。その結果，賛成・反対・無関心の市民意見は互いに議論を交わすことなく，多数決，または，立場の強い人の意見で決められていくのが現状ではないか。

変化を伴う，これからのまちづくりには，賛成・反対の市民を含め，各主体の意見を集約・整理し，互いに現実的な解決策を協議する会議を設立・運営し，協議事項を段階的に社会に問いかけ決定していく中立的第三者の存在を皆が認めていくことが必要だといえる[5]。

---

5) 山中（2010）は，米国やイギリスにおける，利害の対立や紛争が生じる課題に対する中立的第三者の役割（メディエーション，インスペクター等）を紹介している。9-25頁。

また，市民側に不服がある場合には，訴訟や調停となる前段階として，事業者と市民の間に立って，計画や事業を審査する第三者機関の制度化も重要である。

　今回取り上げた「自転車」は，身近な交通手段として活用されており，誰もが関心を持って計画づくりや施策の実現にかかわっていけるものである。都市部での自転車活用は，環境面や健康づくりの面から，世界的にも見直され始めており，今後のわが国における道路・交通分野における市民参加の計画づくりを進める上での試金石になるといえる。

5．おわりに

　今後，一層の少子高齢化社会を迎えるわが国において，暮らしのあり方が変わっていくのは必然である。人口減少に伴い縮小する地方部，高齢化に伴いユニバーサルデザイン化を迫られる都市部はともに，車中心社会から低速交通中心の道路・交通環境への転換が図られることとなる。しかし，市民が，行政案に対する賛成・反対・無関心の選択肢でしか意見表明してこなかった道路・交通分野においては，多様な生活者の視点を受け止めて，新たなまちの将来像を描き出すためのプロセスが未成熟である。緑の交通政策を進めていくためには，市民の提案（たとえば，「道路の使い方を変えたい！」）を発意とし，意見を「対立」させるだけでなく，専門家の力もかりながら，「協議」し，公正に「決める」という合意形成の仕組みづくりが急務であるといえる。

第 2 部　市民参加型交通政策の展開

参考文献・資料

警察庁・国土交通省『安全で快適な自転車利用環境創出ガイドライン』(2012 年)。
国土交通省『平成 25 年度　自転車ネットワーク計画の策定状況に関する調査結果について』(2013 年)。
古倉宗治『実践する自転車まちづくり　役立つ具体策』(学芸出版社・2014 年)。
自転車文化タウンづくりの会 HP　http://cycletownosaka.jimdo.com
社会資本整備審議会道路分科会『社会資本整備審議会道路分科会建議中間とりまとめ「道が変わる，道を変える～ひとを絆ぎ，賢く使い，そして新たな価値を紡ぎ出す～」』(2012 年 6 月) http://www.mlit.go.jp/common/000219233.pdf
新田保次『西淀川道路環境再生プラン・提言 Part6：「西淀川発！これからの交通まちづくり～低速交通のすすめ～素案」(あおぞら財団・2007 年)。
新田保次「御堂筋サイクルピクニック開催にあたって」機関紙りべら 127 号 (公益財団法人公害地域再生センター (あおぞら財団)・2013 年)。
藤江徹・谷内久美子・清水万由子「公害地域から持続可能なまちづくりへ—西淀川・あおぞら財団の取り組み—」阿部他編『地域空間の包容力と社会的持続性』(日本経済評論社・2013 年) 177-201 頁。
御堂筋サイクルピクニック HP　http://cycleweb.jp/cyclepicnic
山中英生「都市交通戦略の視点とパッケージ・アプローチの考え方」山中他編『まちづくりのための交通戦略　パッケージ・アプローチのすすめ〈改訂版〉』(学芸出版社・2010 年)。

(インターネットへの最終アクセス日：2015 年 7 月 30 日)

第9章
自治体公共交通政策における市民参加の日仏比較
──鉄軌道の再生・導入を例に

南　聡一郎

1．はじめに

　本章では自治体が行う公共交通の存続・再生および新規路線の導入・拡充策における市民参加の仕組みについて，フランスと日本のケースを比較分析する。自動車依存からの脱却に効果がある公共交通の抜本的改良・拡充は，交通部門の環境対策の切り札となっている。しかしながら，公共交通インフラ建設は住民生活への影響が大きく，また建設費・運営費双方の自治体財政負担が大きいため，市民合意をとらなければ事業を実施できない。また，廃線危機が生じた既存の赤字路線を維持するためにも，新たな財政負担が必要であり，同じく市民合意が必要である。

　自治体が実施する公共交通政策に対して，合意形成の仕組みが国の法律で規定されているフランスと，法制度がまだ十分ではない日本のケースを比較したうえで，日本の地域公共交通の市民参加にとって何が必要なのかを明らかにする。とくに事業のインパクトや財政負担が大きく，合意形成への難易度が高いトラム（LRT：Light Rail Transit）や鉄道の事例について比較する。フランスは，法制度化された仕組みのもとで，公共交通政策に関する合意形成（またはパブリック・インボルブメント）に成功したケースも少なくない。一方，日本は参加制度が規定されておらず，各自治体は暗中模索の状態にあるが，少数ながらNGOが重要な役割を果たした

ケースが存在する。そこで，フランスの法制度を参考にしつつ，NGO が果たした役割を踏まえて，日本における最適な自治体交通政策における参加制度を考察する。

2. 日本における公共交通政策の市民参加の現状

2-1 日本の公共交通政策における市民参加制度

日本では，公共交通は独立採算制で運営され，また国が許認可する仕組みであったため，自治体単位での参加制度は存在しなかった。しかし，近年の赤字線存続問題や LRT 導入の機運の高まりを受けて公共交通政策における市民参加が急激にクローズアップされるようになった。なぜならば，近年生じている存廃問題や新線導入では，自治体が政策責任を持つからである。国からの運営費補助が削減され，自治体は運営費補助に対する財政負担が求められたので，自治体は納税者である市民に財政負担への賛同を得る必要に迫られてきている。また，LRT 導入は，他の都市政策（都市計画や土地利用計画，各種の環境政策，道路規制など）と連動した大規模な都市再開発プロジェクトとなり，市民生活や環境に大きなインパクトを与えるため，市民参加が必要となる。こうした流れの中で，2007 年に制定された地域公共交通活性化・再生法における協議会（法定協議会）では，協議会の構成メンバーの中に市民の代表として NGO を入れることを可能とした制度となり，日本における地域公共交通の政策の決定において市民参加の規定が初めて盛り込まれた法律となった。

しかしながら，法定協議会の設置はあくまで任意であり，国の法制度として義務化された公共交通政策の市民参加の仕組みはまだない。そのため，参加の手続の決定は自治体に任せられており，各自治体は手探りで市民合意を求めるほかない状況にある。それゆえ，成功したところと失敗したところの明暗がはっきりと表れている。

2-2　公共交通にかかわる市民活動の現状

1990年代後半から，従前の陳情型の運動とは異なる形の市民運動が出現し，公共交通政策分野のNGOという一大ジャンルが出現した。

第一のタイプは，赤字線の存続・再生運動の刷新である。自治体の運営費補助が不可欠になったため，住民運動も従前の乗車促進・陳情・署名活動だけではなく，社会的合意を得るための啓発・提言活動を重視する形に移行した。NGOや住民団体が路線の価値や廃線の社会的費用を論理的に分析して提示し，さらに存続後のビジョンの作成・提言を行い，存続決定後も各種の路線支援活動を行うケースが増加している。

第二のタイプは，公共交通の外部便益や公益的な機能に着目し，総合的な政策や他分野の政策の位置づけを明確にしたうえで，公共交通施策を提言する市民運動やNGOである。中心市街地活性化や都市アメニティの向上，環境保護，バリアフリーなどを目的とした運動が該当する。環境や福祉分野など他分野のNGOが公共交通施策に対して提言するケースも増加している。

第三のタイプは，市民団体が公共交通運営に積極的に参画するという流れである。各地でNGOが経営主体となるコミュニティバスの運行が増加している。協議会の枠組みなどを活用してNGOが公共交通経営や公共交通改良計画に参画する事例も増えつつある。複数の事業者がバスを運行する都市や地域において，NGOがすべての事業者の路線を掲載した路線図（バスマップ）を作成し領布するという取組みも各地で行われている[1]。

いずれの場合にせよ，公共交通に関する活動を行うNGOは，シンクタンクの役割，合意形成を促進する役割，公共交通供給に必要なサービスの供給（情報サービスなど），独自の事業を行う役割など，社会的責任を持つ立場として公共交通政策に参画・協働するようになったというのが特徴である。

---

1) バスマップサミット公式サイト。

2-3 LRT導入における市民参加の明暗（堺・札幌）

　日本ではLRT導入（新設）の合意形成に成功したケースは，富山市の富山ライトレールと札幌市電の延長事業の二例のみである。多くの都市で，市民合意の困難さからLRT導入決定が挫折している。ここでは，延伸決定の合意に成功した札幌市のケースと，事業決定の最終段階で中止に追いこまれた堺市のケースを比較する。いずれのケースも，市内に既存の路面電車線を持ち，赤字による廃線問題を抱えており，LRT新線導入と赤字線の存続問題がセットであったという共通の背景もある。

　堺市はかねてからLRT導入構想を持っており，国土交通省も補助金交付の手続を進めるなどかなり具体化が進んでいた。堺市の交通網は大阪市内と堺市を結ぶ南北の鉄道路線は5本あるが東西の鉄道は無く，LRT東西線を導入する方針を掲げた。2009年には既存の阪堺電気軌道と乗り入れる格好で南海堺駅－堺東駅間を結ぶ3km弱のLRTの事業計画がまとまった。しかし，市民への周知・協議が十分ではなく[2]，他都市のような交通政策に関するNGO活動も乏しかった。そして，沿道住民から反対運動が生じ，2009年の市長選挙でLRTを推進してきた現職市長が，反対派の支持を受けてLRT導入白紙撤回を公約に掲げる候補に敗れ，LRT新線事業は成立寸前で中止に追い込まれた[3]。

　札幌市は赤字で廃線が検討されていた市電に関して，改良・延伸してLRTとして再生させる事業を行っている。札幌市は自治基本条例を制定し，「市民の声を聞く課」を設置するなど，市政における市民参加を重視してきた自治体であり，市電存続・延伸の決定へいたる過程でも種々の市民協議を実施しており，自治体の公共交通政策における市民参加の先進事例であるといえる[4]。

---

2) 堺市も，大阪産業大学と協働でLRT研究交流センターを開設するなどの手は打っていたが，市当局主導で発信した情報量は少なかった。
3) LRT新線中止後，既存線の廃線問題が生じたが，竹山市長も既存線の廃止は沿線に悪影響があるので存続を決断し，10年間で50億円の支援を決定した。

第9章　自治体公共交通政策における市民参加の日仏比較

　かつて札幌市電は 25 km の路線網・年間一億人の利用客を誇っていたが，地下鉄に置き換える形で市電の廃線は進み，西四丁目—すすきの間の 1 系統 8.5 km のみが存続した。近年，急激な乗客減と赤字額の増加により，廃線も検討された。一方で，国の LRT 支援が強化されつつあったため，路線延伸を含む抜本的な改良による市電再生を行うべきであるという提案も出されていた。札幌市電は始発駅と終点駅が 400 m しか離れておらず，この間をつないで環状線化し，活性化する構想である。さまざまな市民協議を経て，路面電車を存続・再生させる方針が決まった。2012 年 4 月に決定した事業計画は，(1) 西四丁目—すすきの間 400 m の新線を建設し，路線をループ化する（2015 年 12 月 20 日開業），(2) バリアフリー対応の新型車両を導入する，(3) 既設電停のバリアフリー化を行う，の三点を重点として実施するものである。

　路面電車活用計画における市民参加は，大きく分けて二つの時期に分けられる。第一の時期は，存廃問題が議論されていた当時の，市民からの意見聴取・討議である。2003 年に市民アンケートをとり，「存続させるべきだ」という回答が 54.4％を得たこともあり，2005 年 2 月に上田市長は存続を決定した[5]。この間も，市の広報誌に「みんなで考えよう路面電車のこれから」（2004 年 7 月号）で特集記事を組み，市民からの意見を募り，賛成・反対双方の意見を広報誌に掲載するなど，存続決定の方針を決めるまで入念な市民意見の聴取を行っていた。

　第二の時期は，新線計画を含む路面電車活用計画を策定する過程である。「路面電車の活用を考える市民会議」を実施し，市民委員によって活用計画を立案した。同会議は，プラーヌンクスツェレ（Planungszelle,

---

4) 札幌市電の施策については，グリーンアクセスプロジェクトの交通政策調査として 2013 年 6 月 28 日に行った札幌市役所・札幌市交通局へのヒアリングを参考にした。対応していただいた関係者に改めて御礼申し上げる。なお，札幌市の路面電車活用計画をはじめとする各種報告書および市民との協議の記録は，札幌市のホームページにてすべて公開されている。
5) なお，上田市長は選挙公約にて市電存続の方針を掲げていた。

ドイツ語で計画細胞の意）という市民参加手法を採用したものである。これは，市民の中から無作為で委員を選んで委員会をつくり（年齢や性別，居住地のバランスを考慮して委員を選定し，地域住民のバランスを反映したミニパブリックスを構成するように配慮する），当該問題について少人数で2〜3日かけてじっくり討議し，提言書を作成する手法で，ドイツで考案されたものである[6]。札幌の市民会議では，無作為のアンケートにより会議参加希望者を募った。市民会議は二段階で開催され，30人規模の一回目の会議（委員の実数26名）は2010年10月16日・17日の計2日間で実施され，100人規模の二回目の会議（委員の実数92名）は2010年11月28日，12月5日，12月19日の計3日間で実施され，それぞれ提言書がまとめられた。市民委員には日当8,000円が支払われており，有償の業務として責任をもって発言することを求めたのである。札幌市では，沿線外とくに地下鉄やJRが通じていない郊外区から路面電車再生事業への財政支出に批判的な意見が多いため，路面電車市民会議の委員選定にあたっては，全区から委員を募り札幌市のミニパブリックといえる委員構成となるように工夫した。この市民委員とは別に，賛成・反対の立場それぞれの団体・個人を5名（5団体ずつ）公募で選び，市民委員の前でプレゼンを行った[7]。

　二つの合意形成プロセスにおいて，共通している点は，「反対派を含むあらゆる意見に耳を傾け，すべての意見を市の責任で公表する」という点である。市当局は賛否両方の意見を公平に扱うことを重視していた。札幌のケースを成功に導いた要素は二つある。第一に，札幌市が自治基本条例をはじめとして市民参加の仕組みを整備しており，職員も市民参加の重要性を理解していた点である。第二に，プラーヌンクスツェレのような市民

---

[6] プラーヌンクスツェレは，篠藤（2006）に詳しい。

[7] 路面電車市民会議については，グリーンアクセスプロジェクトの交通政策調査として2013年6月26日に行った株式会社KiTaBa（路面電車市民会議の運営を請け負った）へのヒアリングを参考にした。対応していただいた関係者に改めて御礼申し上げる。

参加の新しい技法を導入した点である。つまり，札幌は制度と技能が結びつくことで，合意形成に成功したということができたといえる。

　参加制度それ自体が欠如していることが，多くの都市で LRT 導入に失敗する重大な要因の一つであるといえる。そもそも，国が交通政策に関して参加制度を定義ないし義務付けていないことは，手続の方法や賛否を判断する基準すら存在していないことを意味する。また参加の仕組みが存在していない以上，賛成派の住民と反対派の住民が激しく対立する事態が生じてしまう恐れがある。参加や合意形成に関するルールがないということは，事業を進める地方公共団体や事業者，地元財界，賛成派・反対派双方の住民や自治会，NGO にとって，何を基準に参加の度合いを測るのか，どこまで到達すれば合意形成ができるのがという評価基準や目標について共通の認識を持てないことを意味する[8]。

　国の参加制度が制定されないならば，地方自治体が独自に参加の制度や仕組みを整えることはできる。各地で自治基本条例や市民参加条例の条例制定が相次いでいる[9]。札幌市は，従前から自治基本条例をはじめとして市民参加の仕組みを条例化していた。一方，現在 8 市（金沢市，福岡市，加賀市，新潟市，熊本市，高松市，長岡京市，岐阜市）が公共交通条例を制定しているが，いずれの市でも交通条例中に参画や協働に関する規定を条文に盛り込むか，あるいは自治基本条例・市民参加条例を制定している[10]。それゆえ，市民参加条例や交通条例を制定することは，現在の日本の交通政策における市民参加において，最善の選択肢といえるであろう

---

8) たとえば，LRT 導入事業を進める宇都宮市では，反対派の住民グループが署名を集めて LRT 導入の是非を問う住民投票の実施を求めたが，市長は難色を示し，市議会で否決された。反対派の市民グループが多くの地域で公共事業中止の住民投票を求める運動を行う背景には，参加制度や合意形成の仕組みが確立していない状況では，住民投票以外に白黒はっきりつける方法が存在しないという理由がある。反対派住民の運動や立場を理解するためには，この点も念頭に置かなければならない。

9) 全国の市民参加条例の制定状況は，大阪大学グリーンアクセスプロジェクトがデータベース化し，同プロジェクトサイトにて公開している。

10) 公共交通条例に関する詳細は，南（2015）を参照のこと。

(第1章参照)。しかしながら，条例制定もハードルは低くない。ならば，条例がない地域において市民がとるべき方法は，NGO活動を行い地域交通政策の刷新に対する市民の理解を得ることである。

2-4　既存路線の存続運動における新しいNGOの動き（高岡，和歌山）

　近年廃線危機にあった鉄道路線の存続・再生においては，NGOが果たす役割が大きくなっている。とりわけ，参加制度の仕組みを担保する条例などがない地域では，NGO活動が鍵となる。市民運動によって存続に成功したモデルケースとなった高岡市と和歌山市の事例を取り上げる。なお，高岡市，和歌山市ともに2015年現在，市民参加・協働条例はない。

　高岡市の路面電車万葉線は，2002年に民間会社から第三セクターに移行して存続した路面電車路線である。万葉線は富山県の高岡市と射水市を結ぶ全長12.9 kmの路面電車路線で，乗客数は年間125万人（2013年）である[11]。全国の路面電車の中では最も乗客数が少ない路線であり，1990年代後半の運輸省の地方私鉄欠損補助打ち切りを契機に，当時運営していた加越能鉄道が廃線の意向を表明したことから，存廃問題が浮上した。

　沿線の主要な自治体である高岡市は万葉線を地域に不可欠な存在であるとみており，存続に向けた市民合意をとることが必要と認識していた。高岡市は，まず1993年に「万葉線を愛する会」という団体を設立して[12]，市民から会員を募った。同会は，いわば公営のファンクラブであり，会員になると特典として乗車券が配布されるという仕組である。しかしながら，当時の高岡市役所の担当職員は，公営ファンクラブと市の啓発活動だけでは限界があり，市民が自発的に活動する市民運動（NGO）が必要だと痛感していた。そこで，高岡市は市民活動の芽を発掘することを意図して，岡山市でLRT導入の活動を行う市民団体RACDA（現NPO法人公共の交通ラクダ）の岡将男会長を招き，講演会を開催した。この講演会に

---

11) 富山県統計年鑑（平成25年版）。
12) 高岡市役所サイト，万葉線について。

触発された市民が集まり，1998 年に NGO である RACDA 高岡が設立された[13]。RACDA 高岡は，独自に万葉線活性化の提言（存続後の路線延伸や既存の鉄道線との乗り入れの提言を含む）活動や，各種の啓発イベントを順次開催した（これらの活動は，存続後の現在も続いている）。RACDA 高岡は市域のすべての公民館を巡回し地域の人々との意見交換会を行うという RACDA キャラバンを実施した。全市的な合意を得るために，沿線外の公民館も巡回対象とした。意見交換を進めるなかで，郊外地域ではタクシーが利用できないことが問題になっていることがわかるなど，地域のさまざまな交通問題を掘り起こす役割も果たした。

市の啓発活動の取組み，市民の各種活動もあり万葉線の存続に賛成する世論は徐々に高まり，最終的に市が設置した万葉線懇話会の座長であった当時の高岡短期大学学長で，経済学者の蝋山昌一氏が，万葉線は採算性では割り切れない価値があるため存続させるべきであるが，公的資金から補助金による支援をしつつ，私企業以上に私企業的な責任感を持った事業者が経営することで存続を図るべきである，という趣旨の意見をとりまとめ[14]，2000 年末に地元自治体が設置した第三セクター企業に移行して存続させることが決定した。第三セクターに移行後，それまで減少傾向だった乗客数は微増に転じ，新型車両も導入されてバリアフリー化が進むなど，万葉線の再生は成功事例と評価されるに至った。万葉線の事例は，公共交通政策において NGO が社会的な合意形成に資する役割が大きいことを証明した最初のケースとなった。

高岡のケースを模範として存続に成功したのが，和歌山県の和歌山電鐵貴志川線である。同線は，猫のたま駅長（1999～2015 年）の任命やいちご電車の投入など再生・活性化に対するユニークな取組みをしていることで有名である。もともとは南海電気鉄道が経営していたが，赤字がかさんだため南海電鉄が撤退を表明，地元自治体は路線存続を選択し，行政が実

---

13) 本節の高岡市の事例は，RACDA 高岡（2004）を参照した。
14) 蝋山（2001）。

施した入札で選定した岡山県のバス・路面電車事業者である岡山電気軌道（両備グループ）が経営を引き継ぎ，子会社の和歌山電鐵を設立した。貴志川線のケースの特徴は，民間事業者と市民運動の協働関係構築に成功したという点である。

　貴志川線の運動は，コミュニティ活動の支援を目的としたNHKのテレビ番組「難問解決！ご近所の底力」の支援を受けて始まった。同番組は，先進的な取組みをしている住民組織を指南役として地域活動の立ち上げを支援するものである。南海電鉄から貴志川線の廃止表明がなされた際，困惑した沿線住民グループが同番組に応募した。同番組では，先述の高岡のNGO・RACDA高岡が主たる指南役となり，番組に出演した市民グループは2004年，NGO「貴志川線の未来をつくる会」を結成した[15]。同会は精力的な啓発活動に取組み，また地域の交通研究者である辻本勝久和歌山大学助教授，伊藤雅和歌山高等専門学校助教授（いずれも当時）も協力に乗り出し，貴志川線の存廃に関する費用便益分析を行い，学術的に存続の合理性を証明したこともあり[16]，行政は貴志川線の存続を決定した。

　行政の財政難のため，行政負担が大きい第三セクター化は避け，入札で選定した民間事業者に経営を委ねることになった。ここで，貴志川線の未来をつくる会は，地域住民が信用でき，信頼関係を築くことができる事業者が経営しなくては，決して貴志川線の存続は成功しないと考えた。入札した企業に頼りきるのではなく，経営者の選定や経営の監視まで目を配らなければ，市民団体としての責任は果たせないと判断したのである。そこで同会は，岡山県の両備グループ（岡山電気軌道）の小嶋社長に手紙で入札への参加を依頼した。同会の提案を検討した小嶋社長も，貴志川線沿線ならば住民との協力関係を築くことが可能であり，地域との協働を通じて増客増収をはかり収支改善が可能であると判断し，入札に参加した。他に交通事業者がなかったこともあり，行政は岡山電気軌道に貴志川線の経営

---

15) 同会の活動に関しては，公式サイトを参照のこと。
16) 辻本編（2005）。

を委託することを決定した[17]。

　こうして，日本の鉄道史上類をみない，地域住民のNGOによって推薦された事業者への経営移管が行われた。行政は，運営の最高意思決定機関として貴志川線運営委員会を設置している[18]。同委員会には，行政だけではなく，NGOなど住民代表も入っている。つまり貴志川線の経営において，NGOは経営責任の一部を担っている。その役割は，財団法人や社団法人における理事または評議員の役割であるといえる。NGOの役割は第一に住民ニーズを満たす鉄道経営を求めることにあると同時に，市民の代表として経営を監視するという役割も持つものであるといえる。

　高岡・和歌山二つのケースを見れば，第一に市民運動による啓発活動が合意形成には不可欠であること，第二に行政と市民団体の協働の構築が不可欠であること，第三には市民・NGOと運営会社の協働関係も必要であることがわかる。とくにコミュニティバスとは異なりNGOによる運営がきわめて困難な鉄軌道の再生や新規導入における市民参加においては，市民・NGOと民間の鉄道事業者との協働関係構築が特に重要なポイントとなるといえる。両備グループ社長の小嶋氏も，LRTや鉄道路線の存続のためには政治に左右されないしっかりとした市民団体が必要であると言った[19]。

2-5　日本の都市交通政策における市民参加の特徴

　日本の交通政策においては，法制度上の市民参加の制度がなかったため，LRT導入のように反対意見も多く想定されるケースでは合意形成は容易ではなく，また既存路線の存廃問題においても，自治体の担当者や地域住民にとって共通のプラットフォームとなる制度が存在しないことは非

17）辻本（2011）130-131頁。この経緯は，2005年7月21日放送の「難問解決！ご近所の底力」でも放送された。
18）辻本（2011）137-150頁。
19）小嶋（2011）。

常にネックとなっていた。LRTのような環境に優しい交通機関を，市民を巻き込みながら創成させるという考え方がなかなか定着しなかった。その中で，まだ萌芽的ではあるが，交通政策を専門に扱うNGOの活動が勃興したことは特筆できる。NGOを公共交通政策に活かすための法制度の実現は，日本独自の緑の交通政策の参加制度のあるべき姿であるといえる。

3. フランスにおける公共交通政策の市民参加制度とその実態

3-1 フランス都市交通政策における市民参加制度のあらまし

　フランスは，交通法典（Code des Transports）にて，交通権の保障と環境保護を重要ミッションとしている特徴がある[20]。都市交通政策は，自治体が権限と責任を有しており，自動車利用の削減と公共交通・徒歩・自転車の強化を行わなければならない。都市圏人口10万人以上の自治体では，上記の目的を達成するための交通計画を策定する義務を有する。独立採算制を放棄し，公共交通の運営費および投資費用の財源は租税収入からの補助金の割合が大きく，目的税として交通負担金制度（都市交通税）が存在する[21]。公共交通の強化は都市交通政策の重要な施策であり，近年トラム（LRT）やBRT（Bus Rapid Transit：専用レーンを持つ高レベルのバスサービスのこと。フランス語ではBHNS：Bus à Haut Niveau de Serviceという）の導入を積極的に進めている。

　フランスにおけるトラムやBRTといった公共交通拡充のためのインフラ整備は，土地収用をはじめとして住民や沿線の事業所などに大きな影響を与える変化を伴うものであり，なおかつ莫大な財政支出があるため租税負担に対する合意をとる必要もある。トラムやBRTの導入においては，自動車用の車線の削減，都心の歩行者空間の拡充や都心における各種自動車制御策の導入（一方通行化や駐車場の再編・料金値上げ，時速30 km

---

20) フランスの都市交通政策の詳細は塚本他（2014）を参照のこと。
21) 交通負担金制度に関しては南（2012）に詳しい。

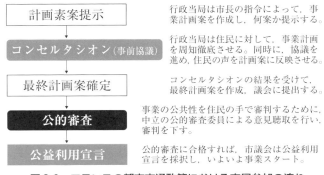

図 9-1　フランスの都市交通政策における市民参加の流れ

の速度制限など）とセットで導入されることも多く[22]、自動車利用に対して各種の制限がかかるため、自動車・道路施策への市民合意をもとらなければならない。そのためフランスの都市交通政策において、コンセルタシオン（Concertation：事前協議）と公的審査という二つの市民参加のプロセスを経ることが法的に義務化されている[23]。フランスの都市公共交通導入における市民参加協議プロセスは図9-1のようになっている。

　法律で規定された二つのプロセスの他にも、市民合意を得るために行政はさまざまな協議や広報・広聴を行う。とくに重要なのが、工事期間中の協議・広報プロセスである。工事中は、長期にわたる道路の閉鎖や交通規制が敷かれるため、住民生活に与える影響が大きい。それゆえ、工事情報のアナウンスや市民からの苦情受け付け対応も重要なプロセスである。また、この段階の広聴は、開業前段階での市民への周知の機会ともとらえられており、開業後の交通規制の改変や安全対策の周知期間としての役割も果たす。

---

22) 都心における自動車制御策に関しては、山中他（2000）や青山・小谷（2008）を参照のこと。
23) 国の行う大規模プロジェクト（TGVや高速道路など）に関しては、国民討議制度（Débat Public）がある。これは計画策定段階において第三者委員会が国民から意見を募り勧告するものであり、環境法典第L121-1～L121-15条で規定されている。

3-2　コンセルタシオン

　コンセルタシオンは事前協議のことで，計画策定段階での市民と行政との協議プロセスであり，法律で実施が義務付けられている。初期過程における広報・周知のプロセスであり，市民の意見を計画に反映させる役割がある。たとえば，トラムルート選択の場合は，コンセルタシオンで何案か提示し，市民の意見を聞きながらそれぞれのルートの長所・短所を見きわめ，案を改良し，最終的なルートを絞っていく。

　コンセルタシオンの根拠法は，都市計画法典の第 L300-2 条である。同条において，SCOT（Schémas de Cohérence Territoriale：地域一貫性スキーム，都市計画マスタープランに該当する広域的な計画），PLU（Plans Locaux d'Urbanisme：都市地区計画）の作成および改訂，都市再生プロジェクト，環境や市民生活，経済活動に大きく影響を与える可能性のある建設・開発プロジェクトはコンセルタシオンの実行を義務付けている（同条のⅠ）。また，同条はコンセルタシオンの対象となる目的や様式は，国が主導する都市計画文書の場合は県知事が，その他の事業の場合は当該事業を実施する地方公共団体や公法人（広域自治体連合など）の長が決定するとしている。コンセルタシオンは市民が異議や提案をできるものでなければならず，行政は市民意見を記録・保存しなければならない（同条Ⅱ項）。コンセルタシオンの報告書（意見，異議，提案などをまとめたもの）は，公的審査の資料となる（同条Ⅲ項）。コンセルタシオンの実施主体は，基本的に地方公共団体・公法人であるが，都市計画に基づく事業の場合は実際の建設・開発を行う事業主が実施することも可能であり，行政と事業者が協議して決める（同条Ⅲ bis 項）。コンセルタシオンの実施義務がない場合も，地方公共団体の判断で自主的に実施することができ，この場合当該公共団体の長が目的や様式を決定する（同条Ⅱ項）。

　交通政策において，法律上直接コンセルタシオンの実施が義務化されているのはイル・ド・フランス地域圏（パリ首都圏）の新規のインフラ投資と既存路線の延伸事業のみで，交通法典の第 R1241-31 条で規定されている。地方都市の交通プロジェクトに対しては特にコンセルタシオンの義務

を定めた法律条文はないものの，多くの事業などは都市住民の生活や環境，経済に対する影響が大きく，実際は大半のプロジェクトが都市計画法典の第 L300-2 条の I の（3）の規定に該当する。また，PDU（都市圏交通計画）策定は，公的審査の実施義務はあっても，コンセルタシオンの実施義務はない。しかし，都市自治体の自主的な判断で，実施されることが多い。

具体的に実施されるのは，住民説明会（単に説明するだけではなく，住民と行政の討議に力点が置かれる），パネル展示や展覧会の実施，広報特設サイトの設置，ニュースレターの発行，各種啓発イベントの実施などであり，さまざまなコミュニケーションツールが活用されている。都市計画法典の条文にあるように，実施方式や手段の選択（実施期間なども含む）は各自治体の判断に委ねられている。

激しい反対運動にさらされるトラム導入のケースでは，計画当初の段階でのコンセルタシオンに力を入れる。典型的なのがストラスブールのトラムであり[24]，1989 年の地方選挙でトラム導入を掲げるトロットマン女史が市長に就任したが，直後から地元紙がトラム導入批判キャンペーンを行うなど，住民協議の難航が予想された。トロットマン市長は，コンセルタシオンを活用して徹底的に住民協議を行い，時間をかけて丁寧に徹底的に話し合いを行い，市民合意を得るという判断を下した。協議の回数は 5 年間で総計 500 回にも達し，1994 年にトラムを無事に開業させた。トロットマン市長は激しい反対運動を，むしろ市民にトラム事業を理解してもらうための協議を行う絶好の機会ととらえた。徹底して議論し，結局は市民・行政ともお互いの立場を理解することになり，それがトラム成功の秘訣であったといえる。

---

[24] このストラスブールのコンセルタシオンの内容は，2004 年 5 月に実施したトロットマン元市長へのヒアリングに基づくものである。同ヒアリングは近畿弁護士連合会公害対策・環境保全委員会の調査に同行したもので，同内容は近畿弁護士連合会（2004）16-45 頁を参照のこと。

3-3　公的審査

公的審査（Enquête Publique）は，計画決定の最終段階における市民による最終審判と見なされる手続である[25]。中立の立場をとる第三者委員会が市民の意見を聴取し，意見を集約して勧告案をまとめるプロセスである。この審査は，事業に対する市民の可否の意思を明確化するために実施される。議会にプロジェクトの案が提出された際に，議会が議決を行う前に実施される。

公的審査を規定している根拠法は，環境法典（Code de l'Environnement）である（第一巻共通規定　第二編情報と市民参加　第三章環境に影響を与える可能性のある場合における公的審査）。公的審査は環境法典で以下のように定義されている。

> 第 L123-1 条：
> 公的審査は，第 L123-2 条で規定した環境に影響を与える可能性のある決定を行う際に，第三者の利害を評価に入れることも含んだ上で，市民への情報（アクセス）と参加を保障することを目的とする。公的審査の結果集まった意見や提案は，決定を行うにあたって（事業の）発注者や管轄官公庁によって熟慮されなければならない。

公的審査は，さまざまな都市計画の策定，その計画にしたがって実施される事業，環境に影響を及ぼす事業や土地収用を伴う事業に対して実施が義務付けられている（第 L123-2 条）。その他の公的審査の実施対象は，それぞれの個別法で規定される。たとえば，土地収用を伴う場合は，土地収用法典で公的審査の実施が規定されている。公共交通政策において公的審査の実施が義務付けられる主要なケースは，第一に都市圏交通計画

---

[25] 以下の公的審査の内容は，環境法典の条文および近畿弁護士会公害対策・環境保全委員会とのストラスブール行政裁判所へのヒアリングを参照したものである。詳しくは，前掲書 16-45 頁を参照のこと。

(PDU) の制定・改定（交通法典第 L1214-15 条，第 L1214-25 条で規定），第二はトラムや BRT など交通インフラの建設事業である。

　公的審査は，元来は土地収用を伴う事業の決定プロセスにおける市民参加という位置づけが大きい。フランスには，公益利用宣言（DUP：Déclaration d'Utilité Publique）という特徴的な土地収用の仕組みがあるからである。これは，行政が事業に必要な土地を優先的に収用できる仕組みであり，計画策定段階での地価で購入することができるものである。公益利用宣言が出されると，行政は土地収用に対する絶対的な権限を有するために，事業を一気に進めることができる。そのため，公益利用宣言を行う前に，市民審判である公的審査の実施が義務付けられている。

　公的審査実施の中心となるのが，行政裁判所が選定する第三者委員である公的審査委員である。公的審査委員は立候補制となっており，希望者は書類を行政裁判所に送り，行政裁判所や行政からなる選定会議によって書類審査が行われ，合格した人が公的審査委員名簿に掲載される（環境法典第 L123-4 条）。行政裁判所は，行政より公的審査の要請を受けた際にリストの中から公的審査委員を選定する。その際，中立の立場に立てる人を委員に選定し，利害関係者は除外される（第 L123-5 条）。事業の規模に応じて 1 名ないし複数名の公的審査員が選ばれる。公的審査委員には手当が支給されるため，無償ボランティアではない。公的審査実施の費用および審査員の手当は，審査対象となるプロジェクトの事業責任者が負担する（第 L123-18 条）。

　公的審査は 1 ヶ月以上 2 ヶ月以内の日程で実施される（第 L123-9 条）。意見は，(1) 公的審査員と直接面談して意見を述べる（中心となるコミューンの庁舎だけではなく，対象地域に含まれる郊外コミューンの庁舎も巡回しながら意見を集める），(2) 庁舎内に設置された意見記載帳に意見を書き込む，(3) インターネットからの意見投函，などの方法によって集められる。公的審査委員は自分の責任で，集められた意見を報告書（意見勧告書）にとりまとめる。意見の種類は，賛成・条件付き賛成・反対などに分類される。地方議会は公的審査委員の意見書を尊重したうえで，審

議を行い,最終的な議決を行う。

　公的審査の審査結果は行政に対して勧告を熟慮することを求める努力義務であり,形式上は法的拘束力がない。しかし,公的審査の勧告書は,行政訴訟の判断基準として用いられるので,行政当局を事実上拘束する効力を有している。議会が公益利用宣言の議決を行うと,市民は2ヶ月の期限の間に宣言に対して行政裁判所に異議申立てを行うことができる。公的審査結果では否定的な判断が下されたにもかかわらず事業決定をした場合,および公的審査が必要にもかかわらず実施しなかった場合には,行政裁判所は市民からの事業の差止請求を認めなければならない（第L123-16条）。問題点があると行政裁判所が認めた場合は公益利用宣言が無効にされ,工事差止請求が認められる場合がある[26]。

　公的審査は19世紀に起源を持つ制度である。フランス民法典第545条「公正な手続なしに,何人も不動産を公共目的で収用されることはない」という規定にしたがい,当初は土地収用を受けるステークホルダーの異議申し立て手段として設けられた。公的審査に大きな変化をもたらしたのは,1983年に制定されたブシャルドー法[27]（公的審査と環境保護の民主化に関する1983年7月12日第83-630号法）である。同法によって,公的審査制度は環境政策における市民参加制度にするべく改められ,現在のような全市民を対象とする市民参加制度となった。ブシャルドー法は1995年に改正されて市民参加制度としての機能を強化し,2000年の環境法典制定時に同法典に吸収される形で廃止され,以後公的審査の根拠法は環境法典となった。2004年の環境憲章制定時に第7条で市民参加の権利が盛り込まれ,2010年の環境グルネル第二法（環境に関する国家のコミッ

---

26) 控訴審で公益利用宣言が有効であると判断されると,工事が再開される。なお,行政裁判所は公的審査による市民意見だけではなく,社会・経済上の便益計算の妥当性など,事業のトータルの合理性に基づき,公益利用宣言に関する差止審理を行う。行政裁判所によるLRT工事差止めは,2004年のストラスブールや2014年のボルドーの事例がある（いずれも控訴審で公益利用宣言の有効判決が出た）。

27) 法律の名前は当時の環境担当閣外大臣 Huguette Bouchardeau（1935-）にちなむ。

トメントに関する 2010 年 7 月 12 日第 2010-788 号法）で大幅改正されて市民参加制度としての性格を強化させた。

3-4　トラム導入都市における協議・広報の事例

本項では，各都市において具体的にどのような形で住民協議が行われたのかに関しての事例をとりあげる。近年トラム（LRT）導入を行った都市のうち，オルレアンにおける協議の経緯と，ディジョン市におけるトラム工事期間中の広報・周知の例を紹介する。

(1)　オルレアン

オルレアン[28]はサントル地域圏ロワレ県の県庁所在地で，都市圏人口は約 28 万人である。オルレアンは 2000 年に南北線となるトラムの A 系統を開業させ，12 年後の 2012 年に東西方向の B 系統を開業させた[29]。オルレアンは，地理条件や人口規模面からはトラムが必須といえる状況ではなく，むしろバスの強化や BRT の導入の方が合理的とされる状況でのトラム導入であった。しかも，オルレアンでは，2000 年に開業した A 系統は目標 1 日 50,000 人に対して，2003 年実績約 28,000 人[30]，2009 年実績約 31,000 人[31]と目標を下回った。そのため，第二路線の新設がすぐにできる状況でもなかった。

A 系統の開業から歳月を重ねる中で，まちに出てくる障がい者の数が増加するなど着実に効果も現れ始め，沿線外の地域からもトラムの新線敷設の要求が出されるなど，新線建設の機が熟し始めていた。市当局は，A 系統の需要が伸び悩んだ原因は，第一にバス路線網との連携がうまくいっていなかったこと，第二にトラムの路線が 1 本だけでネットワーク化され

---

28) オルレアンの事例に関しては，2014 年 9 月 8 日に行ったオルレアン・ロワール渓谷都市域共同体のモビリティ・都市交通課へのヒアリングをもとに執筆したものである。
29) オルレアンの LRT 導入に関しては，板谷・原田（2004）や塚本他（2015）に詳しい。
30) Certu（2010），p. 468.
31) Certu（2011），p. 430.

ておらず不便であったこと，と分析した。そのため，公共交通のさらなる拡充を図るために東西のトラムを導入して都心で十字に交差する路線網を形成し，バス路線網の再編・強化とセットでネットワーク強化を図ることを決めた。クルマよりも魅力的な公共交通を実現し，都心の再生を図るためには，トラム拡充が必要と判断された。トラム東西線は，都心の再生とセットで整備することになり，「市街地を美しくする」ことをコンセプトに，都心の景観整備と一体で整備することになった。

　オルレアンの東西線での住民協議において特に困難だったことは，第一にルート選択の困難さ，第二に土地収用，第三に沿線への補償である。第一のルート選択においては，トラムに期待する住民が多く，人口が少ないコミューンからもトラム延伸の陳情が出される状況であった。一方で，地域にトラムが開業するのはポジティブにとらえられる反面，自分の家の前の道に電車が走ることを拒絶する人は多い。市議会選挙で各党の議席配分が変わったことから，計画変更に迫られることもあった。第二の土地収用に関して，公益利用宣言（DUP）を行えば土地収用ができ事業を進められるが，DUPは万能ではなく，住民との個々の対話・ネゴシエーションが必要となる。とくに第三の点とも絡み，トラム沿線で経済活動している人の理解を得ることが必要であり，工事中の商店への補償を行い，工事中の商店の顧客の自動車の通行確保に個々に対応するなどの必要があった。住民は工事中のことを気にしており，それを解決するための交渉を進める必要があった。

　オルレアンでは，インフォメーションセンターを設置し，毎日開所して苦情・質問を受け付けた。トラムに関するフリーダイヤルも設置した。インターネットの広報サイトを開設した。10名ほど，工事現場を巡回する人を雇い，プロフェッショナルとは異なる住民の眼となって観察し，問題を見つけ出してもらった。住民向けの見学会やバーベキュー大会なども実施した。障害の種類毎に各障がい者団体との対話を行い，意見交換を行い，新型車両は障がい者の意見を取り入れてアクセシビリティを改善した。オルレアンでは，既存線の存在からトラム導入それ自体への市民コン

センサスは得られている状態であったが，各論では不安や反対の声が多い状態であった。行政は総論での賛同を盾にして突っ走るのではなく，各々の不安表明や反対意見に対してきめ細やかに対応して，協議を成功させたといえよう。

(2) ディジョン[32]

　ディジョンはブルゴーニュ地方の中心都市で，都市圏人口は約25万人である。バス交通に適した都市規模であり，トラム導入ではなくバスを強化する施策を実施してきた。6系統からなる高頻度運転される幹線バスのみが都心に乗り入れ，支線系統と組み合わせるネットワーク化を行い，市内のバスは年間3,700万人の乗客数を数えるに至った。しかし，バスの需要が逼迫しバスの混雑が都心の歩行環境を悪化させるに至ったため，交通混雑を解消させるために2012年にトラムを開業させた。本節では，工事期間中に設置されたトラム広報センターや広報誌について紹介する。

　トラム広報センターは，Maison du Tramway と呼ばれ，施設自体はPR施設に該当するものである。館内では，各種解説パネルの掲示やビデオの上映（来訪者が操作できる車窓シミュレーション機能もある），トラムの模型展示などが行われていた。軌道敷や停留所，道路の付帯工事，車庫などの工事図面などもすべて館内で閲覧可能である。広報誌・地区ごと工事資料もすべて配架して配布している。内装も工夫されており，ビビットカラーを多用したカラフルな内装で，片隅にはキッズ用のスペースもあり，子供向けのトラムの学習ができるようにもなっている。

　Maison du Tramway は単なるPRセンターの役割だけではなく，住民との協議・質疑応答・苦情対応の司令塔の役割を果たす組織でもある。とりわけ，工事に関する苦情対応や質問の受付が重要な役割であり，毎日電話での受付業務やセンター開所時間中は担当者が直接応対する。インターネットのサイトの更新，および質問や苦情受け付けも担当する。工事対応

---

32) ディジョンの事例に関しては，2011年10月29日に行ったLRT広報センター（Maison du Tramway）への取材をもとにしている。

以外の，トラム事業や都市交通政策に関する質問や意見はすべて受け付けている。各種の見学・研修の受け入れ・コーディネートも Maison du Tramway の重要な役割であり，特定の曜日は見学・研修の日に指定していた。見学・研修の主たる対象は沿道商店主など都市圏で経済活動を行う市民である。

　各種冊子やインターネットのサイトなど，きわめて多様な文書を作成し，市民に配布していた。まず，ディジョン都市圏の季刊広報雑誌『大ディジョンマガジン』にて，毎号トラムに関する記事を掲載し，トラム特集を組んだ号もあった。さらに，トラムの専門雑誌（トラムマガジン）を刊行し（無料配布），より詳しい情報はこちらに掲載する。トラムマガジンは 2011 年 1 月から 2012 年 12 月までの期間で 7 号が発行された。市の広報誌，トラムマガジンは Maison du Tramway でバックナンバーを含めて配布するほか，Web サイトにて PDF ファイルの形式ですべて配布している（図 9-2）。

　住民向けのきめ細やかな情報提供手段として，地区ごとの工事情報をまとめた冊子を配布した（図 9-2）。すべての停留所ごとに工事情報の冊子を作成し，工事図面や工事スケジュールを記載する。この冊子は地区の住民に対して各戸配布するほか，Maison du Tramway に配架し，インターネットのサイトからもすべてダウンロード可能である。インターネットのサイトは，Flash や動画を活用して動きのある PR 手段であり，各種資料の PDF ファイルをダウンロードする機能も持つ。トラム特設サイトでは，トラムの資料や雑誌のほか，公的審査やコンセルタシオンの報告書，PDU など行政文書もすべて閲覧・ダウンロードできるようになっていた。

　ディジョンのケースでは，市民に対して協議や広報・広聴のための施設運営や資料作成に非常に労力を注いでいることがわかる。トラムによる環境に優しいまちづくりの事業を成功させるためには，土木工学的な技術の蓄積や財源，法制度の整備だけではなく，協議や広報・広聴に関するコミュニケーション手段の研鑽もまた必要であるといえる。

第9章　自治体公共交通政策における市民参加の日仏比較

図9-2　ディジョンのLRT広報用の資料類

3-5　フランス都市交通政策における市民参加制度の特徴

以上に見たように，フランスの都市交通政策における市民参加は，国の法制度によって手続が定められているのが特徴である。計画策定段階のコンセルタシオンと，最終決定段階における市民審査である公的審査の二段階の設定となっており，交通政策を実施する都市自治体にとっては，どういう手続を経れば市民合意を達成できるかが明確であるため，事業実施における参加プロセスを構築しやすいといえる。両プロセスの相違点と特徴をまとめると以下の図9-3のようになる。

フランスの二つのプロセスは，パブリック・インボルブメントを法制度で義務化したものであると定義できる。そのため，トラムやBRTの導入のような環境保護を目的に導入されるような公共交通プロジェクトの推進という意味においては，比較的成功しやすい仕組みであるといえる。

227

第 2 部　市民参加型交通政策の展開

コンセルタシオン （事前協議）	公的審査
初期段階の協議 （市議会に計画案を出す前の協議）	決定段階の協議（議会に議案提出 時に実施する公聴会）
行政主導で実施される	第三者委員会が主催，行政裁判所が選定
プログラムは行政が任意に決められる	プログラムは法律で定められている
協議によって計画案を修正するプロセス	住民が意志決定に参加するプロセス
行政が周知・広報を行い， 住民の声を聞くプロセス	計画案の手直しはなく，決まった計画に 対する Yes/No を集計する
計画案の選択	最終決定の審判

図 9-3　コンセルタシオンと公的審査の相違

4. 日仏比較それぞれの市民参加の特徴

　以上，日本とフランスの都市公共交通における参加制度について分析を行った。フランスは 1982 年の交通基本法の制定後，25 都市での LRT（トラム）の新規導入が行われ，600 km 以上もの新線が建設されている[33]。一方で，日本では富山市の LRT（2006 年）の成功後，各地で注目されているにもかかわらず，LRT の延伸に成功したのは札幌市だけである。フランスの LRT 導入への合意形成が成功した理由は，市民参加の仕組みが法制度上明確に規定されており，行政も市民もどういう手続をクリアすれば合意と見なせるのかという共通認識を持つことができたからであるといえる。このことは，環境に優しい公共交通機関の新設・拡充の実現には参加制度の充実が必要であることの証拠といえよう。

　日本は，NPO が公共交通にかかわるという独自の流れを生み出した。高岡や和歌山のケースのように NGO が公式に公共交通政策にかかわるアクターとして認められる事例も増えている。近年は地域公共交通活性化・

---

33) 塚本・南他編（2014）。

再生法による協議会で NGO が入ることを想定しているなど，日本の近年の交通法整備が NGO を重要なパートナーとして扱うようになっていることは評価に値する。

　日本の参加制度は反対派の市民と協議する仕組みの不備が目立ち，この点が各地の公共交通の維持や再生に関して暗い影を落としていることから，市民参加条約であるオーフス条約（第 1 章 1 を参照）加盟国（フランス，イギリス，ドイツなど）など諸外国の先進的な参加制度を見習いつつ早急に日本の地域の事情に即した制度を構築する必要がある。つまり，反対派の意見表明機会を重視するグリーンアクセスの法制度を目指しつつ，日本が生み出した多様な交通系 NGO と行政・事業者のパートナーシップを活かすような法制度の確立が強く求められているといえる。

参考文献

青山吉隆・小谷通泰編著『LRT と持続可能なまちづくり―都市アメニティの向上と環境負荷の低減をめざして―』（学芸出版社・2008 年）。

板谷和也・原田昇「フランス都市圏交通計画（PDU）の策定の実態―オルレアン都市圏を例に―」土木計画学研究・論文集 21（2004 年）41-50 頁。

貴志川線の未来をつくる会ホームページ http://kishigawa-sen.jp/

近畿弁護士連合会公害対策・環境保全委員会『第 23 回近畿弁護士連合会人権擁護大会シンポジウム　第 2 分科会　人と環境に優しい都市づくりを考える～病める都市から持続可能な都市へ～　基調報告書』（2004 年 11 月 26 日）。

小嶋光信「地方公共交通における，運行会社，行政，市民との協働」第 10 回中部地区地方鉄道サミット on 北勢線，基調講演（2011 年 11 月 12 日，三重県桑名市）。

札幌市『広報さっぽろ』2004 年 7 月号。

札幌市ホームページ，交通計画・施策，路面電車 http://www.city.sapporo.jp/sogokotsu/shisaku/romen/

篠藤明徳『まちづくりと新しい市民参加―ドイツのプラーヌンクスツェレの手法―』（イ

マジン出版・2006 年）。

Certu, *Annuaire statistique — transports collectifs urbains (TCU) 2009 — Evolution 2003-2008*, 2010.

Certu, *Annuaire statistique — transports collectifs urbains (TCU) 2010 — Evolution 2004-2009*, 2011.

高岡市役所サイト，万葉線について http://www.city.takaoka.toyama.jp/ kotsu/kurashi/kotsu/kokyo/manyosen/index.html

塚本直幸，南聡一郎，吉川耕司，ペリー史子「フランスにおける都市交通体系の転換に関する考察」大阪産業大学人間環境論集 13 号（2014 年）25-60 頁。

塚本直幸，南聡一郎，吉川耕司，ペリー史子「フランスにおける都市交通政策の転換とトラムプロジェクト―ル・アーブル，オルレアン，トゥールを事例として」大阪産業大学人間環境論集 14 号（2015 年）57-102 頁。

辻本勝久編著「貴志川線存続に向けた市民報告書～費用対効果分析と再生プラン～」和歌山大学経済学部 Working Paper Series 05-01（2005 年）。

辻本勝久『交通基本法時代の地域交通政策と持続可能な発展―過疎地域・地方中小都市を中心に―』（白桃書房・2011 年）。

富山県統計調査課『平成 25 年富山県統計年鑑』（2015 年）。

バスマップサミット公式サイト http://www.rosenzu.com/busmap/

南聡一郎「フランス交通負担金制度の歴史からの含意」財政と公共政策 34 巻 2 号（2012 年）122-137 頁。

南聡一郎「条文比較分析からみる公共交通条例の含意」交通科学 45 巻 2 号（2015 年）7-16 頁。

山中英生，小谷通泰，新田保次『まちづくりのための交通戦略―パッケージアプローチのすすめ―』（学芸出版社・2000 年）。

蝋山昌一「これからの万葉線についての提言」高岡短期大学紀要 16 巻（2001 年）63-70 頁。

路面電車と都市の未来を考える会・高岡（RACDA 高岡）編著『万葉線と RACDA 高岡　5 年間の軌跡』（RACDA 高岡・2004 年）。

（インターネットサイトへの最終アクセス日：2015 年 8 月 1 日）

第 10 章
赤字地域鉄道を財政で支える価値とは何か
——持続可能な地域発展という観点から

南 聡一郎

1．問題意識と背景

1-1　研究の背景

　本章の目的は，財政で地域鉄道を支える意義とは何かを明らかにすることである。つまり，赤字鉄道を税金で支える社会的な価値とは何かを問うことである。日本はこれまで公共交通に対して独立採算制を採用してきた。また，交通経済学では独立採算パラダイムが主流の位置を占めており，公共交通は独立採算で運営しなければならないという通念がマスコミなどを通じて形成された。しかし，交通政策基本法の制定（2013年）や，地域公共交通活性化・再生法の制定（2007年）・改正（2014年）により，日本の交通政策の目標は生活交通の維持，防災，環境，観光振興などの社会的便益を重視する方向に転換した。このことは，これらの法律で掲げられた目標を達成するために，赤字の地域鉄道に補助金を交付しなければならないケースが多く発生することを意味する。

　地域鉄道への補助金交付には二つの批判がある。第一は，公共交通への運営費補助それ自体への批判である。第二の批判は，「なぜバスではだめなのか」という批判である。公共交通機関への補助金交付が社会的に認められても，「鉄道は高価なのでバスで十分。鉄道を廃止して捻出したお金をバスの補助金に当てればよい」という批判を乗り越えないと，地域鉄道

への補助金交付は正当化されない。そのためには，バスにはない地域鉄道の価値とは何かを明らかにする必要がある。

1-2 地域鉄道の補助金に関する既往研究

　新古典派の交通経済学は独立採算パラダイムを採用しているため，公共交通の補助金，特に運営費補助に関しては批判的である[1]。それに対して，交通権学会は生活権の保障や所得分配の公平性を交通政策の課題とすべきであると主張してきた。しかし，交通権憲章において，補助金や財政に関する文言はなく，「第3条　利便性の確保　人は，連続性と経済性に優れた交通サービスを快適・低廉・便利に利用することができる」という条文も，この目的は独立採算制の範囲で達成すべきなのか，そうではなく補助金交付により達成すべきなのかが不明である[2]。また交通権をメインテーマに扱った土居他の教科書[3]において，補助金や財政に関する記述がない。つまり，交通権派の学者ですら公共交通への補助金に関する研究が手薄であった。

　鉄道への補助金に関する業績としては以下のものがある。まず，厚生経済学の限界費用価格形成原理が補助金交付を正当化する経済理論として認められているが，現実に適用可能な規範とみなされてこなかった[4]。赤字鉄道を公的に供給されるべき私的財（P財）とみなして分析した坂下のモデル[5]が数少ない理論研究であるが，一つの試論にとどまっている。地域鉄道の存廃問題に関わった研究者の発信として，万葉線における蝋山の提言[6]や，貴志川線における辻本・伊藤の費用便益分析[7]がある（第9章参

---

1) たとえば，藤井・中条（1992）45-65頁を参照。
2) 交通権憲章（1998年版）。
3) 土居他（2006）。
4) 限界費用価格形成原理に関する論争は大石（2005）205-259頁を参照のこと。
5) 土井・坂下（2002）82-90頁。
6) 蝋山（2001）。
7) 辻本編（2005）。

照)。他は海外の制度や事例紹介が中心であり,アメリカの交通財政を体系的に解明した西村の業績[8]が代表的で,フランスの交通負担金(交通税)に関する業績も数多い[9]。

公共交通の財政や補助金に関しては,決定版となる学説がなく,実証研究を行うための理論ツールが乏しい状況にある。とくに,地域鉄道が地域社会の持続可能性に貢献する役割(社会的便益)を具体化して,費用負担のあり方や最適な財政システムを示すためのツールが不足していただけではなく,その考え方自体が欠如していた点は否めない。公共交通の補助金に関する研究で海外事例研究が多いのは,単に公共交通の財源制度の先進事例に学ぼうという理由だけではなく,交通権や持続可能な地域づくりといった政策目標のために独立採算制を放棄した海外の制度研究を通じて,帰納的に公共交通の財政に関する新しい考え方を導き出すという方法論に研究の活路を見い出さざるをえないという理由もある。

1-3 地域の持続可能性と地域鉄道の財政

交通政策基本法は,国が日常生活・社会生活に必要な交通手段の確保を行うべきであると規定した(第16条)。また,環境・防災・観光振興なども目標とされた。同法の制定により,地域鉄道などの地域の人々の生活を支えるための公共交通の合理性は,採算性以外の尺度,すなわち地域の持続可能性という尺度も含んで判断する必要が生じた。三陸鉄道社長の望月は,東日本大震災で被災した三陸鉄道を全線復旧させると決断した理由として,「鉄道が廃止されて栄えた町はない」と語っている[10]。地域鉄道は持続可能な地域発展に必要であるという含意である。つまり,地域鉄道の存廃に関しては,鉄道を廃止すると地域が衰退するリスクを考慮しなけれ

[8) 西村(1998)。
[9) たとえば神野(2003),南(2012)などがあげられる。
[10) 望月は講演会やインタビューでこのことをたびたび語っている。たとえば,望月(2014)を参照のこと。

ばならないといえる。

そこで本章では，日本の地域鉄道を取り巻く歴史的変遷や交通政策基本法成立の意義や盛り込まれた政策の目標を考慮しつつ，地域鉄道の廃止とバス転換が地域の衰退につながるのかどうかを検討し，主に三陸鉄道を例として[11]，地域鉄道を財政で支える価値とは何かを考察し，日本の交通学が今後地域鉄道の財政という研究テーマを発展させ，地域鉄道政策にかかわる現場に対して有効な提言ができる理論や研究の枠組みを構築するために必要な考え方とは何かを示す。

2. 三陸鉄道を支える地域の取組み

2-1　三陸鉄道の概要

三陸鉄道は岩手県の第三セクター鉄道会社で，2路線107.6 kmの鉄道路線を持つ。岩手県が筆頭株主で48％の株を所有し，後の株は沿線市町村や沿線の大企業などが所有する。南リアス線盛駅（大船渡市）—釜石駅（釜石市）間36.6 kmと，北リアス線久慈駅（久慈市）—宮古駅（宮古市）間71.0 kmの路線を持ち，ともに単線・非電化の鉄道である。岩手県内の三陸沿岸の都市間輸送，沿線都市近郊の通勤・通学輸送や通院・買い物客の他，三陸海岸の観光地へのアクセスの機能も持ち，風光明媚な車窓を活かしてお座敷列車やレトロ列車の運行を行っており，三陸鉄道自体が沿線地域の観光資源の役割も持っている。三陸鉄道は宮古駅—釜石駅間のJR山田線を挟んで北リアス線と南リアス線に分かれている。

三陸鉄道の路線はもともと国鉄が建設を進めていた区間で，1975年（昭和50年）までに国鉄盛線（盛駅—吉浜駅），宮古線（宮古駅—田老駅），

---

11) 本稿をまとめるにあたり，2013年8月29日に行った三陸鉄道の望月明彦社長および宮古市役所総務企画課へのグリーンアクセスプロジェクトチームによるヒアリング結果を参考にした。震災からの復興のさなかに，対応して頂いた関係者に御礼申し上げる。

久慈線（久慈駅—普代駅）として部分開業をしていたが，1980年（昭和55年）の国鉄再建法の制定に伴い，開業済みの区間の廃止が決定され，残る区間の建設凍結の措置がとられた。岩手県と沿線自治体は第三セクター方式での鉄道運営を引き継ぐことを決定し，未開業の区間（吉浜駅—釜石駅間と田老駅—普代駅間）の新規開業と併せて，1984年4月1日三陸鉄道北リアス線・南リアス線として開業したものである。三陸鉄道は国鉄の特定地方交通線を転換した第三セクター鉄道としての最初の事業で，開業時から10年間は黒字経営であった。三陸鉄道は，沿線人口の少ない地域鉄道であってもうまく経営すれば黒字化が可能であることを立証し，その後の多くの地域鉄道の存続・再生の手本となった。しかし，沿線の過疎化とモータリゼーションの進展により1994年以降は赤字財政に転落している。

　2011年3月11日の東日本大震災による津波被害により，三陸沿岸の鉄道は甚大な被害を受け，三陸鉄道も打撃を受けた。望月社長は社員とともに2011年3月中に全線の被災状況を調査し，3年以内の全線復旧方針と早期に部分復旧できる区間を優先的に復旧させる方針を立てた[12]。4月に沿線8市町村の首長（野田村は副村長）と個別に会談し，1）三年以内の全線復旧，2）復旧工事は被災状況や工事の難度に応じ1〜3次に分けること，3）ルートは変更しないこと，の方針の内諾を得て，5月に沿線市町村と連名で岩手県知事に全線復旧への支援を要望し，7月の株主総会（株主の多くは岩手県と沿線市町村）で正式に承認された。まず，3月16日に北リアス線久慈駅—陸中野田駅間で運転再開，3月20日北リアス線宮古駅—田老駅間で運転再開，3月29日北リアス線田老駅—小本駅間で運転を再開した。被災者の足を確保するために，少しでも早く復旧できる区間を優先的に復旧させたものである。2011年3月いっぱいは災害復興支援列車として運賃無料とし，4月以降も臨時割引運賃を適用した。2012年4月1日に北リアス線陸中野田駅—田野畑駅間運転再開，2013年4月3日

---

12) 東北の鉄道震災復興誌編集委員会編（2012）。

には南リアス線盛駅—吉浜間が復旧し，南リアス線が2年ぶりに復旧した。そして，2014年4月に残る区間が復旧して全線復旧した。

　しかし，接続路線の復旧が進んでいないため三陸縦貫鉄道は寸断された状態が続いている。久慈で接続するJR八戸線は2012年3月に全線復旧した。盛駅で接続するJR大船渡線は，気仙沼線と併せてBRT（ここでは鉄道の路盤をバス専用道路とするもののことをいう）として仮復旧した。三陸鉄道に挟まれた区間である宮古駅—釜石間のJR山田線は復旧が行われておらず，平行する路線バスによる振替輸送での対応となっている。2014年1月，JR東日本は釜石—宮古間をJRの負担で復旧工事を行った後に三陸鉄道に移管する案を沿線自治体に提示した。2014年12月24日に沿線自治体は山田線の三陸鉄道移管の提案の受け入れを決定した[13]。JRは復旧の整備費用の負担や設備の無償譲渡のほか，沿線自治体に30億円の負担金を支払う。

2-2　三陸鉄道に対する財政支援

　旧国鉄の特定地方交通線の転換に際しては，第三セクター鉄道への移管・バス転換問わず比較的潤沢な財政支援があった。1kmあたり3,000万円を上限とする転換交付金を市町村に交付し，転換後5年間は国が赤字補填を行う（バスは全額，鉄道は半額）というものであった。また，工事が中断していた鉄道建設公団が建設を担当する新線も，第三セクターが開業後引き継ぐならば工事を再開することとされ，完成後の新線は無償で譲渡され，1kmあたり1,500万円の転換交付金も交付された。多くの地方自治体は，転換交付金を活用して経営安定化基金を創設した。この基金の運用益で，赤字額を補填するための財源をまかなうことを意図していた。国鉄改革が実施された当時はバブル経済の高金利であり，経営安定化基金の運用益は高く見込まれた。独立採算制と市場原理を鉄道経営に徹底させていた当時の制度のもとでは合理性を持った仕組みであり，当時の国の支

13）日本経済新聞　2014年12月24日・電子版。

援はかなり手厚かったといえる。

　三陸鉄道は1984年に開業した際，年間約260万人の乗客数があり，開業後10年間は黒字経営であった。しかし，沿線の過疎化やモータリゼーションの進展によって乗客数は減少し，1994年以降は赤字に転落し，震災直前には100万人前後（2010年は84万人）にまで減少していた。赤字経営になった原因の一つは，沿線の学校や病院が沿線外の郊外に移転して需要が減少したことであり，とくに1992年に宮古駅前にあった岩手県立宮古病院が郊外に移転したことが運輸成績に悪影響を与えた。

　2000年代に入ると，多くの第三セクター鉄道で経営危機が生じた。バブル崩壊後の低金利政策により経営安定化基金の運用益を生み出すことができなくなり，基金の取り崩しによる赤字補填に迫られた結果，経営安定化基金が底をつき始めたのである。経営安定化基金の枯渇を契機に廃線に追い込まれた鉄道もある（神岡鉄道，三木鉄道，のと鉄道，北海道ちほく高原鉄道や高千穂鉄道など）。三陸鉄道も経営安定化基金が底をつき，経営再建が急務となった。後述するように，沿線自治体は2009年に三陸鉄道沿線地域等公共交通活性化総合連携計画を策定し，上下分離による三陸鉄道支援スキームを策定した。

　三陸鉄道の震災復旧には総額約100億円[14]の費用が必要であり，その全額は実質国費負担である[15]。復旧後の資産（鉄道施設）は沿線市町村に無償譲渡される。後述するように，三陸鉄道および沿線自治体は震災前から上下分離方式への移行手続を進めており，震災復旧後もそのスキームを活用する格好となった。またクウェート国からの支援で新車を導入した。

---

14) 原型復旧では約81億円と見積もられたが，一部の区間で防災対策工事（たとえば高架橋が倒壊した島越駅付近は，防波堤を兼ねた築堤構造に変更した）を施したため，費用がその分増加したのである。
15) 費用の半額が国，半額が岩手県と沿線市町村であるが，地方自治体負担分は震災復興の特別交付税で措置されたため，実質国の全額負担である。

2-3 三陸鉄道を支える沿線自治体の取組み

　2007年に成立した地域公共交通活性化・再生法の枠組みを活用して，沿線自治体（久慈市，野田村，普代村，田野畑村，岩泉町，宮古市，釜石市，大船渡市の8市町村および接続線区沿線の自治体である洋野町，山田町，大槌町，陸前高田市の合計12市町村が対象区域）は「三陸鉄道沿線地域等公共交通活性化総合連携計画」を2009年に策定した。同計画の意義は，沿線自治体が三陸鉄道を地域の重要な資源（いわば社会的共通資本）と位置づけた上で，活性化策を講じたことである。2009年に制定された同計画では，三陸鉄道について以下のように位置づけている。

- 三陸鉄道の開業は，三陸沿岸の住民にとっては，明治以来の悲願である「三陸縦貫鉄道」の開業であり，地元に大きな「三陸鉄道ブーム」を巻き起こした。
- 以後，平成5年度まで順調に黒字経営を行ってきたところであるが，「モータリゼーション」や「人口減少・少子高齢化」の進展，「沿線公共施設の移転」など，様々な環境の変化により，輸送人員が減少を続け，平成6年度から収支欠損を生じている。
- 一方，三陸鉄道は，依然として地域の通勤，通学，通院，買物，高齢者などの交通弱者の日常生活の足として重要な役割を果たしているほか，三陸海岸という本県屈指の観光資源を沿線に抱え，観光産業等における重要な地域振興基盤となっている。
- また，近年，地方鉄道の果たす役割として，「まちづくり」の装置としての役割や「中心市街地の活性化」，「地球環境の保全」更には「ランドマークとしての機能」や拠点地域とつながっていることなどによる「安心感の確保」など，多面的な機能が評価されてきている。
- このことから，三陸鉄道をはじめとした地方鉄道については，単なる採算性といった側面のみからではなく，その社会的価値も踏まえながら，地域が全体の問題として主体的にそのあり方を考えることが重要である。

(出典：三陸鉄道沿線地域等公共交通活性化総合連携計画，1頁)

　つまり，2009年の時点ですでに沿線市町村は採算性だけではなく社会的価値を踏まえて三陸鉄道の持続的な運営を行うことに合意をしていたのである。同計画では，三陸鉄道の活性化および再生を総合的かつ一体的に推進するための計画として，三陸鉄道の (1) 利便性の向上，(2) 地域振興への活用，(3) 持続的な運営，のための施策方向性を具体化するものとして策定された。具体策として，1) 持続的運営の確保，2) 観光対応の強化，3) 地域振興への利活用の促進，の三点が定められた。とくに重要なのは上下分離への移行であり，2000年にトンネルや橋梁などの重要設備はすでに沿線市町村に譲渡されていた。同計画において，鉄道用地などすべての資産を沿線の市町村に譲渡し，沿線市町村が三陸鉄道に無償で貸し付けるスキームができあがっていた。

　震災からの復旧過程で，連携計画は改定され，2014年2月に改訂版が作成された。震災からの復興を踏まえた改訂版では，「"私たちの三陸鉄道（アワレール）" というコンセプトのもと，3つの創造事業をみんなと協働して行い，持続的運営を確保します」というコンセプトで，(1) 安全運行の創造，(2) 顧客価値の創造，(3) 共通価値の創造を3つの大きな目標と掲げており，震災からの復興や防災機能，施設老朽化への対応を強化する方向となった。

　沿線市町村における復興計画においても三陸鉄道の復旧が盛り込まれている。宮古市では，「宮古市総合計画」の部門別計画として，「宮古市公共交通ビジョン」を2014年3月に策定した。同ビジョンでは，三陸鉄道と幹線バス，JR線を幹線交通として，支線系統のバスを組み合わせる公共交通ネットワークの形成を強化する方針を打ち出した。また，宮古市は都心の活性化を目指して，海岸近くにあり防災上問題がある市役所を宮古駅に隣接する敷地に移転する方針を2014年4月に発表している。

2-4 社会的共通資本としての三陸鉄道

　三陸鉄道はもともと沿線地域から渇望されて建設され，少なくとも開業後10年間は黒字経営に成功するなど，地域鉄道として高い成果を残していた。赤字が深刻化し存廃のあり方を考える段階に至り，沿線自治体は連携計画策定を通じて，観光資源などの効果を評価し採算性だけではなく社会的価値を判断して地域で責任を持って維持する方針を決めた。それゆえに，震災被害からの全線復旧に対する合意もスムーズに進んだという面もある。望月社長の「鉄道が廃止されて栄えた町はない」という言葉のように，三陸鉄道は持続可能な地域発展のために必要な社会的共通資本として，地域が責任をもって支えるべきであるという戦略に転換したのである。根底にあるのは，コストカット目的で鉄道を廃止してバスに転換させるという考え方からの決別である。交通事業の採算性や費用の多寡で判断するのではなく，地域の振興にいかに貢献するのか，ということを重視する考え方への転換である。震災前に，すでにこの合意がなされていたために，三陸鉄道は復興に不可欠な存在と見なして路線復旧をすることができたといえる。

3. 日本における地域鉄道廃止とバス転換の経緯と影響の変遷

　三陸において鉄道存続が求められる理由の一つに，鉄道が廃止されると地域が衰退するという危機意識がある。そこで，日本の地域鉄道の廃止とバス転換の経緯を整理し，影響について分析する。1970年（昭和45年）をピークに路線バスは乗客が減少し始め，2010年（平成22年）現在は最盛期の4割程度にまで乗客数が減少した。すなわち，バスですら衰退している局面で鉄道をバスに置き換えても，公共交通の衰退は止められないと考えられる。以下で，昭和30年代までと，昭和40年代以降に分けて鉄道からバスに転換した背景について考察し，鉄道が廃止された地域が本当に衰退したのかどうかについても検討する。

3-1　昭和20年代・30年代における地域鉄道のバス転換

戦後，燃料事情の回復と道路整備進展により，バス事業の復興・発展が始まると地域鉄道のバス転換が進み始めた。昭和20年代から昭和40年代にかけて，中小私鉄を中心に地域鉄道のバス転換が急激に進んだ。

ただし，この時期の地域鉄道廃止は必ずしも公共交通の衰退を意味しない。というのは，この時期にバス化された地域鉄道路線は，軽便鉄道や単線・小型車を用いる路面電車など低規格な鉄道であり，大量輸送性や速達性に劣る路線が大半であったからである。道路整備が進みバスの車両の技術が向上すると，低規格の地域鉄道は急激に陳腐化していった。

昭和30年代には，地域鉄道事業者は，陳腐化した設備の更新の必要に迫られていた。技術水準の低い低規格の鉄道を設備更新するよりも，当時車両技術が急速に発展していたバスに置き換え，近代的な交通機関として進化させた方が良いと考えた事業者が多かったのである[16]。かくして，多くの地域鉄道がバスに置き換えられて廃止されていった[17]。日本の路線バス事業は昭和30年代に黄金期を迎えており，多くのローカルバスも黒字経営であった。

つまり，昭和30年代までの地域鉄道の廃止は，時代遅れの低規格鉄道を当時技術革新が進んでいたバスに置き換えることで，近代化を図ることを目的としていたのである。地域鉄道のバス化は地域公共交通のイノベーションを目指したものであり，この時期の鉄道の廃止とバス転換は，地域公共交通を強化・拡充する意味合いが強かったといえる。

3-2　昭和40年代以降の地域鉄道の廃止とバス転換

昭和40年代に入ると，地域公共交通を取り巻く状況が一変し，二つの大きな変化が訪れる。第一の変化は，規格の高い鉄道路線も淘汰される段

---

[16] 鉄道として将来性があると判断された低規格鉄道路線は，設備を更新して通常の鉄道に改良された。
[17] 小規模な地域鉄道の発生と衰退の経緯は，三木（2000）に詳しい。

階に入った点である。第二の変化は，路線バスが発展から衰退に転じた点である。この変化は，マイカーの普及と道路整備が進み，モータリゼーションが本格化するなかで，公共交通がマイカーにシェアを奪われるという現象が生じたことによるものである。

第一の変化の最も顕著な出来事は，国鉄がローカル線の廃止に乗り出した点である。国鉄が赤字経営に転落した昭和40年代，ローカル線の淘汰が模索されるようになり，国鉄は1968年に赤字83線（2,590.6 km）を選定し，バス転換を表明した。この取組みは地元の強固な反対を受けたこともあって，実際に廃止されたのは11路線（116 km）にとどまった。しかし，国鉄改革議論が本格化する中で，地方ローカル線の新線建設の凍結と輸送密度が4,000人/kmを下回る特定地方交通線を廃止する方針が1980年の答申で盛り込まれた。国鉄〜JRの路線としては，特定地方交通線はすべて廃止され，約半数は三陸鉄道を筆頭に第三セクター鉄道として存続したが，半数以上の路線はバスに転換された。

第二の変化は，路線バスの衰退が始まった点である。バスの乗客数は1970年（昭和45年）に年間約100億人の乗客数（全国の乗り合いバスの総計）を記録しピークを迎えたが，その後急激に乗客数が減少し始め，1985年には約70億人と15年で一気に3割も減少し，2010年には約42億人とピーク時から6割近く減少した[18]。路線バスが急激に衰退したことがわかる。一方で鉄道は，シェア率こそ下がっているが，乗客総数では増加傾向を保っており，2010年の乗客総数は1970年よりも約4割増加している。鉄道の存廃よりも路線バスの存廃の方がきわめて深刻な状況に陥ってしまったのである。

モータリゼーション進展により鉄道・バスともに経営が悪化し始めるとコストカットが進められる。この時期になると鉄道の廃止は単にコストカットのためのものとなってしまい，バス化はサービス水準の低下に直結し，最終的にバスも消滅する危機にさらされるようになったのである。

18）国土交通省『交通関連統計資料集』。

3-3 鉄道の廃止が地域に与える影響

鉄道が廃止された後，地域にどのような影響を与えたのかについて，簡易的な手法として，廃止後の沿線自治体の人口の増減との相関関係を明らかにし，マイナスの影響が出ているか否かを判断する。

(1) 名鉄高富線のケース

名鉄高富線は，岐阜市の長良北町駅（当時の岐阜市内線の終点駅）から高富駅を結ぶ路面電車であった。全線が岐阜市内に存在するが，終点の高富駅は岐阜市と山県郡高富町（現山県市）の境にあり，実質高富町へのアクセス路線として機能していた。同線は，単線で車両も小型の車両で輸送力が小さかった。バスよりも輸送力が小さい状況であり，乗客増によって輸送力が逼迫したため，1960（昭和35）年にバスに転換された。岐阜市内と高富地区を結ぶバスは現在も乗客数は多く，日中でも1時間あたり5〜6本の高頻度運転である。高富線は，低規格な鉄道路線をバス化することで近代化した典型例であるといえる。高富町の人口の推移は以下の表10-1のとおりである。

高富町は，鉄道廃止直前の10年間は人口が減っているのだが，鉄道廃止してから人口が増加に転じている。その後も，2000年の山県市への合併までは，人口が増え続けている。高富線のケースでは，バスより低規格の鉄道を高頻度運転のバスサービスに置き換えた，すなわち地域公共交通の抜本的改良・拡充であり，地域の発展にマイナスとはならなかったといえる。

(2) 北海道のローカル線廃止のケース

北海道では，国鉄末期の特定地方交通線の廃止において池北線を除くすべての路線がバスに転換された（池北線は第三セクターの北海道ちほく高

表10-1 岐阜県山県郡高富町の人口の推移

年	1950	1955	1960	1965	1970	1975	1980	1985	1990	1995	2000
人口(人)	11,456	11,334	10,918	11,276	12,074	13,838	15,871	17,117	17,931	18,654	18,795

［出典：国勢調査］

原鉄道に転換されたが，赤字がかさみ 2006 年に廃止された）。北海道の国鉄ローカル線のバス転換は，コストカットのための鉄道廃止の典型例とみることができる。

ここでは，道南・道央地区の廃止路線と，周辺地域の存続路線の沿線自治体の人口を分析する。サンプルとして選んだのは，松前線，瀬棚線，岩内線，胆振線，富内線，寿都鉄道（昭和40年代の廃止だが，参考に掲載）と周辺の現役路線，函館本線，江差線，日高本線である。表10-2は，1985年と2010年の沿線自治体の人口を比較したものである。

鉄道が残っている沿線自治体よりも，廃止された沿線自治体の方が人口減少率は大きい。平均でみると，鉄道が廃止された自治体は34.2％の人口減少なのに対して，鉄道が残っている自治体は16.9％の人口減少にとどまっている（支線区が廃止され，本線のみ残った自治体は14.9％，廃線が生じなかった自治体は16.9％の減少）。この中では，とくに廃止された鉄道の終点駅のある自治体の人口減少が著しい。松前町が45.4％，瀬棚町が41.6％，（旧）日高町が42.9％，寿都町が37.4％の人口減少となっている。とくに，旧松前線沿線であった福島町が49％と一番人口が減少している。

3-4 鉄道のバス転換に関する考察

結局のところ，鉄道の廃止が地域に悪影響を与えるか否かは，廃止によって地域の公共交通の利用状況が改善するか悪化するかによるといえる。高富線のケースでは，路面電車のバス化によって公共交通が改善したため，沿線の発展にはマイナスの影響はなかったといえる。一方で，北海道のローカル線廃止は単なるコストカットのためのバス転換であり，鉄道が存続した市町村と鉄道が廃止された市町村の間で人口減少率に差が生じている[19]。バスですら経営悪化している現状では鉄道廃止は地域の衰退を

---

19) 北海道におけるローカル線のバス転換について詳細に分析した資料として，北海道運輸局の委託で行われた追跡調査，㈱北海道二十一世紀総合研究所（2009）において詳しく分析されている。

第 10 章　赤字地域鉄道を財政で支える価値とは何か

表 10-2　北海道における鉄道廃止路線と存続路線の沿線自治体の人口の推移
　　自治体名は 1985 年時点のものである。

	1985 年人口	2010 年人口	線名	区別	増減
松前町	16,016	8,748	松前線	廃線	-45.4%
福島町	10,159	5,114	松前線	廃線	-49.7%
知内町	7,380	5,074	松前線	廃線	-31.2%
木古内町	8,916	5,341	松前線，江差線	支線廃止	-40.1%
上磯町	30,770	37,471	現役：江差線	現役	+21.8%
江差町	13,313	9,004	現役：江差線	現役＊	-32.4%
上ノ国町	8,522	5,428	現役：江差線	現役＊	-36.3%
瀬棚町	3,812	2,225	瀬棚線	廃線	-41.6%
北檜山町	7,717	5,399	瀬棚線	廃線	-30.0%
今金町	8,431	6,186	瀬棚線	廃線	-26.6%
岩内町	20,892	14,451	岩内線	廃線	-30.8%
共和町	8,282	6,428	岩内線（起点側）	支線廃止	-22.4%
寿都町	5,497	3,443	寿都鉄道	廃線	-37.4%
黒松内町	4,214	3,250	寿都鉄道（起点側）	支線廃止	-22.9%
喜茂別町	3,749	2,490	胆振線	廃線	-33.6%
京極町	4,125	3,811	胆振線	廃線	-7.6%
倶知安町	18,892	15,568	胆振線（起点側）	支線廃止	-17.6%
大滝村	2,098	1,533	胆振線	廃線	-26.9%
壮瞥町	4,343	3,232	胆振線	廃線	-25.6%
伊達市	34,824	34,745	胆振線（起点側）	支線廃止	-0.2%
ニセコ町	4,593	4,823	現役：函館本線	現役	+5.0%
蘭越町	7,553	5,292	現役：函館本線	現役	-29.9%
仁木町	4,959	3,800	現役：函館本線	現役	-23.4%
余市町	26,213	21,258	現役：函館本線	現役	-18.9%
長万部町	10,252	6,386	現役：函館本線	現役	-37.7%
鵡川町	9,099	6,373	富内線，日高本線	支線廃止	-30.0%
穂別町	4,969	3,373	富内線	廃線	-32.1%
日高町(旧)	3,151	1,798	富内線	廃線	-42.9%
平取町	7,767	5,596	富内線	廃線	-28.0%
門別町	15,116	11,817	現役：日高本線	現役	-21.8%
新冠町	7,277	5,775	現役：日高本線	現役	-20.6%
静内町	26,045	20,865	現役：日高本線	現役	-19.9%
三石町	6,565	4,554	現役：日高本線	現役	-30.6%
浦河町	18,808	14,389	現役：日高本線	現役	-23.5%
様似町	7,745	5,114	現役：日高本線	現役	-34.0%

［出典：国勢調査］

＊江差線のうち，木古内—江差間は 2014 年に廃止され，江差町と上ノ国町は鉄道のない自治体となった。

早めるリスクが高い可能性がある，ということができる。

4. 交通政策基本法が示す今後の日本の公共交通のあり方

2013年，交通政策基本法が成立した。日本においてフランスの交通基本法（LOTI）をモデルとした交通基本法の制定は長らく模索されており，交通権の明文化こそ見送られたものの，公共交通のあり方に対して，生活を守ることや環境保護，地域振興（とくに観光の強化），防災に貢献することを優先課題とし，地域公共交通は持続可能な地域発展に貢献すべきと位置づけ，また第13条で「政府は，交通に関する施策を実施するため必要な法制上又は財政上の措置その他の措置を講じなければならない」と規定しており，地域の公共交通を独立採算制のドグマから解き放つ契機となるものとして評価できる。すなわち，交通政策基本法は，公共交通の社会的価値に重きを置いた施策に転ずることを求めているものであり，「公共交通とは営利的な事業ではなく社会的共通資本である」[20] ということが「事実上の憲法として倫理的合意が成立」したとも解することができる[21]。

従来の独立採算パラダイムの元では，赤字事業よりも黒字事業の方が望ましく，仮に赤字解消が不可能ならばできる限り赤字額が小さい方がよいとされてきた。だが，このことはコストカットによるサービス悪化と乗客逸走による収益減という悪循環をもたらしてきた。鉄道を廃止してバス転換することは交通サービス水準を改善させる機会[22]でもあるので必ずしも公共交通の改悪を意味するはずはないのであるが，独立採算制のもとでは採算制を満たす限りでなければ，バスサービスの改良・拡充を行うことすら難しい。

---

20) 地域公共交通機関を社会的共通資本としてとらえる考え方は，宇沢（1994）235-238頁，245-248頁を参照のこと。
21) ここでいう倫理的合意とは，厚生経済学の概念である。詳しくは，岡（1997）11-13頁，38-46頁を参照のこと。

交通政策基本法の制定により，日本の地域公共交通は「どのような公共交通サービス供給にすれば，採算性を満たすか，財政負担を最小化できるか」ではなく，「どのような公共交通サービス供給にすれば，社会的便益が高いか，公共投資した経済効果が高いか」で，鉄道かバスの機種選択をしなければならない時代になったといえる。環境保護や防災，観光振興の効果も判断して，鉄道とバスどちらが合理的かと判断する必要がある。

交通政策基本法により，交通政策は訪日外国人観光客（インバウンド）の増加への貢献を求められている。鉄道によるツーリズムを振興し地域の持続可能な発展を促す，という考え方である。鉄道路線は外国人観光客にとってもわかりやすく，鉄道があることでその地方への訪問を決める外国人観光客も少なくないであろう。地方自治体や地域住民・地元産業界などの地域づくりの主体は，「赤字の地域鉄道は，地域に海外などからの観光客を呼び込む産業の装置として，地域で支えていく」という考え方に転換し，さらに地域鉄道を外国人観光客にPRするブランド構築のための手段と位置づけるという，地域マネジメントを行っていく必要があるといえる。

5．おわりに

本章では，今後の日本の地域鉄道を財政で支える上での価値のとらえ方についての考察を示した。単に生活交通の維持のためならばバスサービスを供給すればよいため，地域鉄道に関しては「なぜバス転換ではだめなのか」という課題が常につきまとう。またコストカットのためにバス転換をすると公共交通が衰退し，さらに地域の過疎化が進む可能性があることを

22）鉄道廃止代替バスの問題について考察した先行業績としては，加藤（2005）が重要な示唆を与えてくれる。加藤は，鉄道が廃止された際に単にバスに代替しただけでは，公共交通の利便性が下がり結局乗客減を招くと分析した。そのため，鉄道を改良・高速化して生き残らせるか，鉄道を廃止する代わりに地域のバス網を再構築，すなわち鉄道廃止をバスサービスの抜本的改良・拡充の機会ととらえるかの二つの選択肢をとるべきであるとした。

示した。三陸鉄道のように，地域の社会・経済の維持・発展に資する装置という独自の役割を評価されて財政で支えられるケースがあることがわかった。交通政策基本法制定により，人口が少ない地域の地域鉄道であっても，地域の経済振興を担い，内発的かつ持続可能な発展に貢献するという新たな役割が求められるようになった。

　つまり，鉄道の赤字補填の是非は，地域鉄道があることによって，観光産業など，地域の産業や経済にどれだけプラスになったのか，地域の雇用が何人増えたのか，そしてそれは環境や防災，福祉など地域のサステイナビリティに貢献するものなのかということを考えなければならない時代になったといえる。海外からの観光客を誘致するための装置としての役割も担う必要も生じている。地域鉄道は採算性やコストの最小化ではなく，地域振興に対する投資効果で判断することが求められるようになる。地域鉄道の赤字は，地域の負荷ではなく，地域の環境・福祉のサステイナビリティや地域振興・雇用の創出のための必要経費や投資ととらえ，その投資効果や費用対効果を最大化させるにはどうすればよいかと考えなければならないといえる[23]。

　交通政策基本法の制定に代表される制度的・社会経済的変化が起きている今後の日本において，財政で赤字の地域鉄道を支える価値とは何かといえば，鉄道は地域づくりのツールとして独自の役割をもつ，と結論することができる。このことは，地域公共交通を分析し地域の交通問題解決に役立つ知見を創成する学問に対しても変化を要求することを意味する。

　地域の持続可能な発展戦略と不可分の存在として社会的な投資対象とみなされる地域鉄道に関しては，もはや交通経済学単独で分析することは不可能であり，地域経済学・環境経済学・防災学・観光学・財政学などの他

---

[23] 財政学が説く財政原則は量出制入である。歳入をもとに支出可能額を制限するのではなく，政府や自治体が果たすべきミッションを明確にして必要な金額を算出し，徴収すべき租税や各種公共料金を決める，という考え方である。神野（2002）7-8頁および159頁を参照のこと。

の学問と連携した広範な学際研究体制を構築してはじめて，分析できるといえるのである。

参考文献・資料

宇沢弘文『宇沢弘文著作集Ⅷ　公共経済学の構築』（岩波書店・1994 年）。
大石泰彦編・監訳『限界費用価格形成原理の研究Ⅰ』（勁草書房・2005 年）。
岡敏弘『厚生経済学と環境政策』（岩波書店・1997 年）。
加藤博和「なぜ鉄道廃止代替バスは乗客を減らすのか？―その検討プロセスが抱える問題に関する一考察―」土木計画学研究・講演集 Vol. 31（CD-ROM，2005 年）。
交通権学会『交通権憲章（1998 年版）』（1998 年）。
国土交通省『交通関連統計資料集』　http://www.mlit.go.jp/statistics/kotsusiryo.html
神野直彦『財政学』（有斐閣・2002 年）。
神野直彦「地方分権と都市再生」宇沢他編『21 世紀の都市を考える　社会的共通資本としての都市―2』（東京大学出版会・2003 年）73-96 頁。
辻本勝久編著「貴志川線存続に向けた市民報告書～費用対効果分析と再生プラン～」和歌山大学経済学部 Working Paper Series 05-01（2005 年）。
土井正幸・坂下昇『交通経済学』（東洋経済新報社・2002 年）。
土居靖範・森田優己・柴田悦子・飴野仁子『交通論を学ぶ―交通権を保障する交通政策の実現を』（法律文化社・2006 年）。
東北の鉄道震災復興誌編集委員会編『よみがえれ！みちのくの鉄道』（2012 年）
　　http://wwwtb.mlit.go.jp/tohoku/td/td-sub100.html
西村弘『クルマ社会　アメリカの模索』（白桃書房・1998 年）。
日本経済新聞「JR 山田線被災区間，三陸鉄道に移管　岩手県と地元市町村合意」（2014 年 12 月 24 日・電子版）。
藤井彌太郎・中条潮編『現代交通政策』（東京大学出版会・1992 年）。
(株)北海道二十一世紀総合研究所『北海道における鉄道廃止代替バス追跡調査（北海道運輸局の委託調査）』（2009 年）　http://wwwtb.mlit.go.jp/hokkaido/bunyabetsu/tiikikoukyoukoutsuu/41tyousakentoukekka/katsupro/kakomono/tetsudoudaitai/index_tetsudoudaitai_.html
三木理史『地域交通体系と局地鉄道―その史的展開』（日本評論社・2000 年）。

第 2 部　市民参加型交通政策の展開

南聡一郎「フランス交通負担金制度の歴史からの含意」財政と公共政策 34 巻 2 号（2012年）122-137 頁。
望月正彦「社員一丸となって全線開通」赤十字 NEWS888 号（2014 年）1 頁。
蝋山昌一「これからの万葉線についての提言」，高岡短期大学紀要 16 巻（2001 年）63-70 頁。

　　　　　　　　　　　（インターネットサイトへの最終アクセス日：2015 年 8 月 1 日）

第11章
被災地における公共交通の確保

谷内 久美子

1. はじめに

　2011年3月11日に発生した東日本大震災は，地震とそれにともなう想定外の大津波により，甚大な被害を東日本にもたらした。内閣府は震災による直接的な被害額を16兆9千億円と推計している。被害は，建築物，ライフライン施設，社会基盤施設と広範囲にわたり，被災者は生活の基盤を失った。交通環境の被災状況をみると，道路では道路橋の流出や法面崩落等により高速道路15路線，直轄国道69区間，補助国道102区間，県道等540区間が通行止めとなった。道路は被災後速やかに応急的な復旧がなされ，多くの路線で本復旧が完了している。公共交通に目を向けると，鉄道では，太平洋沿岸の路線において駅舎や線路等が流出するなど甚大な被害を受け，震災から3年以上が経過した後も復旧の見込みが立っていない路線もある。路線バスは，道路の応急普及後から早期に運行を再開することができた路線があるものの，市街地の被災や流出等により運行ルートを大きく変更したり運休している路線も多い。
　「災害は潜在的社会変化を顕在化し，この変化を加速する役割を持つ」という[1]。震災前から地方都市の公共交通は衰退の一途をたどっていた。

---

1) 広瀬（1981）。

公共交通の衰退の原因としては，人口の減少，少子高齢化，モータリゼーションの進行，中心市街地の衰退と郊外店舗への商圏の移動といったことが挙げられる。地方都市から中核都市や大都市圏へ著しく若年人口が流出しているため，人口減少・少子高齢化は深刻な状況となっており，それに伴い利用者は減少の一途をたどっている。また，地方都市では自家用車の利用が増えており，公共交通の利用者は自家用車の運転ができない高齢者や未成年に偏っている。年々，自動車を運転し続ける高齢者は増えており，高齢者であったとしても公共交通を利用しない人は増加している。地方都市の公共交通の利用者減少は，交通事業者の経営を圧迫させ，それは公共交通のサービスレベルの低下につながり，その低下したサービスレベルによりさらに利用者が離れているという負のスパイラルに陥っていた。今回の東日本大震災により甚大な被害を受けた被災地の公共交通は，充分な手立てを行わなければ，より加速して衰退していく可能性が高い。

被災地における交通の利便性は，被災者の生活の再建に大きく影響する。同じ災害にあっても，財力があり自家用車を再取得でき自由に利用できる人と自家用車を利用できない人との間にはモビリティに大きな格差が生じる。公共交通が十分に整備されなければ，このモビリティの格差は広がっていく。モビリティが低い状態では，買い物や通院等も十分に行う事ができず，日常的な生活を行うことさえも困難にする。また，通勤や通学等の，現在あるいは将来的な収入を得る行動も困難になり，生活を被災前の状態に戻すのは非常に難しくなる。

震災後に被災地で軽度の要介護認定者が増加しているとの報告があるが[2]，避難所や仮設住宅等での慣れない避難生活や外出機会の減少が，高齢者等の生活を不活性化し，要介護者を増加させていることが容易に想像できる。震災後の陸前高田市の障がい者アンケート調査では，障がい者の55％が移動面に不安を抱えており「一人では何も出来なくなってしまった」との声もみられる[3]。今回の震災により引き起こされた人口減少や中

---

[2] 日本経済新聞2012年9月10日朝刊。

心市街地の被災は，自家用車の利用できる人，できない人の間のモビリティの格差を増大させている。時間が経つにつれて，今後，高齢化が進む中，住民の生活の質を向上させるためには，自家用車依存ではない移動しやすいまちづくりが望まれている。

　これまで，被災地では多額の補助金が投入され，行政によりさまざまな交通政策が実施されているが，いずれの公共交通も利用率が低く，住民のモビリティは低いままでとどまっている。また，被災地の行政組織の多くは自らも被災していることから，交通計画の検討体制が不十分であり，住民参加が十分に行われていないまま交通政策が実施されているという現状もある。交通政策に主体的な住民がかかわることは，交通政策をより効果的なものとするためにも必要であるが，住民が被災地の復興に関与することにより地域の問題解決力を高め行政依存ではないまちづくりを実現していくためにも必要なことである。

　そこで，本章では，東日本大震災により甚大な被害にあった陸前高田市をケーススタディとして，復興段階の公共交通の整備における住民参加のあり方について考察する[4]。

2．復興期の交通政策への住民参加の意義

　この節では復興期の交通政策における住民参加の意義について述べる。

　交通政策の実行方法としては，行政の強力なリーダーシップの下でのトップダウン型の政策と，丁寧な住民参加を前提としたボトムアップ型の政策の2つの手法が考えられる。一般的には，トップダウン型の政策は短期的な実行が可能となるが，ボトムアップ型の政策の実行には協議をまと

3）JDF 東日本大震災被災障害者総合支援本部ホームページより。
4）本稿をまとめるにあたり，2013年8月30日に陸前高田市企画政策課へヒアリング調査を行った。震災からの復興のさなかでご多忙な中，対応していただいた担当者に深くお礼を申し上げる。

める場等が必要となり検討に時間がかかる。交通政策における住民参加はオプションの一つとしてみなされる傾向もあるが，復興期にこそ交通政策には丁寧な住民参加が必要不可欠になる。復興期の交通政策に住民が参加する意義は，大きく三つある。

　一つ目の意義は，流動的な復興状況に合わせて変化する住民のニーズを交通政策に反映しやすくなるという点である。交通政策の受益者が計画を策定することができれば，地域のニーズに応じた交通政策を実行することができる。また，交通政策の実行後であっても利用者の意見を把握することが容易であるため，ニーズに合わせてサービス変更が可能になる。復興時期は，都市の姿が大きく変わり続けており，それに伴い住民のニーズも変わっていく。住民が公共交通計画に深くかかわり続けることができれば，復興の状況に合わせた交通政策を実行することができる。

　二つ目の意義は，住民自身が交通政策の情報を共有し，効果的に活用できる点である。たとえば，実施された交通サービスの情報の共有や利用促進を住民自身が実施する効果は大きいものと考えられる。新規の交通サービスはその利用の浸透までに時間がかかるが，復興期には復興状況に合わせて交通サービスの内容も変わることが予想される。そうした交通サービスの変更が大きい中で，住民同士のつながりによって情報を共有し，生活に合った活用の仕方を検討することは，交通政策をより効果的にするうえで重要であると考えられる。

　三つ目の意義は，交通政策への住民参加を通して，住民自身の地域問題の解決力を高めることである。復興期に都市の姿は大きく変化していくが，そうした中トップダウン型の政策ばかりが実行されていくと，住民は行政に全面的にしたがう政策の受益者としての役割だけを担うことになり，行政への依存を深めていくことになる。交通政策の実施に向けて，住民が課題を一つずつ達成することができれば，住民自身の地域の問題を解決する力は増すものと考えられる。住民の地域問題解決力は，交通政策だけでなく復興期の都市を活性化するために必要な力である。国からの復興予算がなくなった後，被災地が自立していくためには，行政だけではまち

第 11 章　被災地における公共交通の確保

を維持することが困難になることが予想される。そのためにも，復興時期にこそ，住民の地域問題に対する解決能力を高める必要がある。

3．陸前高田市の状況

3-1　陸前高田市の概要[5]

陸前高田市は岩手県の東南端に位置し三陸リアス式海岸に面した市町村の中では比較的広い平野部を擁している都市である。市域面積 232.3 平方キロメートルのうち約 10％が都市計画区域であり，震災前はそこに総人口約 24,300 人のうち約 5 割が居住し，市役所，県立高田病院，県立高田高校等の主な公共施設がまとまって立地していた。震災前は，平野部の平野部の市街地で買い物や通院等の用事を完結することができた。交通施設の状況をみると，JR 大船渡線が市内の東西を走り，大船渡市と気仙沼市と連絡していた。路線バスは，岩手県交通㈱が 8 路線を運行し，1 日の運行本数は平日 94 便，休日 64 便を運行していた。

3-2　陸前高田市の被災の概要[6]

2011 年 3 月 11 日に東北地方太平洋沖地震によって発生した大津波は高田松原の津波防潮堤を超え，平野部に展開していた中心市街地すべてを破壊した（図 11-1）。津波による浸水面積は 13 平方キロメートル，総世帯数 8,069 世帯のうち 50％にあたる 4,063 世帯が被災している（2014 年 6 月 30 日時点）。死者は 1,602 人，行方不明者は 206 人（死者・行方不明者の人口比 7.8％）と，最も多くの人が亡くなった自治体の 1 つになった（2015 年 10 月 31 日時点）。

市域にある東日本旅客鉄道の 5 駅のうち 4 駅（大船渡線の竹駒駅・陸前

---

[5] 陸前高田市ホームページより。
[6] 陸前高田市の被害状況については，陸前高田市のホームページ，小山（2011）をもとにまとめている。

図 11-1　被災後の旧市街地の様子（陸前高田市）

高田駅・脇ノ沢駅・小友駅）は，駅舎等が流失し，線路も大きな被害を受けた。

避難所は最大時において 84 箇所が開設され，避難人員は 10,143 人と人口の 45% にあたる人が避難所で生活していた。2011 年 12 月の時点では，仮設住宅は 2,168 戸が建設されている。震災後，高台に仮設住宅が建設されたが，買い物施設や病院等の施設からは遠く離れており，坂道や長距離の移動が困難な高齢者にとって外出はかなり困難な状況となっている。

3-3　陸前高田市の復興

陸前高田市では 2011 年 12 月に陸前高田市震災復興計画を作成した。海岸地域の低地部は非居住区域にし，市街地，住居地域は高台，盛り土によるかさ上げ部への移転を計画している[7]。幹線道路，避難道路の整備が述べられているが，公共交通については「新しい交通環境や広域ネットワークの構築」との記述にとどまり，具体的な内容については言及されていない。

7）陸前高田市ホームページより。

盛り土によるかさ上げを含む区画整理事業の完成は2018年度である。工事の進行が早い場所でも2015年秋から建物の着工が開始できる予定になっており，被災時期から新しい市街地の再建まで4～7年の期間がかかる。その間，住宅や公共施設，商業施設等の都市施設は仮設のものから本再建まで流動的なものとなり，復興の状況に合わせて柔軟な交通政策が必要となる。

4．陸前高田市の震災後の公共交通の状況

4-1　災害直後の交通対策[8]

災害直後の陸前高田市は，ほとんどの交通が麻痺しているといってもよい状況であり，緊急的な交通対策がとられた（表11-1）。

自衛隊による人員輸送，県がチャーターしたバスによる軽症者の輸送，

表11-1　震災直後の陸前高田市の交通対策

施策	主体	概要
自衛隊による人員輸送	自衛隊	輸送者数：のべ1,624名 期間：2011年3月11日～7月20日
軽症者輸送バスの運行	岩手県	県が被災者受診用として大型バスをチャーターし，陸前高田～盛岡赤十字病院間を毎日一往復運行。 頻度：毎日一往復 期間：2011年3月19日～5月6日
入浴施設への臨時バス	岩手県・岩手県バス協会	「災害時における輸送の確保に関する協定」に基づき，入浴施設への臨時バス等を確保。 運賃：標準運賃 期間：2011年3月23日～6月30日
車利用自粛や相乗りの呼び掛け	陸前高田市	震災直後の「広報りくぜんたかた　臨時号」で，車による外出の自粛や相乗りの呼び掛けを行った。
被災者に燃料や自転車を提供	経済産業省	学校等の避難所等においてドラム缶で被災者にガソリンを提供した。 3月27日～3月29日　1,835台 4月9日～4月11日　1,882台

8) 国土交通省「地域モビリティの知恵袋」より。

入浴施設への輸送といった一時的な対策が行われた。自家用車の利用ができる市民に対しては，陸前高田市は災害直後の渋滞を緩和するために自家用車利用自粛や相乗りの呼びかけを広報臨時号を通して行っていた。他に，経済産業省は，避難所にドラム缶による仮設ミニサービスステーションを設置し，被災者にガソリンを提供する施策が行われていた。震災直後は，ガソリンスタンドが大津波で流された上に，製油所や出荷施設に甚大な被害が生じたため，ガソリンを得ることができなかった。そのため，ミニサービスステーションによるガソリンの提供は，自家用車ユーザーの移動を助けるために必要不可欠な対策であったのである。

このように，震災直後は非常事態であり，車を運転できない人はおろか自家用車を流出しなかった人であっても自由な移動がほとんどできなかった。その後，道路の仮復旧やガソリンスタンドの整備，市民の自家用車の再取得等がすすむにつれ，自家用車を利用できない市民の移動が大きな問題となった。

4-2 災害復興期の交通対策
(1) 概要

震災から3年以上が経過した現在，陸前高田市ではBRT（Bus Rapid Transit），路線バス，乗合タクシー，デマンド交通[9]といった多様な公共交通が運行している（図11-2，表11-2）。

BRTは，JR東日本大船渡線の復旧路線として運行されている。JR大船渡線は駅舎や線路が流出するなど甚大な被害を受けたことから，鉄道に比べて整備が比較的容易なBRTによる復旧を行った。大船渡線については2013年3月2日から運行を開始している。震災前よりも1.5～3倍の高い運行頻度で運行しているものの，利用者数は2013年11月時点で震災前の5割程度にとどまっている[10]。

---

[9] デマンド交通とは，正式にはDRT（Demand Responsive Transport：需要応答型交通システム）と呼ばれ，事前予約により運行する乗合型の公共交通である。

第 11 章　被災地における公共交通の確保

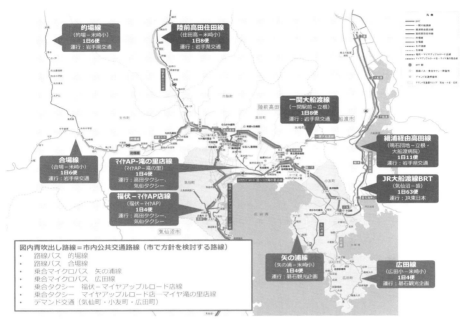

図 11-2　陸前高田市内の公共交通の路線網
［出典：陸前高田市『平成 26 年度陸前高田市における市内公共交通の運行方針』］

　BRT は隣接する市と連絡する公共交通の幹線交通としての役割を担い，乗合タクシー，デマンド交通等が市内移動を中心としている生活交通としての役割を担っている。多額の復興予算を受けて，震災前に比べても多様な公共交通が運行している状況である。

(2)　陸前高田市の生活交通の課題

　この項では生活交通としての乗合タクシー・マイクロバス，デマンド交通に着目し，その現状を考察する。

　BRT ではカバーしきれない範囲において，2011 年 10 月より乗合タクシー・マイクロバスの実証実験を実施した。その後，2013 年 7 月からは，

10）岩手日報 2014 年 1 月 14 日。

表11-2 災害復興期の陸前高田市の交通対策

施策	主体	概要
BRTによるJR大船渡線の仮復旧	JR東日本	大船渡線は2013年3月2日から運行開始。 陸前高田市内ではBRTは一般道を通行。 運行頻度：1時間あたり4便程度（震災前の1.5〜3倍） 利用者数は震災前の5割程度（2013年11月時点）
路線バス ・的場線 ・合場線	岩手県交通	特定被災地域公共交通調査事業（国交省）を活用。 ルート：竹駒町滝の里，県立高田病院と矢作町内を連絡，BRTと接続している。 車両：25人乗りバス　運行便数：6便/日 運賃：140〜500円 利用者数：的場線 18.3人/日，合場線 9.9人/日
乗合タクシー，マイクロバス	陸前高田市がタクシー会社に運行委託	運行開始時期：2011年10月より 路線：4路線 運行：高田タクシー，気仙タクシー，碁石観光企画 車両：9人乗りジャンボタクシー，28人乗りバス 運行便数：4便/日　　運賃：1乗車200円 運賃収入：事業費の約3%（2012年度実績） 補助金：陸前高田市・負担なし，国・国土交通省特定被災地域公共交通調査事業により10割負担
デマンド交通（予約乗合タクシー）	陸前高田市がタクシー会社に委託	運行開始時期：2013年2月 運行方法：需要応答型（時刻固定・路線迂回型） 利用対象者：仮設住宅の建設されている気仙町，小友町および広田町の居住者（事前登録が必要） 運行日：平日のみ（土・日・祝日は運休） 運行便数：気仙町8便/日，小友町・広田町7便/日 運行形態：自宅または指定された停留所で乗降可能 予約：前日までに予約センターに電話で予約。 料金：大人300円，小学生，介護人150円 補助金：陸前高田市・2割負担，国・復興交付金の効果促進事業として8割を国庫補助

［陸前高田市「平成26年度陸前高田市における市内公共交通の運行方針」より作成］

仮設住宅が建設されている気仙町，小友町，広田町においてデマンド交通の実証運行を開始した。乗合タクシー・マイクロバスは，車両にタクシーやマイクロバスを用いているものの，固定路線を時刻表どおりに運行する路線バスと同じ運行形態である。一方で，デマンド交通は利用者の要求に応じて運行される乗合交通であり，従来の路線バスとタクシーの中間的な交通機関である。

乗合タクシー・マイクロバスは，いずれの路線においても利用者は少なく，多くの路線が空車もしくは1名のみの乗車の割合が高い状況にあり，運賃収入は事業費の約3%（2012年度実績）と少ない（表11-3）。利用者アンケートによると35%が不便を感じており，運行本数，停留所までのアクセス性，目的地周辺における停留所の整備状況等が不便な点としてあげられている。デマンドタクシーも利用者が少なく，利用登録者は対象地区の約6%と，利用運賃収入は事業費の0.4%（2012年度実績）となっている。利用者アンケートからは，予約が面倒，当日予約ができないとデマンド交通ならではの不満点があがっている。陸前高田市では，利用者からの不満の声をふまえて仮設住宅の入り口にもバス停を設置するなどの改善策を行っている。

利用率が低い理由として考えられることは，第一に新規の交通サービスに対する住民の認知が低いことが考えられる。市役所の担当者は説明会を実施したり，社会福祉協議会の生活相談員や民生員の集まりにおいて説明したりなど周知に努めているが，利用者の増加には結びついてない。とくにデマンド交通は利用に予約が必要であるなど通常の交通サービスと利用の仕方が異なっていることから，利用に対しての心理的な障壁が高い。しかしながら，デマンド交通は自宅まで送迎するため，停留所までの移動が

表11-3　陸前高田市乗合タクシー，マイクロバスの概要

	運行	車両 （乗車人員）	便数	運賃		利用者数 （2012年度）
マイヤアップルロード店—マイヤ滝の里店線	高田タクシー，気仙タクシー	乗合タクシー （9人）	4便/日	1乗車 200円	6.4人/日	2,085人/年
福伏—マイヤアップルロード店線	高田タクシー，気仙タクシー	乗合タクシー （9人）	4便/日	1乗車 200円	4.4人/日	2,040人/年
広田線	碁石観光企画	マイクロバス （28人）	4便/日	1乗車 200円	6.5人/日	2,849人/年
矢の浦線	碁石観光企画	マイクロバス （28人）	4便/日	1乗車 200円	1.7人/日	2,079人/年

［陸前高田市「平成26年度陸前高田市における市内公共交通の運行方針」より作成］

表11-4　デマンド交通の利用状況

利用登録者数	451人（気仙地区108人，小友・広田343人，気仙・小友・広田地区の約6％）
利用者数	2か月間で延べ224名（気仙地区34人，小友・広田地区190人）
運行状況	運行距離：のべ1,461 km，運賃収入：事業費の0.4％（2013年2月，3月の実績）
稼働率	・「小友・広田線行き9：00便」および「小友・広田線帰り11：00便」については稼働率が約8割と高い。 ・その他の便については稼働率が50％を下回っている。
主な利用者	年齢：60代以下5％，70代52％，80代37％，90代6％ 性別：男性27％，女性73％
利用曜日	月11％，火15％，水17％，木18％，金39％
利用目的	通院56％，買い物25％，手続19％
主な利用停留所	県立高田病院やマイヤ滝の里店・アップルロード店，市役所前の停留所で乗降する人が比較的多い。
利用者の感想	（満足） ・自宅まで送迎してもらえる。 ・タクシーよりも安い料金で移動できる。 ・市内中心部まで乗り換えなしで移動できる。 ・乗合タクシーやバスが使えない時間帯に利用できる。 （不満な点） ・利用したい時間帯と運行時間帯が合わない。 ・予約が面倒。 ・当日予約ができない。 ・利用したい施設付近に停留所がない。

［陸前高田市企画政策課作成資料をもとに作成．データは2013年3月末時点］

困難な高齢者や障がい者等には利用しやすい交通である。そうしたメリットを利用者に深く認知してもらうことは利用につながるものと考えられる。

　第二の理由として，交通サービスの計画への住民の関与が低いことが考えられる。乗合タクシー・マイクロバスとデマンド交通は実証実験という位置づけであるが，アンケート以外に住民の声を交通サービスに反映させる体制が作られていない。

(3)　NPOによる移送サービス

　日本障害フォーラム（Japana Disability Forum）は，2012年4月17日に「JDFいわて支援センター」を陸前高田市に開設し，障がい者，高齢者に対して移送サービスを提供していた（2015年1月1日にNPO法人愛

ネットに全面移行することでサービスを終了[11]）。JDF は「アジア太平洋障害者の十年」およびわが国の障がい者施策を推進するとともに，障がいのある人の権利を推進することを目的とした団体である。

JDF の移送サービスは，スタッフ 2 名，車両 2 台で対応しており，高齢者・障がい者の通院，買い物等の外出の送迎，児童の通学・通園の送迎を行っていた。スタッフや車両の対応能力に限界があるため，交通費が払えない人や家族等の支援が受けられない人等，緊急性の高いケースを優先的に支援していた。

支援回数をみると，2012 年度は 1,978 件，2013 年度は 2,622 件，2014 年は 1,767 件（4～12 月までの 9 ヶ月）と増加傾向にあった。公共交通の環境改善と裏腹に，住環境の変化や先の見通しの立たない不安等により身体状況が悪化した高齢者が増加し，移送サービスに対するニーズが増加したことが推察される。

JDF いわて支援センターの移送サービスは民間団体のサービスであり，補助金等を受けていないが，高齢者や障がい者といった移動に多くの困難を抱えている人に対してきめ細やかなサービスを，行政が実施しているデ

表 11-5　JDF いわて支援センターの移送サービスの概要

サービス提供期間	2012 年 4 月～2014 年 12 月
利用回数	・2012 年度　1,978 件 ・2013 年度　2,622 件 ・2014 年度（4 月～12 月）　1,767 件
利用者の属性	障がい者 53.5％，高齢者 28.2％，児童 18.1％，その他 0.2％
利用目的	通院 63.8％，買い物 2.9％，通学・通園 17.8％，その他 15.5％

［JDF いわて支援センター活動記録をもとに作成］

11）JDF いわて支援センターは，当初から継続的に移動支援サービス事業を実施する予定ではなく，地元の障がい当事者団体に事業を引き継ぐことを念頭において活動をしてきた。2014 年 12 月 31 日で移動支援サービスを終了し，2015 年 1 月からは NPO 法人愛ネット高田が事業を引き継いでいる。愛ネット高田は，民間企業から助成金を受けて移動支援事業を開始する。また，陸前高田市社協が共同募金の助成を用いて，2015 年 1 月より福祉無償運送を開始している。

マンド交通と同等の回数の運行を実施している。健常者にとっても移動できないということは，生活の質を大きく下げる。障がい者になると生活だけでなく生命の維持すらも危うくなり，復興時の生活の復旧も健常者以上に遅れることになる。災害復旧時に，高齢者や障がい者を主な対象とした移送サービスが果たした多大なものであるといえる。

5．おわりに

5-1 陸前高田市の公共交通の改善に向けて

これまで述べてきたように，災害復興期の陸前高田市には国から多額の補助金が投入されたことにより，BRT，タクシー車両使用による車両の小型化，デマンド交通，NPOによる移送サービス等，低密度のニーズに対応した多種多様な交通サービスの見本市といってもよい状況となっている。住民にとって地域の特性に合わせた多種多様な交通サービスがあることは，移動のしやすさにつながり生活の質の向上につながるはずであるが，現状ではいずれの交通サービスも利用率が低い。今後，復興が進む中で，自家用車がないと生活できないまちではなく，公共交通と徒歩での移動を中心にすえたまちを目指すべきである。

陸前高田市は，東日本大震災により主要な市街地および公共交通の基幹である鉄道が流出し，市民の生活の基盤が失われた。震災から4～7年かけて，高台およびかさ上げした旧中心市街地に市街地を再建していく。そのため店舗や公共施設が臨時や仮設のものが多い。また，被災者の住宅も流動的である。震災直後，避難所，仮設住宅であったのが，今後，復興が進むにつれ，災害復興公営住宅や自力による住宅の再建など住居はさらに流動的なものとなっていく。また，もともと，陸前高田市役所には交通政策を担う部署がなく，総合的な交通計画も策定されていなかった。今回の震災では庁舎が被災し正職員296人中68人が死亡や行方不明になっている。さらに，災害後は災害復旧の業務が膨大となっている。そのため，交通計画を策定する体制づくりが困難な状況にある。

甚大な被害を受けた陸前高田市は，日々変動を続ける交通ニーズに応じた公共交通を整備することが困難な状況であり，こうしたなか，交通政策を実施していくのは容易なことではない。しかしながら，現状の交通政策の中にも改善できる余地はあり，その部分について言及したい。

5-2 交通政策への住民参加・参画の重要性

現状の陸前高田市の公共交通は，いずれも利用者が少ない。市民アンケートによると買い物目的の自家用車利用は79％，通院目的では77％と，市民の多くは移動に自家用車を利用しており，公共交通に対する理解が低いことが考えられる[12]。こうした中，公共交通の利用者を増やし，より利用しやすい公共交通にしていくためには，地域内の多様な主体が連携する「住民参加」が重要な要素になりうる。

新規の交通対策に対する住民の関与方法としては，交通サービスの利用促進策と運行改善策への関与が考えられる。利用促進策は，住民の交通行動を変化させて既存の交通インフラを有効に活用する方法である。一方，運行改善策は，交通のサービスレベルを住民の生活に合う形に変更する方法である。

利用促進策として代表的なものはモビリティマネジメント施策である[13]。モビリティマネジメントには，住民に呼びかけを行う依頼法，行動プランを作成してもらう行動プラン法，行動変容に必要な情報をアドバイス法，一人一人の行動や状況を測定しフィードバックすることで個人の行動の変容を促すフィードバック法等があり，自発的な交通行動の変化を促すものである。モビリティマネジメントは，フェイストゥフェイスのコミュニケーションを行ったり，利用者の属性に応じたオーダーメイドの情報提供をしたりすることで効果が高くなる。自家用車を利用できない住民

---

12) 陸前高田市「平成26年度陸前高田市における市内公共交通の運行方針」より。
13) モビリティ・マネジメントの手法・事例に関しては，土木学会（2005）や国土交通省がパンフレット等にまとめている。

だけでなく，自家用車を自由に利用できる住民にもモビリティマネジメントを実施することができれば，地域の交通の状況について深く理解し，有効に活用するにはどのように行動を変更すればよいのかを考えることになる。それによって，マイカー依存型の復興ではなく，マイカーがなくても生活できるまちへの復興を目指す意識が醸成されることが期待できる。

　運行改善策への住民参加を実施する際は，住民の意見が交通サービスにどのようにフィードバックされるのかを示すことが重要である。新規の交通サービスは，住民の生活にはなかなか根づきにくい。とくに，現状の被災地では仮設住宅等で多くの住民が住み慣れていない場所で新たに生活を始めたばかりであり，目的地である都市施設も仮設であるなど流動的であるため，新規の交通サービスの使い勝手がわかりにくい。そのため，実際に利用した上での意見を，交通サービスの改善にフィードバックしていくことが重要である。たとえば，期間を区切って，固定路線型の交通サービスと需要対応型の交通サービスを順に運行し，利用者にどちらの運行形態の方が利用しやすいか判断してもらった上で，長期間の運行を実施するというやり方が考えられる。他にも運行に住民が関与することにより，システムの柔軟性を増し，利便性を上げるというやり方がある（交通システムの住民参加に関しては第7章を参照のこと）[14]。たとえば，兵庫県佐用町で運行している江川ふれあいバスは陸前高田市のデマンド交通と同様に需要対応型のバスシステムであるが，このバスの予約を住民の有償ボランティアが担っており，2便目以降の利用は当日の朝であっても予約が可能となっている。予約を担当するボランティアには携帯電話を配布しているため，ボランティアは日常生活の合間に予約業務を行うことができる。このように，デマンド交通の予約センターを有償ボランティアが対応することにより，より柔軟性の高い利用が可能になると考えられる。

　また，行政内において，住民自身が交通政策に関与できる権限を裏付ける制度を作ることが必要である。交通政策への住民参加に関する事例とし

---

14) 谷内他（2010）。

ては，富山市の地域自主運行バス補助制度や四日市市市民自主運行バス事業補助金制度等がある。制度として位置づけることにより，行政，住民，事業者の責任や負担の範囲を可視化し，住民がその力を発揮するためには各役割がどのような役割を担わなければならないかが明確になる。制度として位置づけることによって，一つの特定の地域で起こった住民参加の取組みを，他地域へと普及させることも容易になる。

5-3　NPOとの連携

公平性，平等性に重きをおく行政と異なり，NPOは高齢者，障がい者等の移動困難者のニーズに対応したきめ細やかなサービスを実施することが可能である。とくに，現在，陸前高田市で活動しているJDFは他地域での高齢者，障がい者に対する事業の経験を踏まえた活動を行うことが可能となっている。しかしながら，NPOは一般的に経済面での基盤が弱く，事業の継続が困難になるおそれがある。また，行政が計画策定の際に，NPOの意見を取り入れることは支援を必要としている人達のニーズを把握するために重要になる。行政，NPOとの連携をより強くしていくためには，行政の計画にNPOの移動支援事業を福祉有償運送として位置づけ，事業費の一部を支援する制度を作成するといった方法が考えられる。

2015年3月に策定された「第4期陸前高田市障がい者福祉計画／第4期陸前高田市障がい福祉計画」では，厚生労働省の地域生活支援事業の中に「車両型移動支援事業」が記載されている。地域生活支援事業とは高齢者等の介護予防，自立支援をするために市町村が独自に適切なサービスを提供する仕組みである。事業の負担割合は，それぞれ国50％，都道府県25％，市町村25％の負担である。この事業により，福祉有償運送を実施する事業所は利用実績に合わせた補助金の給付を受けることができる。

陸前高田市の車両型移動支援事業の開始により，高齢者，障がい者の移動は改善されると予想される。しかしながら，車両を用いた移動支援事業は多額の経費がかかること，事故発生のリスクがあること，高齢化により担い手が不足することなどの継続的な事業に向けては課題がある。高齢

者，障がい者の自立した生活を支えるためには，車両の維持や運転手の研修等，行政からの適切なサポートが必要になると思われる。

5-4 住民参加・参画の段階的な実施

住民参加は，住民が一方的に行政から情報提供を受けることや行政の役割を肩代わりすることではない。谷下は，参加とは「意志決定の力を分担することであり，意志決定権限の保持者に対して影響を与えること」，「自ら意志決定権限を有すること」であり，「意志決定権限が分担されていない意志決定への関与は，参加ではない」と述べている[15]。

交通政策や行政政策に関して知識のない住民が，一足飛びに交通政策の意思決定を行うのは容易なことではない。大災害からの復興という緊急事態において，行政が住民の意識を喚起していくために住民に対する交通政策の学習や試験運行等の経験を経るのは回り道のようであり，住民の負担が大きいと感じる人が多いかもしれない。しかしながら，住民自身が学習や経験によって交通政策に対する能力を高めることが，住民自身がどのような交通政策が自分たちのまちに必要なのかがわかり，持続可能な交通にするためにはどのような行動をとるべきかを考えることができるようになり，交通政策の効果を大きいものとする。さらに，住民の参加の能力の向上は，交通政策だけでなく他のまちづくり政策に与える影響が大きい。

復興には多くの時間がかかり，他市への移転，仮設住宅から復興住宅への移転，自主再建等によって，住民の状況の変化は大きい。そうしたなかで，住民参加・参画をすすめていくためには，行政側が柔軟に対応できる体制づくりが必要となる。現在，被災地の交通政策には多額の復興の予算が入っているが，交通政策における住民参加・参画のために必要な人材が不足している。人材は，行政職員だけでなく大学やNPO等を幅広く人材として活用し，継続的に関与を依頼する方法も考えられる。国の交通政策に関する支援については，人材活用に関しても求められている。

---

15) 谷下（2001）。

参考文献

岩手日報「大船渡線，BRT 延伸で利用増　09 年度に比べ 5 割回復」2014 年 1 月 24 日 web ニュース　http://www.iwate-np.co.jp/311shinsai/y2014/m01/sh1401041.html（最終アクセス日：2015 年 1 月 16 日）．

国土交通省　総合政策局「地域のモビリティ確保の知恵袋 2012」（2012 年）http://www.mlit.go.jp/common/001088027.pdf（最終アクセス日：2015 年 7 月 30 日）．

小山公喜「陸前高田市における復興への取り組み」土木学会誌 vol. 96，no 12（2011 年）49-51 頁．

JDF 東日本大震災被災障害者総合支援本部ホームページ　http://www.dinf.ne.jp/doc/JDF/index.html（最終アクセス日：2015 年 1 月 16 日）．

谷内久美子・猪井博登・新田保次「住民主体型バスサービスの事業化プロセスに関する事例比較分析」交通科学 Vol. 41，No. 1（2010 年）3-13 頁．

谷下雅義「社会資本整備の計画策定手続における市民参加」土木学会論文集 vol. 681（2001 年）37-49 頁．

土木学会土木計画学研究委員会土木計画のための態度・行動変容研究小委員会『モビリティ・マネジメント〈MM〉の手引き―自動車と公共交通のかしこい使い方を考えるための交通施策』（土木学会・2005 年）．

内閣府『防災白書〈平成 26 年版〉』（2014 年）．

日本経済新聞「被災 3 県，要介護認定 11 万人　震災前から 12％増」2012 年 9 月 10 日朝刊．

長谷川浩己「被災地からの発信　第 5 回　陸前高田市・今泉地区の復興まちおこし計画」土木学会誌 vol. 98，no. 7（2013 年）54-57 頁．

広瀬弘忠編『災害への社会科学的アプローチ』（新曜社・1981 年）．

元田良孝・宇佐美誠史「津波被災地の公共交通復旧プロセス―陸前高田市の事例―」土木計画学研究・講演集 vol. 44，no. 48（2011 年）．

『平成 26 年度陸前高田市における市内公共交通の運行方針（案）について』（陸前高田市・2014 年 4 月）http://www.city.rikuzentakata.iwate.jp/kategorie/kurashi/bus/unko-houshin/honpen.pdf（最終アクセス日：2015 年 1 月 16 日）．

『陸前高田市震災復興計画』（陸前高田市・2011 年 12 月）．http://www.city.rikuzentakata.iwate.jp/kategorie/fukkou/fukkou-keikaku/fukkou-keikaku.html（最終アクセス日：2015 年 1 月 16 日）．

『第 4 期陸前高田市障がい者福祉計画／第 4 期陸前高田市障がい福祉計画』（陸前高田市・2015 年 3 月）．http://www.city.rikuzentakata.iwate.jp/kategorie/fukushi/syougaisya-fukushi/keikaku/fukushikeikaku-4/27-29.pdf（最終アクセス日：2015 年 11 月 24 日）．

編者・執筆者　一覧

[　]は担当章

編　者

大久保 規子（おおくぼ　のりこ）［第1部1章］
大阪大学大学院法学研究科　教授
一橋大学大学院法学研究科博士後期課程修了　法学博士
専門：行政法，環境法

執筆者（執筆順）

新田 保次（にった　やすつぐ）［第1部2章］
(独)国立高等専門学校機構　理事，鈴鹿工業高等専門学校長，鳥羽商船高等専門学校長，大阪大学大学院工学研究科　名誉教授
大阪大学大学院工学研究科土木工学専攻修士課程修了　工学博士
専門：交通計画，都市・地域計画

土井 健司（どい　けんじ）［第1部3章］
大阪大学大学院工学研究科地球総合工学専攻　教授
名古屋大学大学院工学研究科土木工学専攻博士課程修了　工学博士
専門：都市交通計画，都市政策，モビリティコンセプト

谷内 久美子（たにうち　くみこ）［第2部4章，5章，11章］
日本学術振興会特別研究員
大阪大学大学院工学研究科博士後期課程修了　博士（工学）
専門：交通計画，市民参加，福祉のまちづくり

藤江 徹（ふじえ いたる）［第2部4章，8章］
公益財団法人公害地域再生センター（あおぞら財団）　事務局長
神戸大学大学院自然科学研究科前期博士課程修了　修士（工学）
専門：都市・地方計画

松村 暢彦（まつむら のぶひこ）［第2部6章］
愛媛大学大学院理工学研究科　教授
大阪大学大学院工学研究科博士前期課程修了　博士（工学）
専門：都市計画，交通計画

猪井 博登（いのい ひろと）［第2部7章］
大阪大学大学院工学研究科地球総合工学専攻　助教
大阪大学大学院工学研究科土木工学専攻博士後期課程単位取得退学　博士（工学）
専門：交通計画，都市計画

南 聡一郎（みなみ そういちろう）［第2部9章，10章］
大阪大学大学院法学研究科　特任研究員，公益財団法人公害地域再生センター（あおぞら財団）　特別研究員
京都大学大学院経済学研究科博士後期課程単位取得退学　博士（経済学）
専門：環境経済学，財政学，持続可能な交通

索　引

［　］は日本以外の制度等の用語であることを示す。

A-Z

BRT　23, 216, 221, 227, 236, 258, 259, 264
FEC自給圏　61
iPDCA　87
Local Transport Plan（LTP）（地方交通計画制度）　125, 126
LOTI（国内交通基本法）　10, 126, 246
LRT　23, 71, 77, 135, 140, 205, 206, 208, 209, 211, 215, 216, 223, 228
NGO　3, 40, 205-208, 211, 216, 228, 229
PDCAサイクル　94, 149, 163
PDU（都市圏交通計画）　126, 219-221, 226
PI（Public Involvement）　92, 94
PM2.5　100, 110, 113
SEA（戦略的環境アセスメント）　7, 24
STS（移送サービス）　60
TDM（交通需要管理）　99

あ 行

アーンスタインの参加の梯子　136
アクセシビリティ　38, 60, 65, 74, 224
アセスメント　7, 182
あっせん　106-108, 116
アメニティ　45, 60, 91, 99, 207
移送サービス　58, 60, 184, 262-264
移動権　9-12, 14, 15, 18, 22, 29, 32, 40, 47
移動速度　64, 66-68, 82, 83
大型車規制　99, 107
オーフス条約　4, 33, 229

か 行

環境影響評価法　7, 44
環境基本法　16
環境法典［フランス］　220-222
環境民主主義指標　40
環境レーン　108, 111, 116
環境ロードプライシング　103, 107, 108, 116
基本構想　8, 94, 145, 146, 148, 149, 152, 153
逆都市化　63
協議会　8, 9, 24, 26, 27, 30, 32, 39, 80, 104, 124, 129, 146, 149, 152, 169, 206, 207, 229, 261
協定　31, 35, 39, 41, 82, 138, 139
協働取組　17
ケイパビリティ　55, 56, 184, 185
合意形成　9, 27, 41, 83, 162, 164, 165, 172, 173, 183, 188, 199-203, 205, 207, 208, 210, 211, 213, 215, 228
公害紛争処理法　106
公共交通指向型開発（TOD）　72
公共交通条例　27-32, 211
公共交通不便地域　52
公共サービス基本法　15, 20, 21
交通安全対策　43, 44, 60, 78
交通安全対策基本法　5, 11-13, 44, 47
交通権　10, 14, 15, 18, 22, 29, 32, 40, 126, 216, 232, 233, 246
交通政策基本計画　16, 18, 22, 123
交通政策基本法　3, 9, 12, 16, 47, 60, 123, 124, 231, 233, 234, 246-248
交通バリアフリー法　8, 46, 94, 145, 148, 149

交通法典［フランス］　10,126,216,218,
　　221
公民的資質　154,156
国土形成計画法　5,6
国内交通基本法［フランス］⇒ LOTI
コミュニティバス　23,46,58,60,71,77,
　　137,159,160,207,215
コンセルタシオン（Concertation）［フラ
　　ンス］　126,217-219,226,227
コンパクトシティ　22,72,135,140
コンパクトなまちづくり　99,135

さ　行

再都市化　63,65
差止め　95,96,105,109,112,113
自治基本条例　17,30,208,210,211
実践知　153,158
シティズンシップ　154-156,158
自転車革命　68,69
自転車分担率　188,189
ジニ係数　49
市民参画型道路計画プロセスのガイドライ
　　ン　7,94,95
市民参加条例　211
社会実験　163,164,171-179,183,197,199
社会資本整備重点計画法　5,6
社会的共通資本　238,240,246
社会的便益　82,85,231,233,247
社会的ユーザビリティ　74,82,85,87
住民運営型地域交通　160-162,179
熟議　167
消費者基本法　14,15
スプロール開発　64
スローモビリティ　15,67,68,71,73,76,
　　77,86
生活機能　50-54,61
生活交通　10,12,47,163,169,231,247,259
専門知　153,158

ゾーン30　71,78-80,82-84

た　行

第三セクター鉄道　234-237,242
地域公共交通活性化・再生法　8,14,22,
　　25,47,125,206,228,231,238
地域公共交通総合連携計画　9,25,47,124,
　　125
地域知　153,158
地球温室効果ガス　45
地球環境問題　45,60
地方交通計画制度［イギリス］⇒ LTP
超高齢社会　69,74
提案制度　9,94,149
低速交通手段　56-58,61,184
デマンド交通　23,258-264,266
転換交付金　236
統合交通　71
道路公害　3,5,44,60,92,95,96,98,100,
　　101,105,108,113
道路整備5カ年計画　43,91,93,94
道路特定財源　86,91,122
特定地方交通線　235,236,242,243
独立採算制　206,216,231-233,236,246
都市圏交通計画［フランス］⇒ PDU
都市交通変革　63,71,72
都市再生特別措置法　25,26
都市・地域総合戦略　124

な　行

ネットワーク型コンパクトシティ　73
乗合タクシー　125,258-262

は　行

ハートビル法　8,46,145
バス転換　234,236,240-242,244,246,247

バストリガー協定　31,138-141
パブリック・インボルブメント（PI：
　　Public Involvement）　92,94,205,227
パブリックコメント　19,22,30,47,129,
　　131,140,182,183,196,198,199,202
バリアフリー（化）　3,8,19,22,23,28,46,
　　47,53,55,60,94,143-146,148,149,
　　152-154,158,207,209,213
バリアフリー新法　8,46,146,148,152
バリアフリー法　8,9,23,26,58,94,145,
　　149
バリガイドライン　4,40
ファストモビリティ　67,76
プラーヌンクスツェレ　209,210

ま　行

面的速度マネジメント　71,83
モビリティ　45-50,55,60,61,65-68,
　　71-76,145,252,253
モビリティ格差　48,49,55,61,184
モビリティデザイン　77
モビリティマネジメント　179,265,266

や　行

ユニバーサルデザイン　12,58,65,73,145,
　　200,203

わ　行

ワークショップ　129-131,140
ワトキンスレポート　91

緑の交通政策と市民参加
——新たな交通価値の実現に向けて——

2016 年 2 月 29 日　初版第 1 刷発行　　［検印廃止］

編　著　　大久保　規子

発行所　　大阪大学出版会
　　　　　代表者　三成　賢次

〒 565-0871　大阪府吹田市山田丘 2-7
　　　　　　　大阪大学ウエストフロント
TEL 06-6877-1614
FAX 06-6877-1617
URL：http://www.osaka-up.or.jp

印刷・製本　　尼崎印刷株式会社

ⓒ Noriko Okubo 2016　　　　　　　　　　　　　　Printed in Japan
ISBN 978-4-87259-538-3 C3065

Ⓡ〈日本複製権センター委託出版物〉
本書を無断で複写複製（コピー）することは、著作権法上の例外を除き、禁じられています。本書をコピーされる場合は、事前に日本複製権センター（JRRC）の許諾を受けてください。